문화의 수수께끼

문화의 수수께끼

마빈 해리스 지음   박종렬 옮김

한길사

COWS, PIGS, WARS AND WITCHES:
The Riddles of Culture

by Marvin Harris

암소 여신 카마데누 조각

인도 농부들은 암소를 한 가족처럼 생각해 목에 화환을 걸어주고
몸을 치장해준다. 암소가 아프면 낫게 해달라고 기도하며 송아지가 태어나면
이웃과 사제를 초청해 잔치를 벌인다.
인도에서 힌두교도들은 얼굴은 보석으로 단장한 아름다운 처녀의 모습이고
몸은 희고 살찐 암소 초상화가 그려진 달력을 벽에 걸어놓는다.
이 반인반우(半人半牛) 여신의 유방에서는 우유가 흘러나온다.

콰키우틀족 토템기둥

콰키우틀족은 교역자들을 모으기 위해 마을 앞 모래사장에
우리가 토템기둥(totem poles)이라고 잘못 부르는 통나무 조각상을 세워
눈에 잘 띄게 했다. 여기에 조각된 것들은 조상 대대로 마을 추장들에게 붙인
칭호를 상징화해 표현한 것들이다.
기둥의 크기와 대담한 조각들은 실제로 위대한 업적을 남길 수 있는 전능한
추장이 있는 부락임을 과시하는 선전용으로 쓰이기도 한다.
이 기둥에 조각된 동물 모습의 문장(紋章)은 상속권을 의미하기 때문에 추장은
자신이 식량과 기쁨을 배분하는 위대한 시혜자라고 주장한다.

줄루족 전사

사회가 인간을 포악하게 만드는 데는 두 가지 전통적인 계략이 있다.

하나는 가장 야수적인 인간에게 음식이나 위안, 신체적인 건강을 상으로 주는

것이고 다른 하나는 성적인 특권이나 가장 큰 성적 보상을 주어 야수성을

자극하는 것이다.

그렇다면 그들은 왜 스스로를 야수화해야만 하는가.

유령화물을 기다리는 남태평양의 원주민들

남태평양 원주민들에게는 바다에서 큰 카누를 기다리는 고대의식이 있었다.
그 후에는 범선을, 1910년대에는 증기선을, 제2차 세계대전 후에는
항공모함을 기다렸다.
이제 그들은 조상들이 비행기보다 더 높이 '나는 집'에 화물을 가득 싣고
올 것이라고 믿는다. 그들이 바라는 화물도 점차 현대화되고 있다.

바닷가 세례

아프리카의 한 개척교회 사람들이 새로운 신도에게 파도 속에서 세례를 베풀고
있다. 오늘날 남아프리카만 해도 교회 수는 3,000개를 웃돈다.
하지만 이들 기독교도들은 성서의 메시지를 아프리카 고유의 맥락에서
해석하고 있어 영성을 중시하는 서구 기독교와 큰 차이를 보인다.

고야가 그린 「마녀들의 집회」

15세기부터 17세기까지 유럽에서는 50여만 명이 마녀 또는 마법사로 몰려
화형을 당했다.
구체적인 죄목은 다양했지만 악마연회에 참석하기 위해
빗자루를 타고 공중을 날아다녔다는 한 가지 죄만으로도 화형을 당했다고 한다.
그렇다면 사람들이 빗자루를 타고 하늘을 날아다니는 마녀가 있다고 믿었던
이유는 무엇이며 이런 마녀사냥이 일반화된 까닭은 무엇일까.

예수의 12사도 가운데 한 명인 시몬

예수의 제자들은 비폭력적인 생활양식을 택할 수 없었다. 예수가 가장 사랑했던
제자들까지도 예수의 말대로 '왼뺨을 돌려 대려' 하지 않았다.
최소한 두 제자는 전투행동대원과 관련된 별명으로 불렸다.
한 사람은 시몬으로 젤롯당(Zealot)이라고 불렸고, 또 한 사람은 가룻 유다로
이스가리옷(Iscariot)이라고 불렸는데,
이스가리옷은 암살행위를 뜻하는 시카리(Sicarii)와 비슷한 뜻이다.

설교하는 루터

프로테스탄트 종교개혁이 궁극적으로 성취한 것은
하층계급이 주도하는 전투적 메시아니즘에 기반을 둔 운동들과 따로 떼어서는
이해할 수 없다. 루터도 전투적 메시아니즘 예언자들이 보여준 신념을
어느 정도 답습했다.
그러나 그는 하느님의 나라가 이 세상의 나라라고는 생각지 않았으며
무장봉기보다는 설교가 하느님의 나라를 도래케 하는
옳은 방법이라고 생각했다.

생활양식의 배경에 감춰진 원인들을
그토록 오랫동안 지나쳤던 주된 이유는
모든 사람이 '그 대답은 신밖에 모른다'고 믿어왔기 때문이다.

■마빈 해리스

이 책은 미국의 인류학자 마빈 해리스(Marvin Harris)가 쓴 *Cows, Pigs, Wars and Witches: The Riddles of Culture*(암소, 돼지, 전쟁 그리고 마녀: 문화의 수수께끼, 1975)를 우리말로 옮긴 것이다. 제목만으로는 이 책이 무엇을 말하려고 하는지 독자로서는 도저히 판단하기 어려울 것이다. 우리말 제목을 『문화의 수수께끼』로 바꾼 것도 이 때문이다. 그러나 이 제목도 본문의 내용을 충분히 암시하는 것 같지는 않다. 독자는 지은이가 무슨 이야기를 하려는지 잘 이해하지 못하고 답답한 심정으로 읽다가 결론 부분에 이르러서야 그 내용을 겨우 깨닫게 될지도 모른다.

이 책은 인류학 전공자를 위한 전문서라기보다 한 인류학자가 자기 나름대로 원시적인 문화부터 현대문명에 이르기까지 인류의 이해하기 힘든 생활양식의 근거와 의식의 흐름을 과학적 객관성, 특히 인류학적 상상력을 동원해 이해하려고 노력한 시도다.

우선 해리스는 힌두교도는 왜 암소를 숭배하며 유대인과 이슬람교도는 왜 돼지고기를 싫어하는지, 원시인들에게 전쟁은 왜 일어나고 그 전쟁은 어떤 의미가 있는지, 남녀의 불평등한 관계는 왜 생겨나게 되었으며 그 결과는 어떤 생활양식을 만드는지 등의 문제에 대한 우리의 무지(無知)를 문화생태학적 통찰력으로 일깨워준다.

사람들은 경제적 불평등의 초기단계에 나타나기 시작한 인간 간의 불공평한 지위를 해결하기 위해 여러 문화적 장치를 만든다. 그런 문화적 장치가 현대 식민지 상황 때문에 변모되고 왜곡되어가는 과정을 포틀래치(Potlatch, 미국 서북해안 토인들이 종족의 어른으로 대우받기 위해 여는 큰 잔치 또는 잔치에서 선물을 나눠주는 행위)와 유령화물(phantom cargo, 죽은 조상들이 큰 화물, 즉 온갖 식품과 물품을 싣고 올 것이라는 기대 속에서 보상을 기다리는 행동양식)을 통해 자세히 설명한다. 끝으로 서구 문명의 핵심이라고 할 수 있는 기독교 문명도 정치적·경제적 불평등을 겪는 집단 사이의 갈등 속에서 형성된 의식과 사상의 산물이라고 주장한다. 이러한 기독교 문명이 지배자의 착취와 특권을 합리화해주는 문화적 장치로 바뀌었을 때, 기독교가 수많은 거짓의식과 불평등의식을 민중에게 받아들이도록 얼마나 왜곡하고 신화화했는지를 적나라하게 설명한다.

결국 해리스가 이 책을 통해 말하고 싶어 하는 것은 현대과학 문명이 과거문화에 대한 과학적 객관성을 지닌 올바른 인식을 통해 발전해왔다기보다는, 과학문명사회라고 하는 현대에서조차 무지·공포·갈등이란 의식한계에서 벗어나지 못하고 있다는 것이다. 전쟁, 기아, 성차별, 고문, 착취는 현대문명 속에서 사라져갔다기보다는 더욱 교묘한 방법으로 복귀하고 있다는 것이 그의 상황인식이다.

사실 현대사회는 과학이 지배하는 사회도 아닐뿐더러, 오히려 과학주의를 표방하는 지배관료집단과 히피 등 과학은 원리에 속한다고 보며 객관성을 무시하는 반문화(Counter-culture)운동집단이 함께 있으며, 이 모든 것은 현대문명의 제반기술수단에 의존하고 있는 실정이다. 이런 상황 속에서 사회적 삶의 진실을 파악하려면 해리스는 모든 신화와 전설, 신성화와 정신화 등의 가면을 쓴 문화의 여러 현상을 물질적인 요인, 즉 문화생태학적 측면에서부터 경제·사회·정치·종교적 측면 등과의 상호연관관계를 통해 파악하는 통합적인 고찰이 필수불가결하다고 강조한다. 실제 생활하고 있는 행동양식 자체가 우리의 진실을 감추고 있기 때문이다.

우리의 의식생활도 마찬가지라고 생각한다. 남북 분단상황 속에서 우리 자신을 객관화하지 못하고 있는 냉전의식, 민중의 삶 속에 나타나는 종말론적 도참의식, 민족적 주체성 없는 부유층의 반문화적·감각적 자위행위, 기성종교(기독교·불교)들의 무분별한 집회 등 무수히 많은 행위와 행사가 우리의 이해 범위를 넘어 전개되고 있기 때문이다. 이 모든 것은 인간의 참되고 창조적인 삶을 왜곡하고 있다.

독자에게 이 책을 권하게 된 동기도 우리의 문제인식을 근본적인 차원에서 재고해봐야 하지 않을까 하는 점에서다. 우리의 나약하고 미분화된 판단의식을 강화하고 현대문명의 모순을 뚫고 나아가며 새로운 사회와 인간의 삶을 창조할 수 있는 자신감을 갖추고 현실을 구체적으로 분석할 필요가 절실하기 때문이다.

현대 미국의 유명한 인류학자인 해리스는 1953년부터 컬럼비아 대학교에서 교수로 재직해왔으며, 1963년부터 1966년까지 인류학과 주임교수를 지냈다. 미국의 무수히 많은 대학교에 초대되어 강의하기도 했다. 그는 브라질, 모잠비크, 에콰도르 등에서 현지조사를 행했으며 문화생태학적 관점에서 식민지주의의 영향, 저개발국가의 문제 그리고 인종과 민족적 상호관계에 대한 비교문화적 측면 등을 주로 연구했다. 특히 이들 지역의 가족생활을 비디오테이프에 담아 연구하는 데 선구적 역할을 했다.

해리스가 쓴 유명한 저서로는 *Rise of Anthropological Theory: A History of Theories of Culture*(1968)가 있고 일반 대학교재로는 *Culture, Man, and Nature: An Introduction to General Anthropology*(1971)가 있다. 여러 인류학 잡지에 의욕적으로 기고하고 있는 그는 문화생태학적 관점, 문화유물론적 관점에서 문화의 물질적 근거를 파헤치는 데 주력했다. 논쟁을 좋아하고 이전의 여러 인류학자의 관점을 서슴없이 비판하는 그의 자신감이 인류학 전반에 대한 역사적 전개과정을 담은 방대한 인류학사를 써내게 했는지도 모른다.

그의 저서 가운데 유명한 이론서보다 에세이 같은 이 책이 먼저 번역되어 나오는 것이 잘못된 순서인지도 모르겠다. 그러나 인류학에 대한 일반 상식이 부족한 우리의 지적 풍토에서 인류학적 상상력의 중요성을 일깨울 수 있다는 점에서 옮긴이로서 보람을 찾을 수 있을 것 같다. 더구나 우리 전통문화 속에 깔려 있는 암시와 생태학적·역사적 실재들을 파헤치는 동기를 전달할 수 있다면 이는 더욱 보람된 일이 아닐 수 없다. 그러나 옮긴이의 학문적 깊이와 능력 부족으로 이 책의 내용이 독자에게 올바르게 전달될지는 잘 모르겠다. 독자 여러분의 양해와 많은 질책을 바란다.

끝으로 이 책을 출판하는 데 기꺼이 응해주신 한길사 여러분에게 깊은 감사를 표한다.

1981년 9월
박종렬

문화의 수수께끼

일러두기

1 이 책은 마빈 해리스(Marvin Harris)가 쓴 *Cows, Pigs, Wars and Witches: The Riddles of Culture*(1974)를 번역한 것이다.

2 독자의 이해를 돕기 위해 옮긴이 주를 넣고 '—옮긴이'라고 표시했다.

3 원문의 이탤릭체는 고딕으로 표기했다.

4 라틴어, 그리스어, 히브리어는 이탤릭체로 표기했다.

생활양식의 원인을 규명하기 위해
머리말

　나는 대학원생들에게 암소를 도살하지 못하게 하는 힌두교도의 금기를 합리적으로 설명할 수 있다는 것을 확신시키려고 최선을 다해 강의해왔다. 나는 있을 수 있는 모든 반론을 예상하면서 자신만만하게 질문이 있느냐고 물었다. 흥분한 한 학생이 손을 들었다.

　"그럼 돼지고기를 먹지 않는 유대인의 금기에 대해서는 어떻게 설명할 수 있습니까?"

　그 후 몇 달 동안 나는 유대인과 이슬람교도가 돼지고기를 싫어하는 이유를 설명하기 위해 연구했다. 동료들의 모임에서 정리된 생각을 피력하기까지는 거의 1년이란 세월이 필요했다. 발표가 끝나자마자 남미 인디언 문화 전문가인 한 친구가 물었다.

　"그럼 사슴고기를 먹지 않는 타피라페족(Tapirapé)의 금기는 어떻게 설명할 수 있습니까?"

　사실 이러한 수수께끼 같은 문제들과 부딪치면서 나는 실제적으로 도움이 되는 설명을 찾아보려고 노력해왔다. 그러나 이해하기 어려운 관습이나 생활양식을 설명하면 누군가 곧 다른 문제를 제기했다.

"글쎄요, 콰키우틀족(Kwakiutl)의 포틀래치는 그런대로 타당성이 있다고 하나 야노마모족(Yanomamo, 브라질과 베네수엘라 국경지대에 사는 세계에서 가장 호전적인 원시부족 가운데 하나—옮긴이)의 전쟁은 어떻게 설명하시겠습니까?"

"단백질의 결핍이 그 전쟁의 원인이라고 생각합니다만……."

"그러면 뉴헤브리디스제도(諸島)의 화물숭배(貨物崇拜, cargo cult)에 대해서는 어떻게 설명하시겠습니까?"

생활양식을 설명하는 것은 봉지에 든 감자튀김이 바닥을 드러낼 때까지 계속 먹는 것처럼 끝없이 이어진다. 이 책의 주제가 한 주제에서 다른 주제로 옮겨가는 이유 가운데 하나도 여기에 있다. 인도에서 아마존강으로 그리고 예수에서 카스타네다(Carlos Castaneda, 야키족Yaqui 인디언 중 지식을 갖춘 사람으로 인정받은 신비적 초의식超意識의 소유자 돈 후안Don Juan의 제자가 되어 훈련받고 경험한 것을 책으로 출판해 관심을 끈 젊은 미국 인류학자—옮긴이)로 옮겨가는 이유 말이다. 그러나 감자튀김 봉지를 비우는 것과는 비교하기 힘든 몇 가지 차이점이 있다. 우선 당신의 호기심을 단 한 번에 충족시키려고 서두르지 말라고 충고하고 싶다.

마녀들에 대한 설명은 메시아에 대한 설명과, 메시아에 대한 설명은 대인(大人, bigman)에 대한 설명과, 대인은 성차별주의(sexism)와, 성차별주의는 돼지숭배(pig love)와, 돼지숭배는 돼지혐오(pig hate)와, 돼지혐오는 암소숭배(cow love)와 관계된다. 이세상이 암소숭배에서부터 시작되었다는 것이 아니라 생활양식의 여러 원인을 이해하기 위해 나는 암소숭배부터 연구해보려 한다. 따라서 이 글을 읽는 독자들이 독단적으로 해석하지 않기를 부탁 드린다.

이 책의 각 장은 상호 독자적인 근거에 의존하고 있으면서도 서로 연결되는 특징이 있다. 그렇지 않으면 여러 학문 분야의 전문가들이 내게 퍼붓고 싶은 공격에 대항할 어떤 방어수단도 갖지 못할 것이다. 나는 전문가를 존경하며 그들에게서 여러 견해를 듣고 싶다. 그러나 독자들이 여러 전문가의 견해를 동시에 받아들이려 한다면, 이는 도움이 되기보다는 오히려 방해가 될 것이다.

독자들은 힌두교 전문가에게 뉴기니의 돼지숭배에 대해 물어보려 한 적은 없었는가. 아니면 뉴기니의 전문가에게 유대인들의 돼지혐오습관에 관해 물어보거나, 유대주의(Judaism) 전문가에게 뉴기니의 메시아들에 대해 물어본 적은 없었는가. 자기의 생존을 위해서는 감자튀김을 한 개라도 더 먹으려고 애쓰는 것이 동물인 인간의 본성일 것이다.

여러 대륙과 여러 세기를 두루 거치며 감히 내 주장을 펴오는 나름의 이유는 이 세계가 여러 규범(discipline) 속에서 여러 대륙과 여러 세기를 거쳐 점차 발전되었기 때문이다. 세상만사 그 어느 것도 전혀 다른 별개의 전문지식으로 확연히 구별할 만큼 독립되어 있지 않다.

나는 한 세기와 한 종족 또는 한 사람을 알기 위해 꾸준히 천착하는 학자들의 개별적 업적을 높이 평가한다. 그러나 일반적이고 비교할 수 있는 차원의 문제들을 해명하는 데 더 많은 노력을 쏟아야 하지 않을까 생각한다. 지나치게 전문화된 우리의 과학체계로는 여러 가지 생활양식의 배경에 놓여 있는 원인들을 일관성 있게 설명할 수 없는 것이 분명하다. 이는 본래 생활양식의 여러 현상이 무질서하기 때문은 아니다. 오히려 그러한 사실조차 이론으로 무장시키려는 전문가들을 우대했기 때문에 발생한 결과라고 생각한다.

현재 진행되고 있는 수많은 사회조사만으로는 오늘날 야기되고 있는 사회적 혼란을 깊이 있게 이해할 수 없다. 이 모든 사회조사가 갖춘 종합적인 사회적 기능은 인간 사회생활의 배경에 흐르는 원인들을 이해하는 데 방해가 될 수도 있다.

지식체계에 박식한 사람들은 이러한 사회적 혼란은 그것에 대한 깊은 연구가 부족하기 때문에 존재한다고 주장한다. 머지않아 1만 번의 현지답사를 토대로 우주 전반에 관한 세미나가 개최될지도 모른다. 그러나 학자들이 각자 자기 방식만을 고집한다면, 더 많은 것이 밝혀지기보다는 오히려 모르는 것이 더욱 많아질 것이다. 전문가 사이의 의견 차이를 줄이고 기존의 이론에 집착한 여러 지식을 종합하려는 전략이 없다면, 다른 조사를 더 해봤자 생활양식들의 배경에 흐르는 원인들을 더 이해하지 못하게 될 것이다.

우리가 생활양식의 원인들을 진심으로 규명하고 싶어 한다면 적어도 '무수히 널려 있는 자연과 문화에 관한 사실 가운데 무엇부터 연구할 것인가' 하는 문제에 대해 대강 몇 가지 개념은 지니고 있어야 한다. 나의 작업이 이런 전략을 개방하는 데―어디서부터 시작할 것인지 밝혀두는 데―일조했다는 사실이 어느 때엔가 밝혀지기를 바란다.

1974년
마빈 해리스

이 책의 목적은 외견상 비합리적일 뿐만 아니라 설명할 수 없을 것처럼 보이는 생활양식들의 근거를 밝혀보는 것이다. 여기에 나오는 수수께끼 같은 관습 가운데 어떤 것들은 문자 이전의 인간들이나 얼마나 부자인지 과시하기 위해 재산을 불태우는 허풍스러운 아메리칸인디언 추장들 같은 원주민에게서도 찾아볼 수 있다. 또 어떤 관습은 굶어 죽을지언정 쇠고기를 먹지 않는 개발도상 사회의 힌두교도에게서도 찾아볼 수 있다. 다른 어떤 관습들은 주류문명의 한 부분을 이루고 있는 마녀와 메시아들과도 여전히 관계가 있다. 나의 논점을 분명히 하기 위해, 나는 풀기 어렵고 수수께끼처럼 기이하며 논쟁을 불러일으킬 수 있는 사례들을 일부러 선택했다.

지금은 우리의 문화(서구문화―옮긴이)가 지성에 대한 과신(過信) 때문에 희생당하고 있다고 주장하는 시대다. 어떤 학자들은 분격해 과학과 이성으로는 인간의 다양한 생활양식을 설명하지 못한다는 사실을 증명하기 위해 분주하다. 이런 이유로 내가 이 책에서 검증한 수수께끼들이 전혀 풀 수 없는 문제들이라는 주장이 유력하게 대두되고 있다. 생활양식이라는 수수께끼는 풀수 없는 것이라고 말하는 현대사상 가운데 많은 부분이 베네딕트(Ruth Benedict, 미국 인류학자―옮긴이)의 저서 『문화의 유형들』(*Patterns of Culture*)에 근거를 두고 있다. 베네딕트는 콰키우틀족, 도부안족(Dobuan), 주니족(Zuni) 등 서로 다른 문화에서 나타나는 현저한 차이점이 무엇인지 밝히기 위해 디거 인디언(Digger Indian) 신화 가운데 하나를 예로 들었다. 그 신화는 다음과 같다.

신은 모든 인간에게 진흙으로 만든 물잔을 하나씩 주었다. 인간은 그 물잔으로 자기들의 생명을 떠마셨다. ……인간은 누구나 물을 떠마시지만 그 물잔은 모두 달랐다.

이 신화는 콰키우틀족이 자신들의 가옥을 태우는 이유는 신밖에 모른다는 것을 시사한다. 힌두교도들이 쇠고기를 먹지 않는 이유, 유대인들과 이슬람교도들이 돼지고기를 싫어하는 이유, 어떤 사람은 마녀를 믿고 어떤 사람은 메시아를 믿는 이유가 무엇인지도 신밖에 모른다. 이렇게 인간의 생활양식들은 신 말고는 그 원인을 밝힐 수 없는 수수께끼라는 주장이 오랫동안 유력했기 때문에 아무도 다른 주장을 펴볼 용기를 낼 수 없었다. 그러나 한 가지 사실은 분명하다. 당신이 어떤 수수께끼를 풀 수 없다고 믿는 한, 그 수수께끼는 결코 풀리지 않을 것이다.

여러 유형의 문화를 설명하기 위해 우리는 인간이 되는대로 산다거나 변덕스럽지 않다는 가정에서 시작해야 한다. 이런 가정에서 시작하지 않는다면, 전혀 이해할 수 없을 것 같은 관습이나 제도에 부딪쳤을 때 포기하고 싶은 유혹을 견딜 수 없게 되기 때문이다. 다른 사람들은 전혀 이해할 수 없는 생활양식이라고 주장했던 관습에 실제로는 분명하고 쉽게 이해할 만한 원인이 존재한다는 사실을 나는 수년 동안 연구하면서 알게 되었다. 생활양식의 배경에 감춰진 원인들이 그토록 오랫동안 간과되었던 주된 이유는 모든 사람이 '그 대답은 신밖에 모른다'고 믿어왔기 때문이다.

여러 관습과 제도가 그토록 신비스럽게 보였던 또 다른 이유는 사람들이 문화의 여러 현상을 철저하게 물질적으로 설명하는 것보다는 '정신화'해 설명하는 것에 더욱 큰 가치를 두도록 교육받아왔기 때문이다. 이 책에서 면밀히 고찰한 각 수수께끼에 대한 해답들이 실제 주위환경들을 더 잘 이해할 수 있게 해준다고 강하게 주장하고 싶다.

아주 기이해 보이는 신앙이나 관행도 면밀히 검토해보면 평범하고 진부하며 '통속적'이라고까지 할 수 있는 상황·욕구·활동 등에 근거를 두고 있다는 사실을 나는 이 책에서 밝히고 싶다. 그것들은 성(性)·에너지·바람·비 등 손으로 만질 수 있을 정도로 구체적이고 보편적인 현상들로 이루어져 있고, 그런 현상들에 근거를 두고 있다.

이는 제시된 수수께끼의 해답이 단순하다거나 명백하다는 의미와는 전혀 다르다. 인간사(人間事)에 내포되어 있는 상대적으로 물질적인 요인들을 확증하는 것은 언제나 어렵게 여겨진다.

실제 생활은 항상 여러 가지 가면을 쓰고 있다. 모든 생활양식은 비실제적이고 초자연적인 조건들에 주의를 돌리게 하는 신화와 전설로 덮여 있다. 생활양식이 신화와 전설로 덮여 있음으로써 사람들이 사회적 동질감과 사회목적의식을 갖게 될 수는 있지만 그 때문에 적나라한 사회적 삶의 진실들은 감춰진다. 문화의 세속적인 원인들을 감추는 기만행위는 납덩이처럼 일반 사람들의 의식을 억누른다. 억누르는 이 짐을 벗어버리거나 없는 체하거나 지고 일어서거나 하는 일은 결코 쉽지 않다.

우리는 우리의 일상적 마음상태가 이미 신화화된 의식 ― 생활 속의 실체적인 면에서 괴리되어 있는 의식 ― 에 가깝다는 것을 간과하려 한다. 왜 이렇게 되고 말았는가?

그 이유 가운데 하나는 무지다. 모든 사람은 여러 가지 방식의 생활양식 가운데 극히 적은 부분밖에 알지 못한다. 성숙한 의식을 위해 신화와 전설에서 벗어나려면 우리는 과거와 현재의 모든 문화를 비교해볼 필요가 있다. 또 다른 이유는 공포다. 나이 들고 죽어가는 일들을 잊으려는 단 한 가지 방어수단으로 거짓의식이 효과적일지도 모른다. 마지막 이유는 갈등이다. 평범한 사회에서는 항상 누군가가 다른 사람을 착취하고 지배하기 마련이다. 나이 들어 죽어가는 것과 마찬가지로 이런 불공평한 현실도 왜곡되고 신화화된다.

무지·공포·갈등은 일상생활의 의식에 자리 잡고 있는 기본 요소들이다. 이런 요소들을 이용해 예술과 정치는 사람들이 자기들의 사회적 삶이 무엇인지 알 수 없게 하는 집단적 환상체계

(collective dream work)를 형성한다. 그러므로 일상생활의 의식은 자기 자신을 설명하지 못한다. 일상생활의 의식은 그 의식의 존재를 밝혀주는 사실을 부인할 수 있도록 개발된 능력 덕택에 존재하는 것이다. 우리는 꿈꾸는 자들이 자기들의 꿈을 설명할 수 있을 것이라고 기대하지 않는다. 더욱이 생활양식을 직접 살아가는 자들이 자신들의 생활양식을 설명할 것이라고 기대해서는 안 된다.

어떤 인류학자와 역사가들은 이와 반대된 견해를 주장한다. 그들은 참여자들의 설명이 바로 그들의 생활양식 그 자체라고 주장한다. 그들은 인간의 의식은 객체로 취급되어서는 안 되며 물리학이나 화학 연구에 사용되는 과학적 구조는 생활양식의 연구에 적당하지 못하다고 주장한다. 현대 '반문화'의 여러 예언자는 현대 역사에서 존재한 불공평한 일들과 재앙들이 현상을 지나치게 '객관화'함으로써 생겨난 것이라고 비난하기까지 한다. 심지어 그 예언자 가운데 한 사람은 객관의식(objective consciousness)이 언제나 '도덕적 감수성'(moral sensitivity)을 상실하는 원인이 되며 그렇기 때문에 과학적 지식을 위한 탐구는 원죄(original sin)와 동일하다고 주장한다.

이런 주장보다 더 불합리한 것은 있을 수 없다. 전쟁·굶주림·성차별주의·고문·착취 등은 역사시대나 선사시대를 막론하고 항상 존재했다. 즉 사람들이 인간사를 객관화하려는 생각을 하기 훨씬 전부터 그것들은 존재했다.

현대과학기술의 부수적인 영향에 눈뜬 사람들은 과학이 '우리

사회의 지배적인 생활양식'이라고 생각한다. 이런 생각은 자연에 대한 지식으로는 정확할지 모르지만 문화에 대한 지식으로는 아주 그릇된 것이다. 생활양식의 문제에 관한 한 지식은 원리가 될 수 없다. 왜냐하면 우리는 아직도 '무지'라는 원시상태 속에 있기 때문이다.

반문화에 관해서는 이 책의 마지막 장에서 더 많은 논의를 하기로 하고, 우선 생활양식에 관한 일련의 중요한 수수께끼를 어떻게 과학적으로 설명할 수 있는지 밝혀보도록 하자. 특수한 사실과 상황에 기반을 두지 않은 이론을 논의하는 것은 전혀 도움이 되지 않는다. 나는 오직 한 가지 관용만을 요구하겠다. 여느 과학자들과 마찬가지로 나의 해답은 확실한 것은 못 되지만, 개연적이고 합리적인 것들을 제시하는 데 의미가 있다는 점을 기억해주기 바란다. 나의 해답들이 불완전할지는 몰라도 베네딕트의 디거 인디언 신화처럼 개연성 있는 해답들이 전혀 답이 되지 못하는 것보다는 분명히 나을 것이다. 양자택일적 설명(alternative explanation)이 과학적 설명의 기준에 더 부합하고, 더 많은 것을 설명해줄 수 있다면 나는 일부 과학자처럼 그런 양자택일적 설명을 환영하겠다. 이것은 문화의 수수께끼에 대해서도 마찬가지다.

1

거룩한 어머니 암소

힌두교의 암소숭배 관습은 저축과 절약을
미덕으로 삼는 서양의 프로테스탄트 경제윤리보다
훨씬 탁월한 경제성을 나타낸다.
암소숭배는 문자 그대로 마지막 한 방울의
우유까지도 암소에게서 짜내겠다는
무자비한 결의와 마찬가지일 것이다.

현실의 삶과 전통적 생활양식

여러 생활양식에 작용하는 실제적이고 계속적인 요인들이 어떤 영향력을 행사하고 있는지 거론할 때마다 누군가는 분명히 다음과 같이 질문할 것이다. "인도 농부들이 굶주리면서도 암소를 잡아먹지 않는 이유는 무엇인가?" 살찐 커다란 암소 옆에서 누더기 차림의 농부가 굶주려 죽어가는 사진은 서구의 관찰자들에게는 어떤 신비감마저 느끼게 한다. 그 사진은 연구를 통해 밝혀진 사실이나 일반 대중이 말하는 여러 사실을 암시한다. 그리고 서구인으로서는 이해할 수 없는 신비한 정신을 가진 동양인이나 할 수 있는 행동들을 보여주고 있다. 인도인들은 살아가는 것 그 자체보다 정신적 가치들을 더 소중히 생각한다는 사실이 우리에게 조금은 위안을 줄지 모른다. 그러나 이 사실은 동시에 우리를 슬프게 한다. 우리와는 전혀 다른 삶을 살고 있는 이 사람들을 우리가 도대체 어떻게 이해할 수 있단 말인가. 서구인들은 힌두교도의 암소숭배에 대해 힌두교도들이 깨닫지 못한 어떤 실제적 원인이 있을 것이라고 추측한다. 이렇게 말해도 될지 모르겠지만 그 사진 속에서 숭배받는 암소는 사랑을 받는 거룩한 암소 중 한 마리에 불과하다.

힌두교도들은 암소를 받들어 모실 만큼 숭배한다. 암소는 모든 살아 있는 것의 상징이기 때문이다. 기독교도들에게는 마리아가 하느님의 어머니인 것과 마찬가지로 힌두교도들에게는 암소가 삶의 모체인 것이다. 그러므로 힌두교도들에게 암소를 죽이는 일보다 더 큰 신성모독은 없다. 인간을 죽이는 행위조차 암소를 죽이는 행위에 부여된 상징적인 의미만큼 형언할 수 없는 신성모독적인 의미를 지니지는 않는다.

여러 전문가가 연구한 바에 따르면 인도인들이 굶주리며 가난하게 살고 있는 가장 큰 이유는 암소숭배 전통 때문이다. 유럽에서 교육받은 농경학자들은 암소도살 금기 때문에 '아무 쓸모없는' 1,000만 마리의 동물이 생명을 유지하고 있다고 주장한다. 그들은 또한 암소숭배 전통이 농업능률을 저하시키고 있다고 주장한다. 우유나 고기도 공급하지 못하는 그 '아무 쓸모없는' 동물들이 식량과 땅을 두고 유용한 가축 그리고 굶주린 인간과 경쟁하기 때문이라고 한다. 1959년 포드 재단이 후원한 어느 연구보고서는 인도 가축의 거의 절반가량은 식량공급 측면에서 전혀 쓸모없는 존재들이라고 추정하고 있다. 1971년 펜실베이니아 주립대학교의 한 경제학자는 인도에는 3,000만 마리의 비생산적인 암소가 있다고 발표했다.

이것이 의미하는 것은, 인도에는 무익하고 비경제적인 수많은 잉여동물이 있는 것으로 추측되는데 이는 비합리적인 힌두교 교리 때문이라고 예측할 수 있다는 것이다. 델리·콜카타·첸나이·뭄바이 등 인도의 여러 도시를 가본 사람이라면 누구나 방자하게 거리를 누비고 다니는 길 잃은 소 떼를 보고 깜짝 놀랄 것이다. 이 동물들은 거리를 방황하며 시장에 진열되어 있는 상품들을 보이는 대로 먹어치우고 남의 정원을 부수고 들어가고 아무 데서나 되는대로 배설하고 복잡한 사거리 한가운데에 서서 새김질을 해 교통을 혼잡하게 한다. 교외에는 이런 소들이 간선도로의 기슭에 모여 어슬렁거리고 철길 위를 게으르게 돌아다니며 시간을 허송한다.

암소숭배는 여러 면에서 인간생활에 영향을 주고 있다. 정부기관은 마르고 여윈 암소를 무료로 관리하는 시설(소 양로원)을 운영한다. 첸나이에서는 경찰이 병들고 길 잃은 암소들을 모아 치료한 뒤 경찰서 옆에 마련된 작은 목장에 방목한다. 농부들은 암소를 한 가족처럼 생각해 화환을 걸어주고 술로 장식하며 암소가 아프면 낫게 해달라고 기도한다. 또 송아지가 태어나면 이웃과 사제를 초청해 자축한다. 인도의 모든 지방에서 힌두교도들은 보석으로 단장한 아름다운 처녀 얼굴을 한 살찐 흰 암소 초상화가 그려진 달력을 벽에 건다. 이 반인반우(半人半牛) 여신의 유방에서는 우유가 흘러나온다.

아름다운 처녀 얼굴에 포동포동 살이 찐 이 미인 암소들은 전형적인 인도 암소와는 닮은 데가 한 군데도 없다. 전형적인 인도 암소의 모습은 어떠한가? 1년 내내 뼈가 앙상한 모습뿐이다. 쪼그라진 젖으로는 우유를 만들어본 적이 없기 때문에 암소들은 송아지 한 마리도 제대로 키워본 적이 없다. 등이 굽은 전형적인 인도 흑암소에서 짜낸 우유의 양은 연평균 약 227킬로그램에 불과하다. 미국 목우는 연평균 약 2,268킬로그램 이상의 젖을 짠다. 최고 기록은 약 9,072킬로그램에 이르는데 이 기록은 그리 희귀한 것이 아니다. 더군다나 연평균 약 227킬로그램이라는 숫자가 모든 인도 흑암소에 적용되는 것도 아니다. 인도 흑암소 절반이 우유를 한 방울도 생산하지 못하는 해도 있기 때문이다.

더 나쁜 것은 암소숭배 때문에 인간들이 서로 증오하고 싸우고 죽이는 행위를 하고 있다는 것이다. 이슬람교도들은 돼지고기를 싫어하지만 쇠고기는 먹는다. 이로 인해 힌두교도들은 이슬람교도들을 소 살해자라고 증오한다. 인도 대륙이 인도와 파키스탄으로 나눠지기 전에는 이슬람교도들이 암소를 잡아먹는 것에 분노해 유혈폭동이 연례행사처럼 일어났다. 그 폭동 가운데 가장 생생하게 기억나는 것은 1917년 비하르 주에서 일어난 폭동이다. 이 폭동으로 30명이 죽고 이슬람교도 부락 170개가 문지방까지 뿌리가 뽑힐 정도로 초토화되었다. 이 폭동 때문에 인도와 파키스탄의 관계는 아주 악화되었다.

간디(Mohandas Gandhi)는 이 폭동에 대해 개탄해 마지않으면서도 암소숭배에 대해서는 열렬히 찬성했고 전면적인 암소도살 금지법이 제정되기를 바랐다. 인도의 헌법이 제정되었을 때, 그 헌법에는 암소를 살해하는 어떤 행위도 엄금한다는 암소권리헌장이 포함되었다. 어떤 주에서는 암소도살을 전면 금지했으나, 어떤 주에서는 몇 가지 예외를 인정하기도 했다. 암소문제는 다수의 힌두교도와 소수의 이슬람교도 사회 사이뿐만이 아니고 의회 내 다수당과 암소숭배를 지키는 극단주의 힌두교 소수당 사이에서도 폭동과 질서문란을 일으키는 주요인이 되었다. 1966년 11월 7일 화환으로 장식하고 소똥을 태워서 만든 흰 재를 바른 채 송가를 부르는 옷 벗은 성자 한 무리를 앞세운 폭도 12만 명이 하원 의사당 앞에서 암소도살 반대 시위를 했다. 여덟 명이 살해되고 48명이 부상당했다. 이 사건에 뒤이어 초당파적 암소보호운동위

원회 위원장인 쿠마르(Muni Kumar)의 지도 아래 성자들의 단식 투쟁이 전국적으로 확산되었다.

산업화된 현대의 농업기술과 목축기술에 익숙한 서구인들에게 암소숭배는 터무니없는 짓이며 더 나아가서는 자멸적인 짓으로까지 여겨질 것이다. 능률 우선의 기술주의자들은 이 무용한 동물을 모두 처치하고 싶을 것이다. 그런데도 우리는 암소숭배를 비난하는 견해에 몇 가지 모순점이 있음을 알게 된다. 내가 암소숭배사상에 어떤 실제적인 이유는 없는지 의문을 품기 시작했을 시기에 우연히 나의 호기심을 끄는 정부보고서 하나를 접하게 되었다. 이 보고서에는 인도에 있는 많은 암소에 비해 수소가 상대적으로 귀하다는 내용이 쓰여 있었다. 암소들이 수없이 방황하고 있는데 수소는 희귀하다니, 그럴 수가 있을까? 인도에서는 수소와 물소가 논밭갈이에 주요한 역할을 한다. 약 4만 468제곱미터 정도의 농토에 수소나 물소 두 마리가 알맞다고 추정된다. 몇 가지 수치에 따르면 인도에는 밭갈이용 가축이 부족한 형편이다. 인도에는 6,000만 농가가 있는데 쟁기끌이 가축은 8,000만 마리밖에 없다. 농가당 수소나 물소 두 마리가 필요할 경우, 쟁기끌이 가축은 1억 2,000만 마리가 필요하다. 즉 실제로 4,000만 마리가 더 있어야 하는 것이다.

그러나 농부 중에는 수소를 이웃 농가에서 빌리거나 세를 내며 사용하는 사람도 있어 부족현상이 그렇게 심각하지는 않은 것 같다. 그러나 쟁기끌이 가축을 공동으로 사용하는 것이 실질적으로 불가능한 경우가 있다. 쟁기질은 우기(雨期)와 때를 같이해야만

하는데 한 농가가 쟁기질을 끝냈을 때는 이미 쟁기질의 최적기가 지나서 다른 농가가 쟁기질을 할 시기를 놓쳤을 경우가 있다. 소는 쟁기질뿐만 아니라 우차용으로도 필요하다. 모든 인도 농촌의 교통수단은 주로 수소에 의존하기 때문이다. 개인소유의 토지, 가축, 쟁기질, 우차 등은 인도 농업의 효율성을 저하시킬 가능성이 많다. 그러나 나는 농업의 효율성을 저하시키는 원인이 암소숭배가 아니라는 것을 곧 알게 되었다.

짐을 운반할 가축이 부족한 상황은 인도 농부 대다수에게 큰 위협이 되고 있다. 수소가 별안간 병들면 가난한 농부는 자기 농토까지 잃게 될 위험에 처한다. 병든 수소를 건강한 수소로 대체하지 못할 경우에는 높은 이자의 빚을 져야 한다. 실제 수백만의 농가가 부채로 가재도구의 전부 또는 일부를 잃어, 소작하거나 날품팔이를 해야 할 처지에 있다. 매년 수십만의 가난한 농부가 이미 실업자와 무주택자로 가득 차 있는 도시로 몰려들고 있다.

병들고 상한 수소를 건강한 수소로 대체할 수 없는 인도 농부는 마치 고장 난 트랙터를 대체하거나 보수할 능력이 없는 미국 농부의 처지와 흡사하다. 그러나 인도의 상황과 미국의 상황에는 중요한 차이점이 있다. 트랙터는 공장에서 생산되지만 수소는 암소가 낳는다는 사실이다. 암소를 소유한 농부는 수소를 생산해낼 공장을 가진 셈이 된다. 암소숭배와는 상관없이 바로 이런 이유 때문에 암소를 도살장에 넘기지 못하는 타당한 논리가 성립하게 된다. 또 인도 농부들이 매년 약 227킬로그램의 우유밖에 생산하지 못하는 암소들에게 충심을 가지고 관대하게 대우해주는 이유도 있다. 암소의 주된 경제적 가치가 쟁기끌이 가축을 낳는 일에 있다면 주된 경제적 기능이 우유생산으로 전문화된 미국의 낙농용 가축들과 비교할 수 없을 것이리라. 물론 많은 가난한 인도 가정이 인도 암소가 짜내는 우유를 영양식으로 충당하고 있다. 굶주림을 이겨내야 하는 사람들에게는 이런 낙농제품이 비록 소량이기는 하지만 건강한 도움을 줄 수도 있다는 점에서 중요한 역할을 하고 있는 것이다.

인도 농부들은 주로 물소를 이용해 낙농제품을 생산한다. 물소는 흑소보다 수유 기간이 길고 유지 포함량도 더 많다. 관개미곡 생산지역(灌漑米穀生産地域)에서 농경용으로 쓰기에도 흑소보다 훨씬 우수하다. 그러나 흑소는 물소보다 이용되는 용도가 다양하고 건지농업(乾地農業)이나 교통수단으로도 이용된다. 무엇보다도 흑소는 생활력이 강해서 인도의 여러 지역을 주기적으로 강타하는 장기간의 가뭄도 잘 견뎌 살아남는다.

생태계: 단절과 지속

농업은 인간과 자연 사이에 존재하는 광범위한 시스템의 일부다. 자연과 인간 사이에 존재하는 이 '생태계'(ecosystem) 중 단절된 부분을 따로 떼어내어 그것을 미국 영농 기업인들의 생산활동과 비교해 판단할 경우에는 매우 생소한 인상을 받게 될 것이다. 산업화된 고(高)에너지 사회의 관찰자들은 인도 생태계에서 소가 지니는 여러 특별한 장점을 간과하거나 과소평가하기 쉽다. 미국에서 화학비료는 농업비료의 주된 원천으로서 거의 완전히 가축의 분뇨를 대체했다. 미국 농부들은 나귀나 말 대신 트랙터를 사용하면서 분뇨 대신 화학비료를 사용해왔다. 트랙터가 땅을 박하게 하는 독소들을 배설하기 시작한 이후 대규모 기계영농에서는 화학비료를 사용해야만 한다. 사실 오늘날에는 전 세계적으로 대규모적이고 종합적인 석유화학-트랙터 산업복합체가 발달해 수확기술에 필수적인 농업용 기계, 자동차, 석유, 가솔린, 화학비료, 살충제 등을 생산하게 되었다.

좋은 것인지 나쁜 것인지 알 수 없지만 인도 농부 대부분은 이런 산업복합체에 편입될 수 없다. 그 이유는 암소숭배 때문이 아니라 트랙터를 살 여유가 없기 때문이다. 다른 후진국처럼 인도도 선진국의 산업시설과 경쟁할 수 있는 공장을 세울 능력이 없으며, 공업생산품을 대량 수입할 경우 그 대금을 지불할 능력도 없다. 가축과 가축의 배설물을 트랙터와 석유화학비료로 대체하려면 거액의 자본이 투자되어야 할 것이다. 더군다나 값싼 동물들을 값비싼 기계들로 대체할 경우 발생하게 될 피치 못할 결과 중 하나는 농업을 생계수단으로 해서 살아가는 농업인구의 축소와 소유농지의 대규모화일 것이다.

우리는 미국에서 대규모 기업형 농업이 발달하자 사실상 소농가가 몰락하고 말았다는 사실을 알고 있다. 현재의 미국 농업인구는 전체 인구의 5퍼센트에 불과하다. 이를 60퍼센트에 달했던 100년 전 농업인구와 비교해보라. 인도에서도 미국과 비슷한 길을 밟아 기업농이 발달하게 된다면 2억 5,000만에 달할 실직농민에게 직업과 주택을 마련해주어야만 한다.

실업과 주택문제 때문에 인도의 도시들이 겪고 있는 고통은 이미 인내의 한계를 넘고 있기 때문에 또다시 농업인구가 대규모로 도시에 집결하게 된다면 상상할 수 없는 대혼란과 파멸이 있을 뿐이다.

　이런 두 가지 측면에서 볼 때 저에너지, 소규모, 가축 위주의 농업시스템을 유지해야만 하는 이유를 이해할 수 있게 된다. 내가 이미 지적했듯이 저에너지시스템에서는 수소와 암소가 트랙터와 트랙터 생산공장의 대체물이다. 이 가축들이 고에너지시스템에서의 석유화학공업이 하는 기능을 다하고 있다고 봐야 한다. 인도 암소는 매년 분뇨 7억 톤을 배설한다. 배설물의 대략 반 정도는 비료로 사용되고 나머지 대부분은 연료로 사용된다. 인도 주부들의 주 연료가 되는 소똥이 방출하는 연간 총열량은 등유 2,700만 톤, 석탄 3,500만 톤 또는 땔감용 나무 6,800만 그루의 열량에 해당한다. 인도의 석유와 석탄 보유량이 극히 소량이고 그나마도 이미 남용되고 있기 때문에 사실상 석유와 석탄으로 소똥을 대신할 수는 없는 실정이다. 부엌에서 소똥을 태워 조리를 한다는 것은 미국인들로서는 상상도 못 할 일이겠지만 인도에서는 소똥이 가내가공과정을 거쳐 부엌연료에 적당하게 가공되기 때문에, 소똥은 취사용 연료로서는 가장 우수한 것으로 환영받고 있다. 인도에서는 '기이'(Ghee, 인도의 물소젖으로 만든 식용 버터기름이다―옮긴이)라는 일종의 버터가 항상 식탁에 오른다. 그런데 이 '기이'를 요리하는 데는 소의 분뇨가 가장 좋은 연료로 사용된다. 소똥을 태운 불꽃은 깨끗하고 오랫동안 서서히 타오르며 연기가 없어 음식이 그을리지 않기 때문이다. 그렇기 때문에 인도의 주부들은 냄비를 불 위에 올려놓은 채 몇 시간씩 부엌을 나와 아이들을 돌본다든지 밭일을 거든다든지 그 외 자질구레한 집안일을 할 수 있다. 미국 주부들은 많은 비용을 들여 구식 난로를 개조한 작동하기 복잡한 전기제품을 사용하는데 그 효능을 이와 비교해본다면 그리 나을 것이 없다.

그 외에 소똥에는 다른 한 가지 주요 용도가 있다. 물에 개서 반죽을 만들어 마루에 바르는 데 사용된다. 더러운 마루에 소의 분뇨 반죽을 발라 매끄럽게 다진 후 굳히면 먼지가 잘 흡수된다. 흡입된 먼지는 빗자루로 쓸어내리면 된다.

소의 분뇨는 아주 유용한 재산이기 때문에 마을의 조무래기들은 하루 종일 자기네 암소의 뒤꽁무니를 따라다니며 암소가 배설한 '석유화학제품'을 주워오는 일을 맡는다. 도시의 청소부인 하층 카스트(sweeper castes, 수채와 변소 등을 청소하는 인도 하층민―옮긴이)에게는 거리를 방황하는 암소들이 배설한 소똥을 거두는 독점권이 부여되어 있어 그렇게 거둔 소똥을 가정주부에게 팔아 생계를 꾸려나간다.

기업농의 관점에서 본다면 마르고 여윈 암소는 경제적으로 혐오의 대상이 될 것이다. 그러나 인도 농부의 관점에서 본다면 이 마르고 여윈 암소는 고리대금업자에게 항거할 수 있는 최후의 방어수단이 된다. 고마운 몬순 기후가 찾아와 가장 여윈 놈에게도 활기를 불어넣어주면 그놈에게는 다시 살이 오르고 새끼를 낳고 또다시 우유생산을 시작할 수 있는 기회가 언제나 있기 마련이다. 인도 농부들은 바로 이렇게 되기를 기원하고 있다. 때때로 인도 농부들의 기도에 응답이 오기도 한다. 그러는 동안에도 소는 똥을 계속 생산한다. 이런 과정을 통해서 우리는 늙고 뼈만 앙상한 추한 암소까지도 그 주인의 눈에는 아름답게 보이는 이유가 무엇인지를 알 수 있게 된다.

흑소는 몸집이 작다. 등에는 에너지를 축적하는 큰 혹이 있다. 이 혹에서 나온 에너지가 원기를 회복시켜주는 큰 힘이 된다. 흑소의 이런 특징은 인도 농업의 특이한 조건들에 적합하다. 인도 토종 암소는 꼴이나 물을 거의 먹지 않고도 장기간 연명할 수 있다. 또 다른 품종은 견디기 힘든 열대 풍토병에도 굉장한 저항력이 있다. 인도 수소는 수명이 다하는 마지막까지도 일한다. 존스 홉킨스 대학교 교수였던 수의사 오덴탈(Stuart Odend'hal)은 인도 소를 현장검증(現場檢證)한 결과 인도 수소는 보통 죽기 몇 시간 전까지도 일을 하는데 이때에 이르면 체내의 모든 기관이 여러 질병 때문에 이미 기능을 발휘하지 않는다고 말한다. 인도 소는 회복능력이 크기 때문에 숨이 붙어 있는 한 '쓸모없게' 되어버렸다고 쉽사리 폐기처분을 할 수가 없다.

그러나 언젠가 이 짐승에게도 회복될 희망이 완전히 사라지고 똥마저 생산하지 못하는 때가 온다. 하지만 이때도 힌두교도 농부들은 이 짐승을 식용으로 죽이거나 도살장에 팔아넘기기를 거부한다. 이 점은 암소를 죽이거나 쇠고기를 먹지 못하게 하는 종교적 금기가 아니라면 설명할 수 없는, 사람에게 무익한 경제적 관행이라고 이해해도 논박할 수 없는 증거가 아니겠는가?

암소를 죽이고 쇠고기를 먹는 것을 금하는 관행이 암소숭배 때문이라는 점을 부인할 사람은 아무도 없을 것이다. 그러나 암소를 죽이고 우육(牛肉)을 먹는 것을 금하는 금기가 인간의 생존과 복지에 필연적으로 나쁜 결과를 초래한다고 생각하지는 않는다. 나이가 들어 늙어빠진 짐승들을 도살하거나 팔면 돈 몇 푼을 벌 수 있고 또 일시적으로나마 농가의 식생활을 개선할 수도 있을 것이다. 그러나 장기적으로 본다면 도살장에 소를 파는 것을 거부하고 식탁용으로도 소를 죽이기를 거부하는 것이 오히려 유리한 결과를 가져올 수도 있다. 생태론적 분석에서 정설(定說)로 받아들여진 이론은, 공동체라는 유기적인 조직체는 평상시 조건보다 오히려 극단적인 조건 속에서 거기에 적응하기 위해 선택되는 것이 일반적이라는 점을 밝히고 있다. 인도의 특수조건은 몬순 기후가 정기적으로 찾아오지 않는다는 점이다. 소 도살과 쇠고기의 식용을 반대하는 터부(taboo)가 지니는 경제적 의미를 정당하게 평가하기 위해서는 이런 터부가 가뭄과 굶주림을 정기적으로 겪어야 하는 환경 속에서 무슨 의미를 지니고 있는지 고찰해보아야 한다.

소를 죽이고 쇠고기를 먹는 것을 금하는 금기는 흑소의 작은 체구와 그 놀라운 생존능력이 보여주는 적자생존의 산물 가운데 하나일지 모른다. 가뭄과 굶주림을 겪는 동안 농부들은 자기 가축을 잡아먹거나 팔아넘기고 싶은 유혹을 많이 느낄 것이다. 이런 유혹에 굴복한 자는 가뭄에서 살아남을지라도 결국은 자기 무덤을 스스로 파는 결과를 맞이할 것이다. 왜냐하면 소를 없앤 후

비가 오게 되면 그때에는 이미 토지를 경작할 수단이 없기 때문이다. 나는 무엇보다도 다음 사실을 강조하고 싶다. 즉 굶주림을 겪는 동안 소를 대량 도살하는 것은 평상시 소의 유용성을 잘못 계산한 일부 농부들이 집단의 복지(aggregate welfare)를 위협하는 것보다 훨씬 큰 위협이 될 것이다. 암소를 죽이는 것을 아주 불경하게 간주하는 감정은 아마도 순간적인 욕구와 장기적인 생존조건 가운데 어느 것을 우선으로 할 것인지 결정해야 할 때 발생하는 괴로운 갈등에서 연유된 것 같다. 신성한 상징적 의미와 거룩한 교리를 갖추고 있는 암소숭배는 인도 농부들이 눈앞의 이익에 현혹되지 않게 해준다. 서구 '전문가'들에게는 암소숭배 때문에 인도 농부들이 암소를 잡아먹기보다는 차라리 자신들이 굶어 죽으려는 것처럼 보일 것이다.

그런 부류의 전문가들이 바로 '이해할 수 없는 동양인의 정신'을 운운하기 좋아하고 "아시아의 대중은 자기 생명을 별로 귀하게 여기지 않는다"고 생각하는 사람들이다. 인도 농부들은 굶어 죽지 않기 위해 자기의 암소라도 잡아먹고 싶겠지만, 소를 잡아먹게 되면 그 결과로 그들이 굶어 죽는 결과가 초래될 것임을 그런 부류의 전문가들은 알지 못하고 있다.

금기의 근원

거룩한 율법과 암소숭배의 영향에도 불구하고 굶주림이 오래 계속되는 상황에서는 때때로 소를 잡아먹고 싶은 유혹이 견딜 수 없이 커지는 경우가 있다. 제2차 세계대전 당시, 벵골에는 가뭄과 일본의 미얀마 점령 때문에 대기근이 밀어닥쳤다. 1944년 여름에 암소나 수레를 끄는 가축들을 잡아먹은 사례가 경이적인 숫자를 기록했다. 영국 군대가 암소보호법을 발표해 소의 도살을 금지할 정도였다. 1967년의 『뉴욕타임스』 보도는 다음과 같다.

비하르 지역에 밀어닥친 가뭄 때문에 굶주린 힌두교도들은 암소가 힌두교에서 신성한 숭배대상이 되는 것을 알고 있으면서도 암소를 잡아먹고 있다.

이 지방을 시찰하고 온 사람들은 "그 민족이 겪고 있는 비참한 상황은 상상을 초월한 것이었다"고 보도했다. 최악의 시기에 유용하게 쓰일 수 있는 동물들을 죽이지 못하게 했던 금기의 대가로 좋은 시절에 쓸모없는 많은 동물이 오랫동안 생명을 유지해나가고 있다. 그러나 나는 소를 죽이거나 쇠고기 먹는 것을 금지하는 것 때문에 도대체 얼마나 많은 것이 상실되는지 잘 모르겠다. 서구 기업농업의 관점에서 볼 때 인도의 현 상황에서 쇠고기 통조림 공장을 세우지 않는 것이 불합리하다고 여겨질지 모른다. 그러나 인도 같은 나라가 그런 산업을 일으킬 수 있는 가능성에는 큰 한계가 있다. 실질적으로 쇠고기 통조림 공장을 세우게 되면 전체 생태적 균형이 파괴될 위험에 처하게 된다. 이런 위험은 암소숭배 때문에 일어나는 것이 아니라 열역학법칙(the laws of thermodynamics) 때문에 발생하기 때문이다. 어떤 먹이사슬에서 또 하나의 동물이 그 먹이사슬 안에 추가될 경우, 식량생산의 효율성(the efficiency of food production)은 현저히 떨어지게 된다.

한 동물이 먹은 것의 칼로리 가치는 항상 그 자체의 칼로리 가치보다 훨씬 더 크다는 것이 정설이다. 이는 식물식량(植物食糧)을 인간이 직접 먹는 것이, 그것이 다른 가축의 사료로 주어질 때보다 단위당 높은 칼로리를 얻게 되는 것을 의미한다.

미국에서는 쇠고기 소비량이 아주 많기 때문에 곡물의 4분의 3이 가축의 사료로 사용되고 있다. 인도인들의 1인당 칼로리 흡수량은 이미 하루에 필요한 최소한의 양을 밑돌고 있다. 곡물생산을 고기생산으로 바꿀 경우 식비가 높아지고 가난한 가정의 생활수준은 더욱 낮아질 뿐이다. 인도 국민이 암소숭배를 지키든 그렇지 않든 상관없이 인도 안에 있는 모든 소를 주식으로 할 수 있는 인구가 전 국민의 10퍼센트는 충당할 수 있을지 알 수 없다.

또 늙고 야윈 이 짐승들을 도살장에 보낸다고 해서 절대적으로 영양섭취가 부족한 인도인들의 영양상태가 급격히 향상될 수 있을지도 의심스럽다. 이 암소 가운데 대부분은 도살장에 가지 않아도 결국은 사람들의 입으로 들어간다. 왜냐하면 인도 전역에서는 최하층 카스트들(인도의 최하층 카스트인 파리아Pariah —옮긴이)에게 죽은 암소를 처분할 권리가 있기 때문이다. 여러 이유로 매년 2,000만 마리의 소가 죽어가고 그 대부분이 죽은 고기 처분자인 최하층민의 입으로 들어간다.

여러 해 동안 인도에서 일한 인류학자인 내 친구 멘처(Joan Mencher) 박사는 현대 인도에 있는 모든 도살장에서 나오는 쇠고기는 힌두교도가 아닌 도시 중산층에게 공급되고 있다고 밝혔다.

그녀는 "최하층민들은 다른 방법으로 생계를 꾸려간다. 소가 마을 내에서 굶어 죽을 경우에는 최하층민들에게 도움이 되겠지만 그렇지 않을 경우 도시 도살장으로 운반되어 이슬람교도나 기독교도들에게 팔려나간다"고 기록하고 있다. 멘처 박사와 인터뷰를 했던 사람들은 처음에는 힌두교도 가운데 쇠고기를 먹는 사람은 한 사람도 없다고 했지만, 멘처 박사가 미국 상류층 사람들은 스테이크를 좋아한다고 하자 그들은 자기들도 쇠고기 카레를 좋아한다고 고백했다.

내가 거론한 다른 것들의 경우와 마찬가지로 최하층민들의 차지가 되는 쇠고기가 현실조건에 가장 잘 순응하는 것이다. 쇠고기를 차지하는 카스트들은 가죽제품을 생산하는 카스트들일 가능성이 많다. 그들에게는 죽은 소의 가죽을 처분할 권리도 있기 때문이다. 암소숭배에도 불구하고 인도에는 대규모 가죽제품산업이 움직이고 있다. '아무 가치가 없다'는 이 짐승은 인간의 목적을 위해 계속 착취당하고 있는 것이다.

나는 인도 소가 쟁기끌이, 연료공급, 비료용, 우유공급, 마루덮개 제조, 고기공급, 가죽공급 등 여러 용도로 이용되는 것을 보아왔다. 나의 이런 관찰도 타당성이 있는 것들이지만, 인도 소의 복잡한 경제적·생태학적 중요성에 대해 아직 잘못 판단하고 있는 점이 있다. 인구가 많은 인도에서 사람들의 여러 욕구를 만족하게 할 수 있는 선택된 생활양식과 관련된 천연자원과 노동력 가운데 인도 소가 소비하는 비용이 얼마나 되는지에 따라 인도 소의 경제적·생태학적 중요성이 평가될 것이다. 소가 소비하는 비용은 대부분 사료비용이 될 것이다. 많은 전문가는 인간과 소가 경작지와 식량을 두고 피나는 경쟁을 할 수밖에 없으리라 추측하고 있다. 인도 농부들이 미국 낙농 방식에 따라 가축들에게 식용작물을 먹인다면 그 추측도 타당할 것이다. 그러나 사실 숭배되는 암소들은 사람 대신 쓰레기를 처분해주는 청소부 역할을 한다. 보통 인도 암소가 먹는 것 가운데 극히 미미한 부분만이 목초나 사료용 식용작물이다.

이 점은 거리를 방황하며 교통을 방해하는 암소들에 관한 많은 보고를 통해 일관되게 밝혀진 점이다. 시장과 잔디밭에서, 간선도로변과 철길 위에서 그리고 야산 불모지에서 인도 소들은 무엇을 하고 있을까? 인간이 직접 먹을 수 없는 풀이나 추수하고 남은 농작물 찌꺼기, 장터의 쓰레기들을 남기지 않고 먹어치우는 일 말고 이 짐승들이 하는 일은 또 무엇이 있을까? 인도의 암소들은 바로 그 쓰레기들을 우유나 다른 유용한 물품으로 바꾸어놓고 있는 것이다. 오덴탈 박사는 서벵골 지방 인도 소에 관한 연구를 통해 인도 소의 주 사료는 인간의 식량생산 후에 남은 부산물, 특히 볏짚·밀기울·쌀겨 등이라는 사실을 밝히고 있다. 인도 소의 반이 사료공급 면에서 볼 때 잉여분이라는 포드 재단의 평가는 인도 소의 절반 이상이 사료용 곡물에 의존하지 않고도 살아가고 있음을 의미하는 것이라고 볼 수 있다. 그러나 포드 재단의 이런 추산은 오히려 현실보다 수치를 높게 잡은 것이었다. 인도 소의 사료 가운데 식용작물이 차지하는 비율은 20퍼센트에도 못 미친다. 그런 데다가 식용작물을 사료로 하는 인도 소의 대부분은 경운용

(耕耘用) 수소와 물소이고, 건조지대에서 사는 여윈 암소들은 그런 사료들을 거의 먹지 못한다. 오덴탈은 자기가 연구한 지역에서는 소와 인간이 토지나 식량문제로 경쟁관계에 있지 않음을 발견했다. "근본적으로 인도 소는 인간에게 직접적인 가치가 거의 없는 물건들을 인간에게 직접적인 가치가 있는 유용한 제품으로 만들어놓는다."

관습에 대한 카스트 간의 상이한 의미전달

암소숭배는 여태까지 많은 오해를 받아왔다. 그 이유 가운데 하나는 부자와 가난한 농부들이 생각하는 암소숭배의 의미가 각기 달리 전달되고 있기 때문이다. 가난한 자들은 암소숭배를 죽은 고기를 가져다주는 제도로 여기지만, 부자들은 암소숭배제도를 폐기하자고 주장한다. 가난한 농부들에게는 암소가 거룩한 거지인 반면 부유한 농부에게는 암소가 도둑이 되고 있다. 때때로 암소들은 목장이나 경작지를 침범한다. 이에 대해 지주들은 불평을 하지만 가난한 농부들은 자기들은 모르는 일이라고 항변하면서 암소숭배를 내세워 소의 반환을 요구한다. 경쟁이 있다면 사람 대 사람 또는 카스트 대 카스트 사이의 경쟁일지 몰라도 인간 대 동물 사이의 경쟁은 존재하지 않는다.

도시에서도 암소 주인들은 자기 소를 낮 동안 돌아다니게 방치했다가 밤이 되면 우유를 짜기 위해 불러들인다. 첸나이의 중류계층과 함께 얼마 동안 지낸 적이 있던 멘처 박사는 이웃 사람들이 울타리를 부수고 정원에 침입해오는 '길 잃은' 암소들에 관한 불평을 끊임없이 늘어놓았다고 기록하고 있다. 이 '길 잃은' 암소 주인들은 상점 위에 방을 만들어 살면서 우유를 짜 집집마다 돌아다니며 판다. '소 양로원'이나 경찰서의 공공우리 등이 있기 때문에 도시에서 소를 잃을 위험은 극히 드물다. 소에게서 우유를 더 이상 짜낼 수 없게 되면, 소 주인은 자기 소를 방치한다. 소가 방황하다가 경찰에 끌려가 공공우리에 갇히도록 하는 것이다. 잃은 소를 다시 찾게 되면 소 주인은 소액의 벌금을 납부하고 평소의 방목지역으로 끌고 온다. 소 양로원도 이와 비슷하게 운영되고 있다. 거기에는 정부가 보조한 공용 목장이 있어 비용을 얼마 내지 않아도 소를 위탁할 수 있다. 위탁료가 비싸다면 도시 암소에게는 그런 소 양로원도 그림의 떡이 될 것이기 때문이다.

도시에는 경우에 따라 우유가 필요한 가정에 암소를 보내 직접 우유를 짜 마시게 하는 판매방식도 있다. 이 방식은 구매자가 물이나 오줌이 섞이지 않은 순수한 우유를 직접 확인하고 구입할 수 있는 유일한 방식이다.

이런 제반 사실들이 믿을 수 없을 정도로 이제까지 힌두교의 암소숭배 관습에 소비적이고 비경제적인 요소가 포함되어 있음을 밝히는 증거로 해석되어왔다. 사실 힌두교의 암소숭배 관습은 저축과 절약을 미덕으로 삼는 서구의 프로테스탄트 경제윤리보다 훨씬 탁월한 경제성을 나타낸다. 암소숭배는 문자 그대로 마지막 한 방울의 우유까지도 암소에게서 짜내겠다는 무자비한 결의와 마찬가지일 것이다.

집집마다 암소를 끌고 다니며 우유를 짜내어 파는 암소 주인은 박제로 만든 가짜 송아지를 옆에 세워 진짜 송아지인 것처럼 착각해 암소가 젖을 만들도록 하는 계략을 쓰기도 한다. 이 방법이 효력이 없을 경우 암소 주인은 푸카(Phooka)라는 방법을 쓴다. 푸카는 구멍이 뚫린 파이프로 암소의 자궁에 바람을 불어넣어 젖을 내는 방법이다. 이외에 둠 데브(Doom Dev)라는 방법도 있다. 둠 데브는 소의 꼬리를 음문 속에 집어넣어 젖을 내는 방법이다. 간디는 인도에서처럼 암소를 그토록 혹사하는 곳은 이 지구상 어느 곳에서도 찾아볼 수 없을 것이라고 개탄했다.

"어떻게 이토록 무자비하게 마지막 젖 한 방울까지 뽑아낼 수 있단 말인가?" 간디는 이렇게 개탄해 마지않았다. "소를 굶겨 피골이 상접하게 하고 송아지를 그토록 학대하고, 송아지들이 먹을 소젖까지 다 착취하다니, 이런 일이 있을 수 있는가? 또 수소는 얼마나 착취당하고 있는가? 수소는 거세당하고 채찍질당하고 과중한 짐에 몸이 찌부러질 정도다. 이런 일이 어떻게 일어날 수 있는가?"

암소숭배가 부자와 가난한 자에게 각기 다른 의미를 주고 있다는 사실을 간디보다 더 잘 알고 있던 사람은 없었다. 간디는 암소가 인도의 진정한 민족성을 고취하는 투쟁의 중심적 초점이 되고 있음을 알았다. 암소숭배는 소규모 농업경제와 어울리는 풍습이며 물레와 잘 어울리는 관습이었다. 그뿐만 아니라 로인클로스(Loincloth, 허리만 걸치고 있는 인도 선가禪家들의 의상—옮긴이)를 입고 선(禪) 자세로 앉아 있는 모습과 어울리며 채식주의와 생의 경외, 엄격한 비폭력주의와 어울리는 풍습이다. 간디가 이런 사고를 하게 된 것은 자기를 따르는 수많은 농민대중과 도시빈민, 최하층민을 만나게 되면서부터였다. 암소숭배는 간디가 그 대중을 산업화의 파멸에서 보호하기 위해 투쟁한 방식 가운데 하나였다.

부자와 가난한 자에게 각기 다른 의미를 주는 **아힘사**(Ahimsa, 비폭력주의)는 '남아도는 짐승'들을 죽여 없애, 인도의 농업을 더 효과적으로 개발하고 싶어 하는 경제학자들에게는 무시당하고 있다. 예컨대 헤스턴(Alan Heston) 교수는 인도 소에는 쉽게 다른 가축으로 대체될 수 없는 기능들이 있다는 것을 인정하면서도, 기능발휘가 더 효과적으로 이루어지기 위해서는 암소 3,000만 마리를 죽여 없애야 한다는 견해를 제시했다. 이 수치는 적절한 조처를 취해 수소 100마리당 암소 수를 40마리 비율로 줄이기 위해 추산된 것이다. 이 공식에 따르면 현재 인도에는 수소 7,200만 마리가 있으므로 새끼를 낳을 수 있는 암소가 2,400만 마리만 되면 충분할 것이라는 결과가 나온다. 실제 인도에는 암소 5,400만 마리가 있다. 5,400만 마리를 2,400만 마리로 줄이려면 3,000만 마리의 '쓸모없는' 동물을 죽여 없애야 한다는 계산을 헤스턴 교수는 하고 있는 것이다. 이 '쓸모없는' 동물들이 먹어치운 사료를 남은 소에게 먹이면 지금보다 그들을 훨씬 살찌울 수 있을 것이며, 그렇게 되면 우유와 분뇨의 총생산량은 현재 수준을 유지 또는 잘하면 그 이상의 수준으로 오를 수도 있을 것이라는 주장이다.

그러나 누구 소를 희생시켜야 할 것인가? 인도 소의 약 43퍼센트가 농촌의 가장 빈한한 62퍼센트의 농가에 흩어져 사육되고 있다. 이런 농가의 소유농지는 약 2만 200여 제곱미터 이하인데 이 농지 가운데 5퍼센트만이 목장이나 목초지다. 다시 말하면 현재 가장 마르고 연약한 인도 소 대다수가 가장 소규모 농지를 가진 가장 빈곤한 농부들 소유라는 것이다. 그런데 경제학자들은 소 3,000만 마리를 없애자는 것이지 부자의 소를 없애자는 말은 아닐 것이다. 그러나 대다수 가난한 농민은 소를 한 마리 이상 소유한 경우가 거의 없다. 그러므로 암소 3,000만 마리를 없애자는 말은 농민 1억 5,000만 명을 없애자는 말이나 다름없다. 즉 그들을 강제로 이동시켜 도시로 쫓아내자는 말밖에 되지 않는다.

암소를 죽여 없애자는 주장에 열렬히 찬성하는 자들의 동기는 명백한 오류에 근거하고 있다. 그들은 농민들이 소를 죽이는 것에 반대하기 때문에, 또 소를 죽이는 것을 금하는 종교적 금기가 있기 때문에, 수소보다 암소가 더 많은 비율을 차지하고 있다고 추론한다. 그들의 오류는 그들 자신이 계산해낸 암소 대 수소의 비율인 70 대 100에 있다. 암소숭배 때문에 농민들이 경제상 쓸모없는 암소들을 죽이지 못했다고 하면서 수소보다 암소가 30퍼센트나 적다니, 그게 말이나 되는가? 수소와 암소가 대강 비슷한 비율로 태어나지만, 무슨 이유 때문인지 알 수는 없어도, 수소보다 암소가 더 많이 죽어가고 있음이 분명하다. 이 수수께끼의 해답은 다음과 같다. 즉 암송아지나 노쇠한 암소가 망치나 칼로 정교하게 도살되지는 않지만 그 암소가 정말 쓸모없다고 생각될 때, 암소나 암송아지는 도살당할 수 있고 실제로 도살당하고 있다. 직접적인 도살이라 할 수 없지만 여러 방법이 동원되어 소들이 죽어가고 있다. 예컨대 원치 않는 송아지들을 '죽이는' 방법으로는 삼각 나무멍에를 송아지 목에 매는 것이 있다. 그 송아지들이 젖을 먹으려 하면 자연히 그 멍에가 암소의 젖통을 찌르게 되고 그 결과 암소는 발길질을 해, 송아지는 거기에 채여 죽게 된다. 늙은 암소는 고삐를 짧게 매어두기만 하면 굶어 죽는다. 굶어 죽는 데는 그리 오래 걸리지 않는다. 이미 허약할 대로 허약하고 병까지 들어 있는 경우가 많기 때문이다. 마지막으로 수많은 병든 암소가 은밀히 일련의 이슬람교도나 기독교도 중간상인들을 통해 도시 도살장으로 팔려가기도 한다.

계산으로 도출된 암소 대 수소 비율에 얽힌 내력을 알고 싶다면 비·바람·토지소유 형태 등을 연구해야지 암소숭배를 연구해서는 얻는 것이 전혀 없을 것이다. 이에 관한 증거로는 인도 각 지역의 서로 다른 농업제도를 구성하는 서로 다른 요소들의 상대적인 중요성에 따라서 암소 대 수소 비율이 다르다는 사실을 들 수 있다. 가장 중요한 변수는 쌀을 생산하는 데 필요한 관개수량(灌漑水量)이다. 광대한 쌀 경작지가 있는 곳이면 어디에나 물소가 쟁기끌이 가축으로 이용되고 있고 암물소는 우유공급원으로서 흑암소를 대신하고 있다. 히말라야에서 눈이 녹아 흘러내리는 물과 몬순의 강우량으로 거룩한 강, 갠지스를 형성하고 있는 북인도 대평원에서 암소 대 수소 비율이 47 대 100으로 나타나는 것은 바로 그런 이유 때문이다. 유명한 인도 경제학자 라즈(K. N. Raj)가 지적했듯이 연중 계속 벼농사를 하는 갠지스강 계곡에서는 암소와 수소가 이론상 최적의 비율을 이루고 있다. 이 지역―
갠지스평원―은 힌두교의 심장부이자 최고 성소(聖所)들이 있는
곳으로 더욱 유명하다.

수소에 비해 암소 비율이 높은 것에 대한 책임이 근본적으로
종교에 있다는 이론은 힌두교를 신봉하는 인도 지역과 이슬람교
지역인 서파키스탄을 비교하면 또다시 논박될 수밖에 없다. 서파
키스탄 전역은 암소숭배와 암소도살 금기, 쇠고기 사용 금기를
반대하지만 암소 대 수소 비율은 60 대 100으로, 열렬한 힌두교
지역인 인도 우타르프라데시주(州) 평균 비율보다 암소 비율이
더 높다. 우타르프라데시주의 여러 지역은 물소와 운하관계 지역
으로 손꼽히며, 생태학적으로 서로 비슷한 서파키스탄 지역들과
비교할 때 암소 대 수소 비율은 실제로 양 지역에서 비슷하게 나
타나 있다.

내가 말하려는 것은 암소숭배가 소 암수의 비율이나 농업제도
의 다른 어떤 측면에 아무런 영향을 주지 않는다는 것이 아니다.
오히려 암소숭배가 복잡하고 정교한 물질과 문화의 질서에서 적
극적인 능력을 개발해, 낭비나 나태가 들어설 여지가 전혀 없는
저(低)에너지 생태계에서 인간이 지속적인 삶을 유지할 수 있도
록 유도한다는 것이다. 현재 마르고 여위어도 조금은 쓸모가 있
는 짐승들을 보존함으로써 그리고 에너지 소비적인 쇠고기 산업
을 억제함으로써 또한 가뭄이나 기근이 들 때에도 소가 지니고
있는 회복능력을 보존함으로써, 암소숭배는 인간집단이 환경에
탄력적으로 적응할 수 있도록 도와준다. 자연발생적 시스템이나

인위적 시스템 할 것 없이 약간의 실패나 불화가 있을 수 있고, 그 시스템들의 복잡한 상호작용 때문에 낭비가 생길 수도 있다. 5억의 인구, 가축, 토지, 노동력, 정치, 경제, 토양, 기후 등이 그 시스템 속에 개입되어 있다. 암소를 죽여 없애자고 열렬히 외치는 자들은 암소들이 무분별하게 새끼를 낳게 방치하는 관행이나 그 암소들을 방치해 굶어 죽게 해 숫자를 줄이려는 형태의 관행이 낭비며 비효율적이라고 주장한다. 나는 단지 좁은 의미에서 그리고 별로 중요한 문제가 아니라는 의미에서 이 주장의 타당성을 의심치 않는다. 전혀 쓸모없는 무수한 동물을 없앰으로써 농기계 사용자가 얻게 되는 절약은 암소숭배가 거룩한 의무를 수행하지 못하게 될 때, 특히 가뭄이나 기근이 들 때 밑바닥 농민들이 겪게 될 파멸적 손실의 정도와 균형을 이루어야만 한다.

모든 인간활동을 효율적으로 동원하기 위해서는 사람들을 심리적으로 사로잡는 신조나 교리(doctrine)가 이용될 필요도 있다. 모든 경제시스템이 항상 그 시스템의 최적 효율성(points of optimum efficiency)을 중심으로 위아래로 진동하게 된다는 점을 우리는 고려해야 한다. 그러나 전체 시스템이 오로지 그 의식의 측면만 자극하면 더 효율적으로 작용할 것이라는 가정은 순진하고도 위험하다. 현재의 인도 경제시스템에서 주된 과제는 국민을 안정시키고 공정한 기반에서 더 많은 토지와 용수(用水), 수소와 물소 등을 더 많은 사람이 이용할 수 있게 함으로써 더 나은 상황에 이르도록 하는 것이다. 그 대안은 현재의 경제시스템을 파괴하고 완전히 새로운 인구통계학적·과학기술적·정치경제학적·

이데올로기적 관계들―완전히 새로운 생태계―로 대체해야 한다는 것이다. 보수세력인 힌두교는 '개발주의자들'과 '근대화' 기수들이 현 체제를 깨고 고(高)에너지산업·기업농 복합체로 바꾸려 할 때, 제일 먼저 반대할 세력이다. 그러나 고에너지산업·기업농 복합체가 항상 현재의 경제시스템보다 더 '합리적'이고 더 '효율적'이라고 본다면 그것은 잘못된 판단이다.

에너지 소비량이나 에너지 산출량을 연구한 결과, 우리가 예측할 수 있는 것과는 반대로 인도가 미국보다 더 효과적으로 소를 이용하고 있음이 밝혀졌다. 서벵골의 싱구르 지방에서 오덴탈 박사는 인도 소의 에너지 총효율―유용 칼로리의 1년 총생산량을 1년에 소비된 총칼로리로 나눈 것―이 17퍼센트였다고 밝혔다. 이에 비해 미국 서부 육우(肉牛)의 에너지 총효율은 13퍼센트에 불과했다. 오덴탈 박사의 발표에 따르면 인도 축우산업이 상대적으로 높은 효율을 나타내는 이유는 인도 소들이 특별히 생산성이 높아서가 아니라 인도인들이 소가 내놓는 생산물들을 주도면밀하게 이용하기 때문이라는 것이었다. "인도인들은 극히 실용적인 국민이며 어느 것 하나도 낭비하지 않는 국민이다"라고 오덴탈 박사는 평한다.

낭비적이라는 것은 전통적 농업경제의 성격이 아니라 오히려 근대 기업농의 성격이다. 예컨대 미국의 자동사료할당제와 쇠고기 생산제 아래에서는 소의 분뇨를 전혀 쓸모없는 것으로 여겨 폐기한다. 게다가 더 나쁜 것은 그 폐기된 분뇨가 광범위하게 지하수나 근처 호수와 강을 오염시키고 있다는 사실이다.

산업화된 국가가 누리고 있는 높은 생활수준은 높은 생산효율성의 결과가 아니고 1인당 사용가능한 에너지양의 급격한 증가 때문이다. 1970년 미국에서는 1인당 12톤에 해당하는 에너지가 소비된 것에 비해 인도에서는 1인당 5분의 1톤이 소비되었다. 미국에서 이토록 많은 에너지가 소비된 까닭은 미국인이 1인당 낭비하는 에너지양이 인도인이 1인당 낭비하는 에너지양보다 훨씬 많기 때문이다. 자동차나 비행기는 수소가 끄는 우차보다 빠르기는 하지만 에너지 소비는 우차보다 비효율적이다. 사실 혼잡한 미국의 교통수단이 하루에 불필요하게 열과 연기로 내뿜는 칼로리양은 인도의 모든 암소가 1년 내내 소비하는 에너지 총량보다 더 많다. 더군다나 지구가 다시 축적하려면 수천만 년이 걸리는 대체불가능한 에너지인 석유를 그 차량들이 태워 없애고 있다는 사실을 생각하면 이 비교는 더욱 불쾌한 것이 된다. 여러분이 진짜 숭배받는 암소를 보고 싶다면 밖에 나가 여러분의 자가용을 바라보면 될 것이다.

2

돼지숭배자와 돼지혐오자

야훼나 알라와 같은 '수준 높은' 신들이

인류 대다수가 즐겨 먹는

해롭지 않고 오히려 익살스러운

이 동물을 저주하는 귀찮은 일을 한

까닭은 무엇인가?

합리와 비합리 사이

우리는 대개 비합리적인 식생활 습관에 대한 사례를 한두 가지씩 알고 있다. 중국인들은 우유를 싫어하는 대신 개고기를 좋아한다. 그러나 우리(서구인—옮긴이)들은 우유는 좋아하지만 개고기는 먹지 않는다. 브라질의 어떤 원시부족은 사슴고기를 싫어하고 개미를 맛있게 먹는다. 이처럼 기이한 식생활 풍속은 세계 곳곳에 흩어져 있다.

돼지에 관한 수수께끼는 이 장(章)에서 거론하기 좋은 주제다. 이 수수께끼는 같은 동물을 두고 어떤 사람들은 이 동물을 좋아하고 어떤 사람들은 싫어하는지, 그 이유에 대한 해명을 강력히 요구한다.

돼지혐오자들이 지니고 있는 이 수수께끼의 이면은 유대교도, 이슬람교도, 기독교도들에게 잘 알려져 있다. 고대 히브리인의 신(神)은 "돼지는 불결한 동물이기 때문에 먹거나 손을 대면 부정을 탄다"고 선포했다(「창세기」Genesis와 「레위기」Leviticus에서 한 번씩). 그로부터 1,500년 후 알라신은 그의 예언자 마호메트(Mahomet Mohammed)를 통해 돼지는 이슬람교도에게도 역시 불결하고 부정한 동물이라고 선언했다. 돼지는 다른 동물보다 효과적으로 알곡이나 쭉정이들을 고농도지방과 고단백질로 바꾸는 동물이지만 수백만의 유대인과 수억의 이슬람교도는 아직도 돼지를 불결한 동물로 여긴다.

이에 비해 광적인 돼지숭배자들의 전통에 관해서는 비교적 잘 알려져 있지 않다. 세계의 돼지숭배 중심지는 뉴기니와 남태평양 멜라네시아 군도에 있다. 이 지역의 원예촌락부족(Village-dwelling horticultural tribes)들은 돼지를 신성한 동물로 여겨 조상들에게 바치고 결혼이나 축제와 같은 모든 중요한 행사 때 잡아먹는다. 많은 부족은 선전포고나 화친(和親)을 할 때 돼지를 제물로 바친다. 이 부족들은 세상을 떠난 조상들이 돼지고기를 갈망하고 있다고 믿고 있다. 그래서 살아 있는 사람이나 죽은 사람이나 돼지고기를 먹으려는 욕망이 대단해 때때로 대축제를 열어 부족 내에 있는 거의 모든 돼지를 한꺼번에 잡아먹는다. 며칠을 두고 부락민들과 축제에 초대받은 사람들이 줄을 지어 굉장한 양의 돼지고기를 뱃속에 쑤셔 넣는다. 더욱 많이 먹기 위해 소화되지 않은 것을 토해내고 다시 쑤셔 넣기도 한다.

이런 소란이 끝나면 돼지 떼는 아주 많이 줄어들어 처음의 돼지 수를 복구하려면 몇 년에 걸친 고통스러운 절제의 기간이 필요하다. 돼지 수가 원상회복되면 게걸스러운 난장판이 또다시 벌어진다. 이런 식으로 매우 부조리한 듯한 기이한 돼지도살축제가 반복된다.

나는 우선 유대교와 이슬람교의 돼지혐오자들의 문제를 먼저 거론하겠다. 야훼나 알라와 같은 '수준 높은' 신(神)들이 인류 대다수가 즐겨 먹는 해롭지 않고 오히려 익살스러운 이 동물을 저주하는 귀찮은 일을 한 까닭은 무엇인가? 성서와 코란의 돼지금기에 공감을 표하는 학자들은 돼지금기에 관한 여러 가지 설명을 가져다 붙이고 있다. 가장 설득력 있는 것은 돼지가 문자 그대로 더러운 동물─자기의 배설물 위에서 뒹굴고 사람의 배설물을 먹으므로 ─ 이라는 설명이었다. 그러나 불결한 외관과 종교적 혐오감을 관련시키려는 것에는 모순이 있다. 좁은 우리 속에서 키울 경우 소도 자기 오물과 배설물 속에서 뒹군다. 그리고 굶주리게 되면 소도 사람의 배설물을 맛있게 먹는다. 개나 닭도 그러하지만 이에 대해 놀라워하는 사람은 한 사람도 없다. 고대인들은 깨끗한 우리에서 기를 경우 돼지도 까다로운 애완용 동물이 될 수도 있다는 사실을 알았을 것이다. 결국 우리가 순수 미학적인 '청결'의 기준에 따라 판단한다면 메뚜기나 방아깨비를 '청결'하다고 분류한 성서에는 엄청난 모순이 있다. 곤충이 돼지보다 심미적으로 더 위생적이라는 주장은 신앙의 명분이 되지 못할 것이다.

이런 모순을 발견한 사람은 르네상스 초기의 유대교 랍비였다. 12세기 이집트 카이로에서 살라딘(Saladin)의 전의(典醫)였던 마이모니데스(Moses Maimonides)는 유대교와 이슬람교가 돼지를 거부한 이유를 자연과학적으로 설명한 최초의 사람이었다. 마이모니데스는 하느님이 공공 위생수단으로 돼지고기 금기를 선포했다고 설명했다. 돼지고기는 "인체에 해롭고 나쁜 영향을 끼친다"라고 그 랍비는 기록하고 있다. 마이모니데스가 말한 것은 전문의학적으로는 타당하지 않았지만 그는 황제의 시의(侍醫)였기 때문에 그의 판단은 널리 존중되었다.

19세기 중엽 돼지고기를 날로 먹었을 경우 선모충병(旋毛蟲病, trichinosis)이 생긴다는 사실이 발견된 것은 마이모니데스의 지혜가 정확했음이 증명된 것이나 다름없었다. 개혁적인 유대인들은 성서의 율법이 지니는 합리적 토대를 발견했다고 기뻐하며 즉각 돼지고기 금기를 재해석했다. 돼지고기는 잘 익히면 몸에 해롭지 않다. 그러므로 잘 익혀 먹는다면 하느님의 율법에 어긋난 것이 아니다. 이렇게 되자 전통적인 랍비들은 더 근본적인 주장을 내세워 자연과학적인 해석을 전면적으로 공격하고 나섰다. 야훼가 오로지 자기 백성의 건강만 보호하려 했다면 돼지고기를 잘 익혀 먹으라고 가르쳤을 것이지, 전혀 먹지 말라고 가르쳤을 리가 없다는 것이다. 야훼의 심중에는 분명히 어떤 다른 중요한 의도—육체의 건강보다 더 중요한—가 있었을 것이라는 주장이 제시됐다.

이런 신학상의 모순 외에도 마이모니데스의 설명은 의학과 전염병학에서 반대 견해에 부딪치게 되었다. 돼지는 인간에게 질병을 일으키는 균을 위한 동물이다. 그러나 유대교나 이슬람교에서 자유롭게 먹도록 허용한 다른 가축들도 역시 균을 보유하고 있다. 예를 들면 쇠고기를 익혀 먹지 않으면 촌충이라는 기생충에 감염된다. 촌충은 사람의 장 속에서 자라는 약 4.8~6미터 길이의 기생충으로 악성빈혈을 일으키고 다른 전염병에 대한 저항력을 약화시킨다. 소·염소·양들도 브루셀라균(Brucellosis)을 보유하고 있다. 브루셀라병은 보통 후진국에 많은 박테리아로 발생하는 전염병인데 이 병에 걸리면 오한이 들고 몸이 허해져 고통과 통증이 수반된다. 가장 위험한 형태는 **말타열균**(brucellosis melitensis)에 감염되어 걸리는 병으로, 양과 염소가 전염시켜 발생한다. 이 병의 증상으로 혼수상태, 피로, 신경과민 그리고 때때로 정신신경

증이라고 오진되기도 하는 정신적 압박감 등이 나타난다. 마지막으로 탄저열병(炭疽熱病, anthrax)은 돼지뿐만 아니라 소·양·말·염소·당나귀도 전염시키는 병이다. 이는 치명적인 영향도 끼치지 않고 대다수 전염자에게는 증상도 나타나지 않는 선모충병과는 달리 급속히 악화된다. 처음에는 몸이 끓듯이 열이 나다가 혈액이 중독되어 결국 죽게 된다. 이전에 유럽과 아시아를 휩쓸었던 탄저열병의 무서운 전염성은 1881년 파스퇴르(Louis Pasteur)가 탄저열병 백신을 발견하기 전까지 전혀 손을 쓰지 못했다.

야훼가 탄저열병의 보균자인 가축들과 접촉하지 말라는 금기를 내리지 않았다는 점은 특히 마이모니데스의 자연과학적 설명을 설득력 없는 치명적인 것으로 만들었다. 왜냐하면 탄저열병을 가진 동물과 인간과의 관계는 성서가 기록되던 시기에도 이미 밝혀져 있었기 때문이다. 「출애굽기」(Exodus)에 기록된 것처럼 이집트인들에게 내린 역병 가운데 하나는 동물의 탄저열병 증상과 인간의 질병이 관계가 있음을 밝혀주고 있다.

……사람과 짐승에게 붙어 악성 종기가 생기고, 요술사들도 악성 종기로 말미암아 모세(Moses) 앞에 서지 못하니 악성 종기가 요술사들로부터 애굽 모든 사람에게 생겼음이라(「출애굽기」 9장 10~11절).

이런 반대 견해들에 부딪혀 대부분의 유대교 및 이슬람교도 신학자들은 돼지혐오의 자연과학적 근거를 찾는 노력을 포기했다.

솔직히 신비적인 관점에서 그 금기에 대해 설명하는 것이 요즘에는 더 호감을 얻게 되었다. 이 신비적 관점은 신의 금기들을 엄격하게 지킴으로써 받는 신의 은총은 야훼가 심중에 지닌 의도를 정확히 알려 하지 않고 그것을 밝히려고도 하지 않는 마음 자세에서 비롯된다는 견해다.

현대 인류학자들도 이와 비슷한 곤경에 처했다. 예를 들면 마이모니데스에게 오류가 있기는 해도『황금의 가지』(*The Golden Bough*)의 지은이로 명성을 얻고 있는 프레이저 경(Sir James Frazer)보다 그가 이 금기에 관해 더 정확히 설명하고 있다고 볼 수 있다. 프레이저 경은 돼지가 "이른바 불결하다고 열거된 모든 동물과 마찬가지로 원래는 신성한 동물이었다. 돼지를 먹지 말라는 이유는 대부분의 동물이 원래는 신성한 동물이었기 때문이다"라고 주장했다. 그러나 이 주장은 돼지혐오의 이유를 밝히는 데 전혀 도움이 되지 못한다. 왜냐하면 양·소·염소도 중동지방에서 숭배 대상이 된 적이 있었지만 그런 동물의 고기는 그 지역의 모든 민족과 종교집단이 즐겨 식용하고 있기 때문이다. 특히 시나이산 기슭에서는 황금 송아지가 숭배의 대상이 되었던 적이 있었기 때문에 프레이저의 논리에 따르면 히브리인들에게는 돼지보다 소가 훨씬 더 불결한 동물이 되어야 하는 것이 논리적일지도 모른다.

다른 학자들은 성서와 코란 속에서 금기시된 다른 동물들과 마찬가지로 돼지도 여러 다양한 부족의 토템 심벌(Symbol)이 된 적이 있었다고 주장했다. 이런 사례는 역사상 먼 옛날에 있음직한 사례라고 말할 수 있을지 모른다. 그러나 우리가 그런 가능성을 인정한다면 소·양·염소와 같은 '정결한' 동물들도 토템으로 숭배받을 수 있었으리라는 가능성도 인정해야만 할 것이다. 토테미즘을 주제로 한 많은 문헌과 달리 대부분의 토템은 늘 식용가치가 없는 동물이었다. 오스트레일리아와 아프리카의 원시부족 가운데 가장 널리 숭앙받는 토템에는 큰 까마귀, 핀치(참새과의 작은 새―옮긴이)와 같은 별로 식용가치가 없는 조류 또는 각다귀·개미·모기 등과 같은 곤충들 또는 구름이나 옥석과 같은 무생물들이 있다. 더군다나 식용가치가 있는 동물이 토템이 될 경우에도 그 동물을 먹어서는 안 된다는 불문율이 어디에나 적용되었던 것은 아니다. 이처럼 여러 가능성이 존재하기 때문에 돼지가 토템이었을 가능성이 있다는 사실만으로는 돼지식용 금기의 이유를 설명할 수 없다. 어떤 사람은 쉽게 "돼지는 금기시되었기 때문에 금기시되었다"라고 단언할지도 모르겠다.

나는 마이모니데스의 접근방식이 프레이저의 설명방식보다 낫다고 생각한다. 최소한 이 랍비는 세속적이고 실제적인 영향력이 작용하고 있는 건강과 질병 등의 자연적 조건 속에서 돼지금기를 설명하고 이해하려고 노력했기 때문이다. 단 한 가지 난점이 있었다면 돼지혐오에 상응하는 어떤 적절한 환경적 조건들이 있었을 것이라는 그의 견해는 오로지 인체병리학에 집중하는 외과의가 가진 전형적인 편협성 때문에 한계가 있었다는 점이다.

자연공동체와 문화공동체의 갈등과 조화

돼지에 관한 수수께끼를 풀기 위해서는 공공보건의 개념을 확대할 필요가 있다. 즉 그 개념 속에는 자연공동체와 문화공동체에서 동물·식물·인간이 서로 공존하는 데 필수적으로 요구되는 과정들이 내포되어 있어야 한다. 나는 돼지사육에 중동지방의 기본적인 문화와 자연 생태계의 조화된 통합성을 깨뜨릴 위험이 있었기 때문에 성서와 코란에서는 돼지를 정죄(定罪)했다고 생각한다.

우선 우리는 기원전 2000년경 아브라함의 자손들이었던 히브리인들이 메소포타미아강가 계곡과 이집트 중간지대의 토지가 척박하고 인구가 희소한 건조지대에서 살아가는 데 문화적으로 잘 적응했었음을 고려해야만 한다. 히브리인들이 기원전 1300년경 팔레스타인의 요르단 계곡을 정복하고 있던 시기에, 그들은 대부분 소·양·염소 등을 기르며 살아가는 유목 생활을 했다. 다른 유목민들과 마찬가지로 그들은 오아시스와 큰 강을 소유하고 있던 정착 농경인들과 친분관계를 유지했다. 때때로 이 친분관계가 성숙해 정착 생활과 농경 생활을 지향하는 생활양식을 갖기도 했다. 이런 사례는 메소포타미아의 아브라함 후손, 이집트의 요셉 추종자들, 서쪽 네게브 지역의 이삭 추종자들 등에게서 찾아볼 수 있다. 그러나 다윗(David) 왕과 솔로몬(Solomon) 치하에서 도시 취락생활이 그 절정에 달했던 때에도 소·양·염소 등을 치는 목축업은 아주 중요한 경제활동의 하나가 되었다.

농업과 목축이 혼합된 전반적으로 복합적인 경제형태 내에서 돼지고기를 먹지 말라는 신의 금지명령은 완벽한 생태학적 전략이 되었다. 반(半)정착 취락농경인들에게 돼지는 재산의 가치가 되었다기보다는 오히려 위협적인 존재가 되었으며 그뿐만 아니라 유목 이스라엘인들은 그들의 반(半)정착 거주지역 내에서 돼지를 기를 엄두도 낼 수 없었다.

그럴 수밖에 없었던 것은 근본적으로 지구상에 목축을 위주로 한 지역 대개가 강우를 이용한 농업을 하기에는 물도 너무 부족하고 관개도 쉽지 않은, 숲이 없는 평원과 구릉들로 이루어진 땅이었기 때문이다. 이런 땅에서 가장 잘 적응할 수 있는 가축으로는 반추동물(反芻動物), 즉 소·양·염소 등이 있다. 반추동물은 다른 어떤 포유동물보다 섬유소가 주성분인 풀·나뭇잎 등을 훨씬 효과적으로 소화할 수 있도록 위(胃)의 상부에 전위(前胃)라는 것을 가지고 있다.

그러나 돼지는 원래 숲과 그늘진 강둑에서 사는 동물이다. 잡식동물이기는 하지만 주식물은 섬유소 형성도가 낮은 나무열매·과일·식물뿌리이며 특히 곡식을 주로 먹기 때문에 인간과 직접 경쟁하는 경쟁자일 수밖에 없다. 돼지는 풀만 먹고 살 수 없다. 따라서 유목민들 치고 돼지를 많이 기르는 사람들은 지구상 어디에도 없다. 돼지의 더 큰 약점은 먹을 수 있는 젖이 없고 원거리를 몰고 다니기가 무척 어렵다는 점이다.

돼지는 무엇보다도 신체구조상 네게브나 요르단계곡 등 성서와 코란에 나오는 여러 지방의 덥고 건조한 기후를 잘 견뎌내지 못한다. 소·양·염소 등과 비교해볼 때, 돼지는 체온조절 능력을 몸속에 잘 갖추지 못하고 있다. "돼지처럼 땀 흘린다"는 속담이 있는데도 돼지는 전혀 땀을 흘리지 못한다는 사실이 최근에 와서 판명되었다. 포유동물 중에서 가장 많은 땀을 흘리는 인간은 한 시간 동안 표피 1제곱미터당 체액 1,000그램을 밖으로 배설해 체온을 조절한다. 돼지는 기껏해야 체액 30그램을 배설할까 말까 한다. 양도 돼지의 두 배는 배설한다. 또 양에게는 태양광선을 반사시키고 체온보다 기온이 높을 때 절연체 역할을 하는 두껍고 흰 털이 있다는 이점이 있다. 영국 케임브리지에 있는 동물생리학 농업조사국의 마운트(L. E. Mount)에 따르면 다 자란 돼지는 섭씨 37도가 넘는 기온과 직사광선 아래서는 죽고 만다. 매년 여름, 요르단 날씨는 거의 대부분 섭씨 43도가 넘는다. 또한 이 지역은 1년 내내 태양광선이 강렬하게 내리쬔다.

보호막 역할을 하는 털도 없고 땀을 흘려 체온조절도 할 수 없기 때문에 돼지는 외부의 습기를 이용해 피부를 습하게 해야 한다. 그래서 돼지는 깨끗한 진흙 속에 뒹굴어 체온을 조절한다. 깨끗한 진흙이 없을 경우 자기 배설물로라도 피부를 습하게 하려 한다. 섭씨 29도 이하일 경우 돼지는 우리 안에 있는 잠자리와 식사자리에는 배설하지 않는다. 그러나 기온이 섭씨 29도를 넘어가면 장소를 가리지 않고 배설한다. 기온이 올라갈수록 돼지는 더욱 '더러워진다.' 그러므로 돼지가 종교적으로 불결하게 여겨지는 이유가 실제 몸이 더럽기 때문이라는 이론에도 어느 정도 일리가 있다. 그러나 돼지의 본성이 자리를 가리지 않고 더러운 것을 좋아한다는 말은 아니다. 오히려 돼지가 자기 오물을 뒤집어

쓰고 더럽게 하고 있는 것은 중동지방의 덥고 건조한 서식지의 특성 때문이다.

양과 염소는 중동지방에서 최초로 가축화된 동물이다. 가축으로 사육된 시기는 아마 기원전 9000년경부터였을 것이다. 돼지는 이보다 2,000년 늦게 가축으로 사육되었다. 아주 옛날 선사시대의 농경부락이 있었던 곳에서 고고학자들이 발굴해낸 짐승의 뼈를 보면, 돼지가 거의 언제나 부락의 가축분포상 상대적으로 소수였음을 알 수 있다. 즉 식용동물의 유골 중 돼지의 뼈는 5퍼센트 정도밖에 되지 않았다. 이런 현상은 돼지가 그늘과 진흙 구덩이를 필요로 하면서도, 먹을 수 있는 젖도 없고 사람이 먹는 만큼의 식량을 먹어치우는 동물이라는 점에서 이해할 수 있다.

힌두교도들이 쇠고기를 먹지 않는 금기에 대해 내가 지적했던 것처럼 산업화되지 못한 상황에서는 고기만을 위해 사육되는 동물은 일종의 사치품이라고 할 수 있다. 이런 일반화된 설명은 산업화되기 이전의 목축인들에게 당연히 적용되며 그들은 고기만을 목적으로 가축을 사육하지는 않는다.

중동지역의 목축·농경 혼합경제체제의 고대사회에서 가축들은 젖·치즈·피혁·분뇨·단백질 등을 공급하는 주요한 원천이자 쟁기끌이에 사용된다는 점 등에서 그 근본가치를 인정받았다. 염소·양·소 등은 이런 용도를 충족시켰고 때때로 살코기를 공급하기도 했다. 그러므로 고대 중동지방에서는 처음부터 돼지고기는 사치스러운 식품이었다. 돼지고기는 즙이 많고 부드러우며 기름기가 많은 귀한 식품이었다.

기원전 7000년에서 기원전 2000년에 이르는 동안 돼지고기는 더욱 사치스러운 식품으로 변했다. 이 기간에 중동의 인구는 거의 60배 증가했다. 산의 나무는 인구가 증가함에 따라 점점 더 많이 벌채되었고, 특히 수많은 양·염소 떼 때문에 치명적인 손실을 입고 말았다. 그늘과 물 등 돼지사육에 필요한 자연조건은 점점 사라지고, 이 때문에 돼지고기는 생태학적·경제적으로 더욱 사치품으로 변했다.

쇠고기를 못 먹게 하는 금기에서와 마찬가지로 돼지고기를 먹고 싶어 하는 유혹이 크면 클수록 종교적 금기조치의 필요성도 커진다. 유혹과 금지의 이런 관계성은 여러 신이 근친상간이나 간통과 같은 성적(性的)인 유혹을 물리치는 데 언제나 큰 관심을 보이는 이유가 무엇인지 설명해주는 적절한 해답이 될 것이다. 여기에서 나는 유혹과 금지의 관계성을 사람의 식욕을 자극하는 음식물에만 적용하겠다. 중동은 돼지사육에 적합한 지역이 아니다. 그러나 돼지고기는 아주 맛있는 고기로 귀하게 여겨진다. 사람들은 돼지고기를 먹고 싶은 유혹에 시달린다. 따라서 야훼는 돼지가 불결하니 먹지도 만지지도 말라고 명령했다. 알라신도 같은 이유에서 똑같은 명령을 내렸다. 중동지방은 돼지를 대량으로 사육하기에는 생태학적으로 적절하지 못한 지역이었다. 소규모 사육은 유혹만 커지게 할 뿐이었다. 그러므로 차라리 돼지고기 식용을 전면 금지하고 양·염소·소 등을 치는 데 모든 정성을 다 바치는 것이 더 나았다. 돼지고기의 맛은 좋지만 사료와 시원한 돼지우리를 만드는 비용은 너무 비쌌던 것이다.

물론 의문점은 남아 있다. 특히 성서에 금지된 다른 동물들—독수리, 매, 뱀, 달팽이류, 조개류, 비늘 없는 물고기 등—은 왜 금기하고 있는가? 물론 엄격함과 열성의 정도에는 차이가 있지만 이제는 더 이상 중동에서 살지 않는 유대인들과 이슬람교도들까지도 고대의 식사율법을 아직도 지키고 있는 까닭은 또 무엇인가? 성서에 금기로 열거된 새와 동물들은 대체로 명백히 두 범주로 나눌 수 있다고 생각한다. 첫째, 물수리(ospray)·독수리·매 등의 조류는 식량자원으로 가치가 없다. 둘째, 조개류 등은 목축·농경 혼합경제 속에서 사는 주민들이 접할 수 없는 것들이다. 이 두 범주에 속하는 금기된 동물들은 그 어느 것도 우리가 관심을 갖는 그런 문제—분명히 기이하고 비경제적인 금기를 어떻게 설명할 것인지와 관련한 비경제적 문제—는 야기하지 않는다. 먹이로 쓰기 위해 독수리를 찾아 나서거나 식용조개를 찾아 사막에서 약 80킬로미터를 헤매며 시간을 낭비하는 것은 하나도 합리적이지 않다.

이런 점에서 지금이 종교상 식용으로 인정된 모든 음식물에 관한 관행에 생태학적 근거가 분명 존재한다는 주장을 거부하기에 아주 적절한 시기라고 생각된다. 여러 금기에는 사회적 기능도 있다. 예컨대 금기를 준수하기 어느 한 특별한 공동체의 일원이라는 동질성을 느낄 수 있게 하는 기능이 그러하다. 이러한 기능은 고향인 중동을 떠나 이국에서 사는 현대 이슬람교도들이나 유대인들이 돼지금기 식사율법을 잘 지키도록 해주고 있다. 이런 관행이 이슬람교도와 유대인들에게는 쉽사리 대체할 수 있는 별 다른 음식물이 전혀 없는데도 영양가가 높은 음식물을 금기하고 식용에서 제외시킴으로써 그들의 실제적이고 현실적인 복지를 상당히 손상시키는 것은 아닌지 의문이 제기된다. 나는 이 의문에 대해 분명히 그렇지 않다고 대답하겠다. 그러나 나는 또 다른 유혹을 이겨보고 싶다. 즉 내가 모든 것을 다 설명해보겠다는 유혹이다. 이 수수께끼의 이면(異面)인 돼지숭배자들을 생각해본다면 돼지혐오자들에 대한 의문은 쉽게 풀릴 것이다.

돼지숭배자들은 신이 돼지고기를 역겨워한다고 믿는 이슬람교도나 유대인들과는 전혀 다른 감정을 지닌 자들이다. 돼지숭배의 조건은 단순히 돼지고기 요리를 미각적인 면에서 미친 듯 좋아하는 것이 아니다. 유럽·미국인이나 중국인들의 요리 전통 등 많은 요리법에서 돼지의 비계와 살코기는 아주 고급스러운 음식물로 평가된다. 돼지숭배에는 이런 전통과는 상관없는 어떤 이유들이 있다. 그것은 인간과 돼지 사이에 존재하는 전체 공동체와 연결되는 여러 가지 상태에 따라 좌우된다. 이슬람교도나 유대인들에게는 돼지들이 인간으로서 그들의 지위를 위협하는 존재지만 돼지숭배에 사로잡혀 있는 사람들은 돼지와 함께하지 않으면 진정한 인간적 삶을 영위할 수가 없다.

돼지숭배자들은 기르고 있는 돼지를 자기 식구로 생각하고, 돼지들과 잠자리를 같이 하고, 돼지들과 말을 주고받고, 돼지들을 애무하고 쓰다듬어주며, 끈으로 매어 들로 데리고 다니고, 이름을 붙여 부르고, 돼지들이 아프거나 다치면 마음 아파하고, 가족의 식탁에서 음식을 추려서 먹인다. 그러나 힌두교도들의 암소숭배와는 다르게 돼지를 의무적인 희생제물로 바치기도 하고, 특별한 명절에는 잡아먹기도 한다. 제사용이나 성스러운 축제용으로 돼지를 잡아 죽이기 때문에 돼지숭배는 힌두교 농부들과 그들이 숭배하는 암소들 간에 존재하는 유대관계보다 더 폭넓은 인간과 동물 간의 유대관계를 이해할 수 있는 전망을 제공해준다. 돼지숭배의 클라이맥스는 돼지의 살과 그 주인인 사람의 살을 결합시키고 돼지의 혼과 조상들의 혼을 결합시키는 때다.

돼지숭배에는 고인이 된 아버지를 기리기 위해 사랑하는 돼지를 아버지의 무덤가에서 잡아 질그릇에 넣어 튀기는 의식이 있다. 돼지숭배의 또 다른 의식 중에는 소금에 절이고 냉동한 돼지 뱃가죽 비계를 처남의 입에 꽉 처넣는 의식이 있다. 그러면 그 처남이 성실하고 행복한 인간이 된다는 것이다. 무엇보다도 돼지숭배에는 한 세대마다 한두 번씩 열리는 대(大)돼지도살축제(the great pig feast)가 있다. 이 축제는 돼지고기를 열망하는 조상들을 기쁘게 하려 할 때나 공동의 건강을 축원할 때 또는 미래에 있을 여러 전쟁의 승리를 기원하려 할 때 열린다. 이 축제가 열리면 사람들은 자기 부족이 기르고 있는 다 큰 돼지 대부분을 한꺼번에 잡아 게걸스럽게 먹어 치운다.

숭배와 축제의 심리극

미시간 대학교의 라파포트(Roy Rappaport) 교수는 뉴기니 비스마르크 산맥에 살고 있는 외딴 부족인 마링족(Maring)의 돼지숭배자들과 돼지들이 어떤 관계를 맺고 있는지에 대해 깊이 연구했다. 『조상들에게 바치는 돼지들: 어느 뉴기니 부족의 생태 속에 나타난 의식(儀式)』(*Pigs for the Ancestors: Rituals in the Ecology of a New Guinea People*)이라는 책에서 라파포트 교수는 돼지숭배가 기본적인 인간문제들을 해결하는 데 어떤 공헌을 하는지 기술하고 있다. 마링족의 생활환경 속에서는 생존을 위해 선택할 수 있는 대안들이 그렇게 많지 않았다.

각 지역에 흩어져 살고 있는 마링족의 하부 집단이나 씨족들은 모두가 각기 12년에 한 번꼴로 돼지도살축제를 연다. 이 축제는 거의 1년 동안 계속되며 준비단계, 작은 규모의 희생제, 마지막으로 대규모 돼지도살제 등이 포함된다. 마링족은 이 축제를 카이코(Kaiko)라고 부른다. 축제가 끝난 후 두세 달 이내에 축제를 연 씨족은 적대관계에 있는 다른 씨족들과 전쟁을 해 많은 사상자를 내며 영토를 빼앗기거나 적의 영토를 빼앗는다. 남아 있는 돼지들은 전쟁 동안 제사에 제물로 바쳐진다. 전쟁을 하는 중에 승자나 패자 모두 숭배하는 조상들에게 바칠 큰 돼지들이 거의 남아 있지 않다는 것을 깨닫게 된다. 그러면 전쟁은 갑작스럽게 종식되고 성역에 모여 룸빔(Rumbim)이라는 작은 나무들을 심는다. 룸빔 묘목을 땅에 심을 때 성년이 된 씨족의 모든 남자가 그 나무 위에 손을 얹어 이 의식에 참여한다.

전쟁 마술사(the war magician)는 조상들에게 돼지를 다 잡아먹었다는 것과 자신들이 전쟁에서 죽지 않고 살아 있음에 감사하다는 것을 아뢰는 주술을 왼다. 그는 전쟁이 끝났으며 룸빔이 땅에서 자라는 한 다른 전쟁은 없을 것이라고 조상들에게 굳게 맹세한다. 그때부터 살아 있는 자들의 모든 생각과 노력은 돼지사육에 집중된다. 자기 조상들에게 감사의 제사를 올릴 수 있을 장엄한 카이코에 대비해 충분한 돼지무리를 키워놓은 때에만 무사(武士)들은 룸빔을 뽑고 전장으로 나갈 생각을 하게 된다.

챔바가(Tsembaga)라고 불리는 씨족을 상세하게 연구한 결과 라파포트 교수는 축제의 완전한 한 사이클―이는 카이코와 카이코 이후 전쟁, 룸빔의 식목, 새로운 돼지사육, 룸빔의 벌채, 새로운 카이코 등으로 이어진다―은 단순히 광란적인 돼지사육자들의 심리극(心理劇, psychodrama)이라고만은 할 수 없는 것들을 지니고 있다고 했다. 그 한 사이클이 움직여가는 국면이 자율적으로 조절되는 복잡한 생태계 내에서 통합되어 있는 것이다. 그 생태계는 챔바가족이 사용할 수 있는 자원과 생산활동에 적당한 인구수 및 가축수의 규모와 그 분배를 적절하게 조절한다.

마링족의 돼지숭배를 이해하려 할 때 가장 중요한 문제 중 하나는 조상들에게 감사제를 올리기에 충분한 돼지를 갖게 되는 때를 어떻게 결정할 것인지에 관한 것이다. 마링족 자신들은 몇 년 만에 카이코를 열어야 하는지, 훌륭한 카이코에 필요한 돼지 수는 얼마나 되어야 하는지 등을 알지 못한다. 돼지가 몇 마리 있어야 하는지, 다음 카이코까지는 몇 년을 잡아야 하는지를 결정하는 기본문제에 동의를 얻을 수 있을 가능성은 존재하지 않는다. 그 이유는 마링족에게는 달력도 없고 그들의 언어에는 3 이상의 수를 가리키는 말이 없기 때문이다.

라파포트 교수가 관찰한 것에 따르면 1963년 카이코가 시작되었을 때 돼지 수는 169마리였고 쳄바가족의 성인 수는 약 200명이었다. 카이코에서 다음 카이코까지의 기간이 얼마나 될지를 결정하는 데 핵심적인 것은 바로 하루 평균 노동량과 거주형태와 관계있는 돼지 수와 인구수다.

얌(Yam, 감자), 타로(Taro, 토란), 고구마 등을 가꾸는 것과 돼지 기르는 일은 원래 마렝족의 여자들이 맡아서 한다. 여자들은 어린애들과 함께 돼지들을 데리고 밭으로 나간다. 돼지들은 어미의 젖을 뗀 후, 자기 여주인들에게 개처럼 걸음마를 배운다. 3~4개월이 지나면 돼지들은 방치된 채 숲속에서 자유롭게 돌아다니다가 밤이 되면 여주인들이 부르는 소리를 따라 집으로 돌아와 사람들이 먹다 남긴 부스러기를 먹거나 고구마나 감자로 배를 채울 때까지 먹이를 찾아 헤맨다. 여자들에게 배당된 돼지가 자라고 그 수가 늘어감에 따라 그들은 돼지들에게 먹이를 주기 위해 더 고된 일을 해야 한다.

룸빔이 땅에서 자라고 있는 동안 쳄바가족의 여인들은 밭을 늘리고, 더 많은 고구마와 감자를 심고, 적들보다 먼저 다음 카이코를 열기에 '부족함이 없는' 돼지들을 보유하기 위해 될 수 있는 한 빨리 더 많은 돼지를 키워야 한다는 큰 압박을 받는다는 사실을 라파포트 교수는 알게 되었다. 다 자란 돼지들은 보통 약 61킬로그램 정도 나가는데 이는 마렝족 성인의 평균 체중보다 더 무겁다. 이런 돼지들이 파먹어 손실되는 곡식을 충당하려면 성인 한 명을 먹이는 데 필요한 노력보다 더 많은 노력이 필요하다. 1963년 룸빔을 뽑았을 당시, 다른 씨족 여자들보다 더 강인한 쳄바가족 여인들은 각각 가족들을 먹여 살리기 위한 밭일, 식사준비, 육아, 그물백·줄앞치마·허리옷을 만드는 일 외에도 61킬로그램의 돼지를 여섯 마리나 기르고 있었다. 돼지 여섯 마리를 기르는 것만으로도 건강하고 영양상태가 좋은 마링족 여인 한 사람의 하루 소비 에너지양의 50퍼센트가 소요되고 있다고 라파포트 교수는 추산했다.

일반적으로 인구가 증가함에 따라 돼지 수도 증가한다. 특히 전쟁에서 승리를 거둔 씨족들에게 이 현상이 두드러지게 나타난다. 돼지와 사람들은 비스마르크산맥의 언덕지대를 덮고 있는 열대밀림을 벌채하고 불태워 만든 밭에서 나온 곡식으로 먹고살아야 한다. 다른 열대지역에 존재하는 이와 유사한 원예농업체제(horticultural system)와 마찬가지로 마링족의 경작지가 비옥한 까닭은 수풀을 태우고 남은 재가 비료로서 땅에 스며들 때 질소성분이 땅에 흡수되기 때문이다. 이런 경작지는 2~3년을 계속 경작할 수 없다. 비가 많이 내려 질소나 토양 속의 다른 자양분들이 씻겨 내려가버리기 때문이다. 이에 대한 유일한 구제책은 밀림의 다른 지역을 골라 불태워 경작지를 마련하는 것뿐이다. 10년이 지나면 옛 경작지역은 다시 밀림으로 뒤덮여 이를 다시 불 살라야 곡식을 경작할 수 있게 된다. 옛 경작지가 새로운 밀림지대보다 더 좋다. 한 번 개간되었던 지역이 원시림지대보다 개간하기가 수월하기 때문이다.

그러나 **룸빔** 휴전 기간에 돼지 수와 인구수가 급증해서 옛 경작지대에 밀림이 충분히 들어차기에 아직 이른 경우에는 원시림에 새로운 경작지를 만들어야 한다. 원시림은 무한히 존재하지만 원시림 속에 새로 개간된 경작지들은 모든 사람에게 또 다른 긴장을 느끼게 한다. 사람과 돼지를 먹이기 위해 마링족이 식량생산에 투입하는 각 단위 노동력의 회수율(typical rate of return)도 저하된다. 원시림에 새로운 경작지를 개간하려 수풀을 태우는 일과 정지작업(整地作業)을 맡은 사람들은 더욱 고된 일을 해야 한다. 원시림 속의 수목들은 이미 개간했던 지역에 새로 자라나는 수목들보다 둘레나 높이가 비교할 수 없을 만큼 크기 때문이다. 그러나 더 큰 고통은 여자들이 당한다. 새로 개간된 경작지는 대부분 마을에서 멀리 떨어져 있기 마련이다. 여자들은 가족과 돼지를 먹여 살리기 위해 더 넓은 밭을 경작해야 한다. 또 경작지까지 가는 데 걸리는 시간이 이전보다 더 많으므로 돼지새끼와 아이들을 끌고 더 먼 밭을 헤매야 하며, 캐낸 감자와 고구마를 집으로 운반하는 데 점점 더 많은 노력을 쏟아야만 한다.

먹이를 찾아 헤매는 다 자란 돼지들이 경작지를 침입하지 못하도록 하는 일과 그 외 추가된 노동량 때문에 더 많이 긴장하기 시작한다. 돼지의 침입에 대비해 전 경작지를 튼튼한 울타리로 막아야 한다. 그러나 68킬로그램이나 되는 굶주린 돼지들은 방어하기 쉽지 않은 난적(難賊)들이다. 돼지 수가 늘어남에 따라 울타리가 뚫리는 횟수와 경작지가 침입당하는 횟수가 늘어난다. 화난 밭 주인에게 잡히면 이 침입자는 살해되기도 한다. 이런 불쾌한 사건들 때문에 이웃끼리 서로 적대감을 갖게 되며 평상시의 감정도 고조된다. 라파포트 교수가 밝혀낸 바에 따르면 돼지 때문에 발생하는 사건의 수는 돼지수효의 증가 속도보다 반드시 더 빨리 증가한다.

마링족은 이런 불쾌한 사건들을 피하기 위해 그리고 경작지 근처에 거주하기 위해 넓은 거주지역을 더욱 멀리 벗어나 거주지를 이동하기 시작한다. 부락민들이 이처럼 분산되면 호전적인 부족들이 침입해올 때 집 안의 안전을 유지하기가 어렵게 된다. 그래서 모든 사람은 더욱 조바심을 내게 된다. 여자들은 과도한 노동량에 불평을 하기 시작한다. 남편들과 말다툼을 하고 아이들을 때린다. 이쯤 되면 남자들은 '충분한 돼지 수'가 되지 않았나 생각하기 시작한다. 그들은 룸빔이 얼마나 자랐는지 살피러 내려간다. 여자들의 불평소리가 더욱 고조되면 결국 남자들은 거의 만장일치로 돼지 수를 세어보지 않고도 카이코를 열 때가 되었다는 데 의견을 같이한다.

1963년에 열린 카이코 기간에 쳄바가족은 돼지 수의 4분의 3, 무게로 따지면 8분의 7을 없앴다. 이 가운데 고기 대부분은 1년 동안 계속된 축제에 초대된 인척들과 군사동맹자들에게 제공되었다. 1963년 11월 7~8일에 절정에 다다른 의식에서는 돼지 96마리가 잡혀 2,000~3,000명으로 추산되는 사람들에게 직접 또는 간접적으로 제공되었다. 쳄바가족은 자기 부족의 몫으로 약 1.13톤의 돼지고기와 비계를 남겨두었다. 이 고기량은 쳄바가족의 남녀노소에게 각각 약 5.4킬로그램씩 할당할 수 있는 양이며 무제한적으로 포식해도 연 5일은 계속 먹을 수 있는 양이다.

마링족들은 지난번 전쟁에 원조를 해준 동맹자들에게 보답하고 앞으로 있을 전쟁에서도 그들의 충성된 원조를 바란다는 청을 하는 계기로 카이코 축제를 의식적으로 이용한다. 이에 동맹자들은 초대를 흔쾌히 수락한다. 이는 카이코 주최자들이 계속적인 지원을 보장할 만큼 충분히 번성하고 강력한 부족인지를 결정하는 기회를 부여해주기 때문이다. 물론 동맹자들도 돼지고기에 굶주려 있기 때문이기도 하다.

손님들은 최고급 의상을 입는다. 구슬과 조개로 만든 목걸이를 걸고, 별보배조개(cowrie-shell)로 만든 벨트를 장단지에 매고, 난초섬유로 만든 허리띠를 매고, 캥거루털로 장식한 자줏빛 줄 쳐진 허리옷을 입고, 나뭇잎을 주름지게 꿰매어 만든 허리받이를 엉덩이에 걸친다. 그리고 독수리 깃털과 앵무새 깃털로 만든 관(冠)을 머리에 쓰는데, 그 관은 난초대와 녹색 장수풍뎅이 그리고 별보배조개로 장식하며, 꼭대기는 통째로 박제한 극락조로 장식을 한다. 모두가 독창적이고 기발한 디자인으로 얼굴을 색칠하는 데 여러 시간을 들이며 코에는 맘에 드는 둥근 원반이나 금빛 주둥이의 초승달 모양 조개를 매단 가장 멋있는 극락조 깃털을 꽂는다. 방문객이나 주인 할 것 없이 특별히 준비된 댄스장에서 춤을 추며 자기 의상을 과시하는 데 많은 시간을 쓴다. 이 춤은 남자 무사끼리 전쟁동맹을 맺는 준비단계일 뿐만 아니라 구경하는 여자들에게 추파를 던져 사랑의 결합을 맺는 준비단계이기도 하다.

라파포트 교수는 1,000명 이상의 사람이 쳄바가족의 댄스장에 군집해 여러 의식에 참석했고 그 의식들이 모두 끝난 후에 비로

소 '대(大)돼지도살' 의식이 시작되었다고 하면서 1963년에 카이코에서 보고 들은 것들을 자세히 기록하고 있다. 댄스장 부근에는 3면으로 되어 있는 식전(式展)이 있고 그 식전의 창문 안에는 특별상으로 소금에 절인 돼지비계 꾸러미가 높이 쌓여 있었다.

몇 사람이 그 건물 꼭대기에 올라가 서서 한 사람씩 수상자 이름을 군중을 향해 외쳤다. 수상자들은 누구나 자기 이름이 호명되면 도끼를 흔들고 기이한 소리를 내며 창문으로 돌진해갔다. 그의 지지자들은 마치 전쟁터에 나가듯 함성을 지르며 북을 치고 무기를 흔들며 그의 뒤를 바짝 따랐다. 창문에서는 수상자에게서 지난번 전쟁에 도움을 받았던 쳄바가인이 소금에 절인 찬 돼지 뱃가죽 비계를 그의 입에 가득 채워주고, 또 다른 소금에 절인 뱃가죽 비계 꾸러미를 그의 뒤를 따르는 자들에게 창문으로 넘겨주었다. 입에 뱃가죽 비계를 문 그 영웅은 이제 물러가고 그의 뒤에서 그의 추종자들이 함성을 지르고 노래를 부르며 북을 치고 춤을 추었다. 수상자들의 이름을 부르는 속도가 빨라지면 창문을 향해 돌진하는 집단들과 퇴진하는 집단들이 뒤엉키는 때도 종종 있었다.

도살제와 단백질 공급전쟁

이 모든 것은 마링족의 기술과 환경이 지니고 있는 기본조건들 때문에 나타나는 한계 안에서 실제적으로 설명될 수 있다. 우선 마링족의 음식물 중에 고기가 흔치 않다는 보편적 현상에서 볼 때 돼지고기를 갈망하는 것은 마링족의 삶 속에 나타난 아주 합리적인 투쟁이다. 그들은 채소를 주식으로 한다. 때때로 개구리·쥐, 사냥에서 잡은 캥거루 등으로 보충하기는 하지만 집에서 기른 돼지고기는 고농도지방과 고단백질을 보충할 수 있는 최상의 식품이다.

그렇다고 해서 마링족이 심한 단백질 부족으로 고통받고 있다는 말은 아니다. 고구마·감자·토란이나 그 외 식물성 식량들도 충분한 식물성 단백질을 광범위하게 제공해준다. 그러나 그것들로는 최소한의 표준 영양치를 조금 웃돌 뿐이다. 그러므로 돼지고기에서 단백질을 섭취하는 것은 특별한 의미가 있다. 보편적으로 동물성 단백질은 식물성 단백질보다 더 농축적이고 신진대사에 훨씬 효능이 좋으므로 (치즈·우유·달걀·생선 등은 전혀 없이) 식물성 음식에만 주로 의존하는 사람들에게 고기는 항상 견디기 어려운 유혹이다.

그뿐만 아니라 돼지사육은 마링족에게는 좋은 생태학적 의미가 있다. 바로 이 점이 중요하다. 기온과 습기는 돼지사육에 이상적이다. 돼지들은 축축하고 그늘진 산기슭에서 번성하며 밀림 속을 자유롭게 배회하면서 실질적인 먹이 대부분을 얻고 있다. 이런 자연환경 속에서 돼지고기를 먹는 것을 금한다면—중동지방의 금기—이는 아주 비합리적이고 비경제적인 관행이 될 것이다.

반면 돼지 수를 무제한으로 방치한다면 이는 인간과 돼지와의 피 튀기는 경쟁을 야기할 뿐이다. 돼지 수의 증가를 과도하게 허용한다면 여자들은 돼지사육으로 과다한 부담을 지게 될 것이며 마링족의 생존에 기반이 되는 경작지는 위협을 받게 될 것이다. 돼지 수가 증가할수록 마링족 여성들은 더 힘든 일을 해야 한다. 결국 여성들은 사람을 먹이기보다는 돼지를 먹이려고 일하는 자신을 발견하게 될 것이다. 원시림을 경작지로 이용함에 따라 전체 농업체제의 효율은 급격히 저하된다. 카이코가 주기적으로 열리지 않으면 안 되는 이유는 바로 이런 점들 때문이다. 조상의 역할은 돼지사육에 가장 많은 노력을 기울이라고 격려하는 것과 동시에 돼지들 때문에 여자들과 경작지가 피폐해지지 않도록 보살피는 것이다. 그들의 일이 야훼나 알라신의 일보다 더 어렵다는 것을 인정해야 한다. 전면적인 금기가 부분적인 금기보다 더 쉽게 지켜질 수 있기 때문이다. 그런데도 조상들을 즐겁게 하기 위해 가능한 한 빠른 시일 내에 카이코를 열어야 한다는 신앙은 기생적으로 성장하는 동물들을 효과적으로 제거하고 '좋은 것의 과잉'(too much of a good thing)이 없게 돼지 수를 통제하는 역할을 한다.

조상들이 이런 일을 할 수 있을 정도로 현명하다면 그들은 각각의 여성이 사육할 돼지 수를 왜 직접 제한해주지 않는가? 돼지 수를 극단적으로 축소했다가 극단적으로 증가시키는 순환을 허용하는 것보다 일정한 수로 고정해두는 것이 더 낫지 않겠는가? 모든 마링족 내 씨족의 인구증가율이 제로이고 그들이 두려워할 적이 없다면, 그들이 전혀 다른 농경형태를 취하고 있다거나 그들에게 강력한 지배자들이 있다면, 아니면 그들에게 어떤 성문법

(成文法)이 있다면, 간단히 말해서 그들이 마링족이 아니었다면 그런 대안들이 채택되었을지도 모른다.

어느 누구도 돼지 몇 마리가 '좋은 것의 과잉' 상태에 이르는 순간의 수치인지 예측하지 못한다. 돼지 수가 부담스럽게 느껴지는 순간이 항상 고정적이지 않으며 해마다 달라지는 것이 보통이기 때문이다. 그 순간은 마링족의 전 인구와 각 씨족의 인구가 얼마인지, 그들의 육체적·심리적 활동력의 상태가 어느 정도인지, 그들이 차지하고 있는 영토의 크기가 얼마나 되는지, 그들이 소유하고 있는 제2의 밀림의 크기는 어느 정도인지, 그들의 변방에 자리 잡고 있는 적대집단들의 상황과 그들이 바라는 것은 무엇인지 등에 따라 달라진다.

쳄바가족의 조상들은 "너희는 돼지를 네 마리 이상 소유해서는 안 된다"라는 말을 쉽사리 하지 못한다. 왜냐하면 쿤데가이족(Kundegai), 딤바가이족(Dimbagai), 임가가이족(Yimgagai), 투구마족(Tuguma), 아운다가이족(Aundagai), 카우와시족(Kauwasi), 모남반트족(Monambant) 그리고 그 외 다른 부족의 조상들이 돼지를 세 마리만 소유하게 하자는 제안에 동의하리라는 보장이 있을 수 없기 때문이다. 그 까닭은 이 모든 부족이 땅에 존재하는 자원을 분배하는 데 각기 자기 나름대로의 주장을 합법화하려고 몸부림치고 있기 때문이다. 복지와 복지에 대한 위협, 이 두 가지가 이런 주장들이 합당한지 아닌지를 면밀히 검토하게 한다. 돼지를 먹고 싶어 하는 충족시키기 어려운 조상들의 욕망 때문에 마침내 마링족들은 무기를 수단으로 그런 주장들의 합당성을 검

토하게 된다.

조상들을 만족하게 하기 위해서는 가능한 한 많은 식량을 생산하고 돼지 수를 많이 늘려 그 식량자원들을 비축하는 데 최대의 노력을 기울여야 한다. 주기적으로 돼지고기가 남는다고 할지라도 이런 노력들이야말로 한 집단의 생존능력과 영토방위능력을 향상시킨다.

집단의 생존능력과 영토방위능력을 높여주는 노력들은 다음과 같이 진행된다. 첫째, 돼지고기를 갈망하는 조상들을 충족시키기 위해 평상시보다 더 많은 노력을 기울이며, 그 결과 룸빔의 휴전기간에 부족 전체의 단백질 섭취량이 많아진다. 그 때문에 주민들은 평균신장이 커지고 더욱 건강해지며 더욱 활동적이게 된다. 그다음으로 휴전 최후단계에 카이코를 연결시킴으로써 고농도지방과 고단백질을 실컷 섭취할 수 있는 기회를, 부족 내 긴장이 최대로 고조되는 시기—부족 사이의 전쟁 발발 수개월 전—에 보장하는 것이다. 마지막으로 자양분이 많은 돼지고기를 잉여식량으로 다량 비축해둠으로써 마링족들은 그 고기가 가장 필요하게 쓰일 전쟁 직전에 동맹자들을 유혹하고 그들에게 보급할 수 있게 되는 것이다.

쳄바가족과 이웃 부족들은 돼지사육의 성공과 군사상의 힘을 연관시켜 생각하고 있다. 카이코에서 도살하는 돼지 수는 축제 주최자들의 건강과 에너지 그리고 결단력이 어느 정도인지를 판단할 수 있는 정확한 근거를 손님들에게 제공해준다. 돼지를 많이 길러내지 못한 집단은 자기 영토를 방어할 능력이 없는 것으로 간주되며 따라서 그 집단은 강한 동맹군을 얻지 못할 것이다. 어느 부족이 카이코 때 자기 조상들에게 충분한 돼지고기를 제물로 바치지 못할 경우, 그때에는 패전의 전조가 전장에 나타나는데 이는 단순히 비합리적이라고 할 수 없다. 기본적인 생리학적 의미에서 볼 때, 한 부족이 소유하고 있는 잉여 돼지 수가 얼마나 되느냐에 따라 그 부족의 생산능력과 군사력 등이 평가되며, 그 부족들의 영토권 주장이 인정받을 수 있는지 없는지도 평가받는다고 라파포트 교수는 주장한다. 나도 그의 주장이 옳다고 믿는다. 다시 말하면 인간의 생태학적 관점에서 볼 때 카이코와 돼지, 전쟁 등 전체 시스템을 통해 이 지역에 존재하는 동물·식물·인간 수 등이 효과적으로 배분되는 것이다.

이제 많은 독자는 돼지숭배가 주기적으로 전쟁을 일으키는 역할을 하기 때문에 아주 비효율적이고 잘못된 관습은 아닌지 의문을 제기하고 싶을 것이다. 나도 그 점을 잘 알고 있다. 전쟁이 비합리적이라면 카이코도 역시 비합리적이다. 다시 한번 나는 많은 것을 한꺼번에 설명하고 싶은 유혹을 이겨내려 한다.

다음 장에서는 마링족의 전쟁이 지니고 있는 실제 원인들을 논의하겠다. 그러기 전에 나는 전쟁이 돼지숭배 때문이 아님을 밝혀보겠다. 돼지라는 동물이 어떻게 생겼는지도 모르는 수백만의 인간도 전쟁을 하고 있기 때문이다. 또 고대든 현대든 돼지혐오자들도 중동지방에서와 마찬가지로 각 집단 간에 평화를 누리고 있지 못하다. 전쟁은 선사시대나 유사시대에도 항상 존재했었다. 단지 우리는 뉴기니 '원주민'들이 오랫동안 휴전을 유지하기 위해 고안한 천진스러운 제도에 놀랄 따름이다. 결국 이웃 부족의 **룸빔**이 아직 땅속에 뿌리를 내리고 있는 한 쳄바가족들은 그 부족에게 공격받을 염려를 하지 않아도 좋다.

우리는 **룸빔** 대신 미사일을 심어놓고 있는 나라들에 관해서도 이 이상의 말은 할 수 없을 것이다.

3

원시전쟁

전쟁이 인간의 선천적인 살해본능

때문이라면 전쟁을 방지하기 위해

우리가 할 수 있는 일은 그리 많지 않을 것이다.

반면 전쟁이 인간 삶의 실제적 조건들과

이해관계 때문에 일어나는 것이라면

우리는 그런 생존조건들과

이해관계를 변화시킴으로써

전쟁의 위협을 줄일 수 있을 것이다.

전쟁, 그 원인과 결과

마링족처럼 뿔뿔이 흩어져 사는 원시족들이 수행하는 전쟁들은 인간의 생활양식 밑바닥에 과연 건강함이 존재하는지에 대한 의문을 불러일으키게 한다. 현대국가들이 내세우는 전쟁 명분에 우리는 당황할 때가 한두 번이 아니지만 그 선택된 명분에 그럴싸한 대안적인 설명이 없던 적은 결코 없었다.

역사책에는 무사들이 무역로를 개척하기 위해 또는 천연자원, 값싼 노동력, 대량판매시장(mass markets) 등을 지배·개척하기 위해 전쟁을 일으켰다는 사실(史實)이 세세히 기록되어 있다. 근대 제국들이 일으킨 전쟁에 유감스러운 점도 많이 있지만 그 전쟁의 원인들을 전혀 이해할 수 없는 것은 아니다. 오늘날 핵시대의 데탕트(détente, 긴장완화—옮긴이) 문제도 앞에서 말한 원인 같은 것들을 그 기본특징으로 하고 있다. 오늘날의 데탕트도 국가 간의 합리적인 득실의 균형이 깨질 때 전쟁이 일어난다는 가정에 의존하고 있기 때문이다. 핵전쟁을 일으키면 득보다 실이 더 많음을 미국과 소련이 분명히 인식하고 있는 경우, 양대 국가 어느 편도 문제 해결의 수단으로 전쟁을 선택하지는 않을 것이다. 대개 전쟁이 실제적이고 현실적인 조건들과 관련이 있음을 전제한다면 이러한 시스템은 핵전쟁을 방지할 수 있을 것으로 기대할 수 있다. 만약 전쟁이 합리적이지 못하고 이해하기 곤란한 여러 이유에서 일어날 수 있다면 전쟁 때문에 양 당사자가 자멸할지도 모른다는 예견이 가능하다 하더라도 그러한 예견이 전쟁을 막지는 못할 것이다. 혹자들이 믿고 있는 것처럼 주로 인간은 '호전적'이며 본능적으로 '공격적 성향'이 있기 때문에, 스포츠, 명예로운 영광, 복수를 위해 피 흘리기를 좋아하기 때문에, 폭력적 자극에서 오는 흥분을 맛보기 위해 어차피 죽어가는 동물이기 때문에, 전쟁이 피치 못하게 일어난다면 저 미사일들은 이런 인간들에게 영원한 작별의 키스를 던질 것이다.

원시전쟁의 배경에 있는 원인들을 조사한 최근 자료에 따르면 원시인들이 전쟁을 일으킨 동기 가운데는 비합리적이고 불가해한 것들이 많다. 전쟁은 참전자들에게 치명적인 결과를 초래하기 때문에 전사들이 자기들이 왜 싸우고 있는지 의심해보는 것은 주제 넘는 일로 보이는 것 같다. 소·돼지·전쟁·마녀 등 우리가 갖고 있는 수수께끼에 대한 해답들은 전쟁에 참전한 원시인들의 의식 속에서는 찾아볼 수 없다. 교전하고 있는 전사 자신들은 전쟁의 명분이나 결과에 대해 체계적으로 파악하지 못하는 것 같다. 그들은 전쟁이 일어나기 직전에 경험했던 개인적 감정이나 동기를 전쟁의 이유라고 설명하려 한다.

머리사냥(head-hunting) 원정을 떠나기에 앞서 히바로족(Jivaro)의 원시인들은 그 원정이 적들의 영혼을 사로잡는 기회가 되기를 기대한다. '까마귀무사'(crow-warrior)는 자기가 두려움을 모르는 용맹스러운 무사임을 증명하기 위해 적군의 시체를 만지기를 열망하며 전쟁터로 나간다. 또 어떤 무사들은 복수심에 불타 전쟁터로 나가고 또 다른 무사들은 사람의 고기를 먹을 수 있다는 기대에 부풀어 전쟁터로 나간다.

이처럼 전쟁의 동기는 희한한 열망과 기대들로 차 있다. 그러나 이런 열망과 기대들은 전쟁의 원인이라기보다는 전쟁의 결과다. 이런 열망들은 폭력을 사용할 수 있는 인간의 잠재력을 자극하고 호전적인 태도를 표출하도록 돕고 있다. 암소숭배나 돼지혐오의 경우에서 실제적인 원인들을 찾아볼 수 있듯이, 원시인들의 전쟁에서도 실제적인 근거들을 찾을 수 있다. 원시인들은 어떤 문제가 발생하면 그 문제를 해결할 수 있는 다른 대안—고통을 줄이고 무익한 죽음을 막을 수 있는—이 없기 때문에 어쩔 수 없이 전쟁터로 나간다.

다른 원시부족들처럼 마링족도 자기들이 당한 폭력행위를 복수하기 위해 전쟁하러 간다고 설명하고 있다. 라파포트 교수가 수집한 자료 대부분은 이전에는 친근했던 씨족들이 여자 유괴·강간, 경작지에서 행해지는 돼지도살, 농작물 절취, 영토를 침범해 짓밟는 행위, 마술로 사람을 죽이고 질병이 생기게 하는 행위 등 폭력과 비슷한 행위들로 도발했다고 상호 고발하는 증언 때문에 불가피하게 전쟁을 시작하지 않을 수 없었다는 사실을 밝히고 있다.

마링족의 두 씨족에게 치명적인 재앙을 일으켰던 전쟁이 한 번 있었다. 그들에게도 이유 없는 전쟁은 없었다. 각 전장의 죽음은 희생된 전사자의 친척들이 뿌린 복수의 피로 이루어졌다. 희생자의 친척들은 원수를 죽여 그 수가 자기편 희생자 수와 같아질 때까지 결코 만족하는 일이 없었다. 매번 반복되는 전쟁은 그 자체로 다음 전쟁을 일으키는 데 충분한 동기를 제공했다. 이와 같이 마링족은 적의 집단 속 특정인들—10년 전에 자기 아버지 또는 형제를 죽이는 데 책임이 있었던 자들―을 죽이기 위해 복수심에 불타 전쟁터에 나가곤 했다.

나는 마링족이 어떻게 전쟁을 준비하는지에 관해서는 이미 앞에서 거론했다. 거룩한 룸빔의 뿌리를 뽑은 후 교전한 씨족들은 새로운 동맹군을 구하고 지금까지 동맹관계에 있는 부족들과의 우호관계를 더욱 공고히 하기 위해 대대적인 돼지도살축제를 연다. 이 카이코는 요란스러운 행사로서 수개월에 걸쳐 여러 단계로 진행된다. 그런 까닭에 여기에서 비밀스러운 습격과 같은 비겁한 공격이 일어날 가능성은 거의 없다. 실제 마링족들은 자신들이 베푼 카이코의 성대함을 보고 적군들의 사기가 꺾이기를 기대한다. 전쟁의 쌍방은 제1전(第一戰)을 위해 많은 준비를 한다. 중재자를 통해 쌍방 무사들 사이의 경계지역 중 밀림으로 덮여 있지 않은 지역을 적합한 전쟁터로 할 것에 서로 합의한다. 그래서 쌍방은 교대로 잔풀이 우거져 있는 합의지역을 깎아내고 정지작업을 한 후 합의된 날에 전투를 시작한다.

전장으로 떠나기 전, 무사들은 전쟁주술사들 주위에 동그랗게 모인다. 마술사들은 불 근처에 무릎을 꿇고 흐느끼는 음성으로 조상들과 영교(靈交)를 나눈다. 마술사들은 타오르는 화염 속에 초록빛 긴 대나무를 집어던진다. 대나무가 불에 타 터지면 무사들은 "우" 하는 긴 괴성을 지르며 한 줄로 서 길길이 뛰며 노랫소리에 맞추어 전쟁터로 향한다. 이들 양쪽 전투부대는 정지(整地)된 전쟁터에서 마주 서 서로 간의 간격을 화살의 사정거리가 되도록 정렬한다. 사람 키만큼 큰 나무방패를 땅에 세우고 그 뒤에 몸을 숨긴 채 서로 위협하며 욕설을 퍼붓는다. 어떤 무사는 방패 앞으로 나와 욕설을 퍼붓다가 화살이 소나기처럼 날아오면 재빨리 방패 뒤로 숨기도 한다. 이 단계에서는 다치는 사람이 별로 없다. 쌍방의 동맹군들은 중상자가 한 사람이라도 생길 경우 곧 휴전을 하도록 중재한다. 어느 쪽이든 계속 복수하려고 하면 전쟁은 열기를 더해간다. 무사들이 도끼와 창을 휘두르며 전진하고 쌍방의 전열은 거리가 좁혀진다. 쌍방은 이제 살상도 불사하겠다는 단호한 결의로 적을 향해 돌격한다.

사상자가 나면 곧 휴전이 된다. 하루이틀 정도 무사 전원의 장례의식을 치르거나 조상들을 칭송하기 위해 부락으로 돌아와 머무른다. 쌍방이 호적수(好敵手)일 때 전쟁은 다시 시작된다. 전투를 질질 끌면 동맹군들은 지쳐서 자기네 부락으로 돌아가려 한다. 사상자가 많은 쪽이 생기면 강한 편은 약한 편을 추격해 전장 밖으로 몰아낸다. 약한 씨족은 운반할 수 있는 재산들을 꾸려 동맹군의 부락으로 도망친다. 강한 씨족은 승리를 자신해 밤의 어둠을 틈타 적의 부락에 쳐들어가 불을 지르고 보이는 대로 죽이고 약탈해 자신들의 강함을 과시하려 한다.

적이 싸움에 져서 달아나면 승리한 씨족은 적을 쫓지 않고 낙오자들만 사살한다. 가옥을 불태우고 농작물을 짓밟고 돼지를 약탈한다. 마링족이 치른 29번의 전쟁 중 19번째 전쟁이 이처럼 한 씨족이 상대방 씨족을 몰아내면서 끝났다. 쫓아낸 후 승리한 씨족은 곧 자기 부락으로 개선해 남은 돼지를 잡아 조상에게 바치고 새 **룸빔**을 심고 휴전기에 들어간다. 어느 경우에도 승리한 씨족이 패한 씨족의 영토를 직접 점령하지는 않는다.

치명적인 패전으로 전사자가 많은 경우, 패한 씨족은 자기 영토로 결코 돌아오지 못할 수도 있다. 패한 씨족의 혈통들은 동맹군들이나 자기들을 맞아들인 씨족의 가문과 병합된다. 그들의 영토는 승리한 씨족과 그 동맹군들의 지배로 들어간다. 경우에 따라서는 패한 씨족이 자기들에게 피란처를 제공한 동맹군에게 경계지역의 영토를 양도하기도 한다. 베이다(Andrew Vayda) 교수는 비스마르크 지방에서 일어난 여러 전쟁의 사후처리에 관한 연구에서 패한 씨족이 치명적으로 패배한 경우든 아니든 항상 적군의 변방에서 멀리 떨어져 있는 지역에 자기들의 새로운 거주지를 마련하는 것 같다고 말했다.

인구증가와 전쟁

마링족이 벌이는 전쟁과 영토조정의 문제가 오로지 '인구증가'라는 압력 때문에 발생하는지, 그것과는 관계없이 발생하는지에 많은 관심이 집중되고 있다. 만약 '인구증가'라는 압박이 의미하는 것이 한 부족 내에서 필요한 최소 칼로리 섭취량을 충족시키지 못하는 것이라면 그 경우에는 마링족에게 '인구증가'라는 압박은 전혀 존재하지 않는다고 봐야 할 것이다. 쳄바가족이 1963년 돼지도살축제를 열었을 때, 주민 수는 200명이었고 돼지 수는 169마리였다. 라파포트 교수는 쳄바가족에게는 밀림지대에 영구적인 손상을 주지 않고 자기네 거주지 내 생존조건들을 파괴하지 않고도, 당시 이 인구 외에 84명(또는 84마리)에게 충분한 식량을 생산할 수 있는 미경작상태의 밀림지대가 영토 내에 있었다고 추산했다. 나는 '인구증가'라는 압박이 실제로 영양부족상태가 발생한다거나 환경에 돌이킬 수 없는 손실이 가해지기 시작하는 것이라고 정의하는 견해에 찬성하지 않는다. 나는 '인구압박'이란 주민들이 칼로리나 단백질 결핍에 더 가까워지는 순간부터나 오래지 않아 인구가 늘어 환경이 생존능력을 상실 또는 현격히 감소시킬 정도로 소비가 늘어난 순간부터 나타나는 현상이라고 생각한다.

영양부족상태나 환경파괴가 시작되는 순간의 인구수는 생태학자들의 용어인 서식지(거주지)의 '사육능력'이 한계점을 넘을 때의 인구수다. 마링족뿐만 아니라 대부분의 원시사회에는 사육능력의 한계점 이하로 인구를 제한하고 줄이는 제도적인 메커니즘이 존재하고 있다. 바로 이 점이 우리를 당황하게 하는 것이다. 특정 인간집단들은 사육능력의 한계점이 초과되어 명백히 부정적인 결과가 발생하기 전에, 미리 인구나 생산 및 소비 등을 감축하는 능력이 있기 때문에 어떤 전문가들은 인구압박 때문에 인구와 생산, 소비가 감소되는 것은 아니라고 주장하기도 한다. 그러나 우리는 안전밸브가 보일러 폭발을 방지하는지 알아보기 위해 안전밸브를 제거함으로써 보일러가 폭발하게 되는 우를 범할 수는 없다.

문화에 균형을 주는 조절장치·안전밸브·회로차단기 등의 차단장치들이 어떻게 인간 삶의 한 부분이 되었는지에 그리 대단한 신비가 존재하는 것은 아니다. 혁명적인 발명품을 만들어낸 민족이 살아남았듯이 인구제한 차단제도를 지니고 있거나 그런 제도를 채택한 집단은 사육능력의 한계를 무분별하게 뛰어넘는 집단보다 더 잘 생존했다. 원시족들의 전쟁은 변덕스러운 행위 때문도 아니고 인간의 호전적인 본능 때문도 아니다. 전쟁은 원시족들이 살고 있는 지역의 상태에 알맞게 생태학적 균형에 따라 인구수를 유지시키는 데 필요한 차단 메커니즘의 하나일 따름이다.

우리는 거의 대부분 전쟁을 생태학적 안전장치라고 보기보다는 무책임하고 비합리적인 행동으로 안정된 인간의 생태적 관계들을 파괴하려는 위협적인 행위라고 생각한다. 나의 동료 대부분은 전쟁이 어떤 문제를 해결하기 위한 합리적인 수단이라고 말하는 것이 죄를 짓는 일이라고 생각한다. 그러나 나는 원시전쟁을 생태학적 적응으로 보는 나의 견해가 요새 유행하는 공격적 본능 이론들보다는 현대전쟁을 종식시키려는 여러 전망에 대해 훨씬 낙관론적 근거를 제공할 수 있으리라고 생각한다. 전쟁이 인간의 선천적인 살해본능 때문이라면 전쟁을 방지하기 위해 우리가 할 수 있는 일은 그리 많지 않을 것이다. 반면 전쟁이 인간의 삶의 실제적 조건들과 이해관계 때문에 일어나는 것이라면 우리는 그런 생존조건들과 이해관계를 변화시킴으로써 전쟁의 위협을 줄일 수 있을 것이다.

나는 전쟁옹호자라는 말을 듣고 싶지 않다. 따라서 다음과 같은 전쟁부인론을 서술하겠다. 내가 지금까지 해온 말은 전쟁이 원시인들에게 생태학적으로 적응된 생활양식이라는 것이지 현대의 모든 전쟁이 생태학적으로 적응된 생활양식이라는 것은 아니다. 핵전쟁은 이제 전쟁 당사국 모두를 파멸시킬 수 있는 국면까지 확대될 수 있다. 그래서 우리가 미래에 기대할 수 있는 진보가 있다면 그것은 핵전쟁을 배제하거나 전쟁 자체를 배제하는 일인데 그렇게 하려면 우리는 인간이라는 종족을 진화시켜야 할 국면에 도달해 있는 것이다.

마링족의 전쟁에 내포된 체제규제적인 기능이나 체제유지적인 기능은 몇 가지 다른 측면의 증거들로 추론할 수 있다. 우선 생산과 소비가 폭발적으로 증가하고 돼지 수와 인구수가 이전 전쟁으로 최저상태가 된 상황에서 다시 회복하게 된 바로 그 시점에서 전쟁이 일어난다는 것을 우리는 알고 있다. 인구증가 차단장치인 돼지도살축제와 그에 뒤따른 전쟁 등은 항상 모든 순환의 똑같은 극대점에서 일어나지는 않는다. 어떤 씨족집단은 적대집단이 되는 이웃 씨족이 균형을 잃을 정도로 급격히 성장한 결과, 이전의 극점보다는 낮은 수준에서 영토권을 인정받으려고 애쓸 것이다. 또 다른 씨족은 영토 내 사육능력이 한계점을 뛰어넘을 때까지 돼지도살축제를 열지 않을지도 모른다. 그러나 중요한 것은 단위 씨족 한두 집단의 인구수를 규제하는 전쟁의 효과가 아니다. 전체로서 마링족의 총인구수를 규제하는 전쟁의 효과인 것이다.

원시전쟁이 야기하는 주된 인구증가 규제효과는 전사자 수로 나타나는 것이 아니다. 심지어 산업화되어 있는 살인무기들을 사용하는 국가 사이의 전쟁에서 발생된 전사자 수도 인구성장률을 줄이는 데 실질적으로 별 영향력을 발휘하지 못한다. 20세기에 수천만의 전사자를 낸 제1, 2차 세계대전도 강력한 추세의 인구증가 곡선에는 미미한 영향력밖에 미치지 못했다. 예를 들어 러시아의 경우, 제1차 세계대전과 볼셰비키 혁명이라는 격심한 전쟁과 기근의 시기에 많은 사람이 죽어갔지만 평화가 지속된 시기에 계획한 인구와 실제 전시 인구와의 상관계수는 불과 몇 퍼센트밖에 되지 않았다. 전쟁이 끝난 후 10년이 되자 러시아의 인구수는 완전히 정상을 회복했고 전쟁이나 혁명이 언제 일어났느냐는 듯 이전의 성장곡선을 그대로 회복했다. 또 다른 예로 베트남에서는 유례없는 격렬한 공중전과 지상전이 벌어졌지만 1960년대의 인구증가는 그 전과 같은 추세로 계속되었다.

미시간 대학교의 리빙스턴(Frank Livingston) 교수는 제2차 세계대전의 참상들에 대해 언급하면서 퉁명스러운 어조로 다음과 같이 말했다.

"이런 살육전이 한 세대에 한 번씩 일어난다 하더라도 인구성장이나 총인구수에는 별 영향을 미치지 않을 것이라는 결론을 내릴 수밖에 없다."

전쟁이 인구증가에 별 영향을 미치지 않는 이유 가운데 하나는 한 여자가 자녀를 낳을 수 있는 기간이 평균 25년에서 30년으로 이 기간 내에 출산이 8번이나 9번은 쉽게 이루어질 수 있었다는 것, 다시 말해 매우 다산적이라는 것이다. 제2차 세계대전 동안 전쟁으로 죽은 사망자 총수는 전 세계 인구수의 10퍼센트도 못 되었고, 여자의 출산율이 조금만 증가해도 수년 내에 쉽사리 보충할 수 있는 수였다(그뿐만 아니라 제2차 세계대전 후 유아사망률과 평균사망률이 낮아졌다).

나는 마링족의 전사자 수와 총인구수의 실질적 비율이 어떠한 지는 말할 수 없다. 그러나 야노마모족의 성인 15퍼센트가 전쟁으로 사망한다는 것은 알고 있다. 야노마모족에 관해서는 다음 장에서 많은 것을 거론하겠다.

　인구조절수단으로서 전쟁을 과소평가하게 된 가장 큰 이유는 이 지구상 어느 곳에서도 남성이 주된 무사이며 전쟁터에서 주로 희생되는 자들도 남성이라는 사실 때문이다. 예컨대 야노마모족은 성인 남자 33퍼센트가 전사하는 데 비해 성인 여자는 단 7퍼센트밖에 전사하지 않는다. 베이다 교수의 말에 따르면 마링족이 최악의 패전을 겪었다는 어느 전쟁에서 인구가 300명인 씨족 가운데 남자 14명, 여자 6명, 아이 3명이 전사했다. 이런 남자 전사자 수는 쳄바가족과 같은 집단의 재생산 잠재능력에 별로 영향력을 미치지 못하는데, 사실 있으나 마나 하는 정도로 무시할 수 있다. 어떤 큰 전쟁 한 번으로 성인 남자 75퍼센트가 전사했다고 가정하더라도 생존한 여자들이 단 한 세대 동안 그 손실부분을 어렵지 않게 충원할 수 있다.

　원시사회 대부분이 그렇듯이 마링족이나 야노마모족은 일부다처제다. 즉 여러 아내를 거느리는 남자들이 많아 모든 여자는 임신 가능한 연령에 이르면 결혼해서 가임 기간에 항상 언제라도 임신·출산할 태세를 갖추고 결혼생활을 계속한다. 정상적인 남자라면 누구나 출산능력이 있는 여자 4~5명을 그들의 일생 대부분 동안 임신시킬 수 있는 능력이 있다. 마링족의 한 남자가 죽으면 그의 미망인을 자기 가족에 편입하려고 대기하고 있는 형제들과 조카들이 많이 있다. 자급자족적 경제의 관점에서도 대부분 남자는 전혀 없어도 상관 없다. 남자들이 전사한다 해도 과부나 자식들은 살아나가는 데 별 어려움을 겪지 않는다.

앞 장에서 거론했듯이 마링족의 주 경작자는 여자고 돼지를 주로 사육하는 자도 역시 여자다. 이러한 상태는 전 세계적으로 화전 자급자족 경제(cut and burn subsistence)체제에서 나타나는 사실이다. 남자들이 밀림에 불을 질러 경작지를 만드는 데 도움을 주는 것은 사실이다. 그 외 나머지 모든 힘든 일은 전적으로 여자 스스로의 능력으로 수행해나갈 수 있다. 원시사회에서 땔감, 감자바구니 등 무거운 짐을 운반할 때마다 적당한 '운반용 짐승'(beasts of burden)으로 간주되던 것도 남자가 아니라 여자였다. 마링족의 남자들은 자급자족 경제에 이바지하는 바가 거의 없기 때문에 여성인구가 많아지면 많아질수록 식량생산의 전체 효율은 더 높아지기 마련이다. 음식물의 관점에서 보면 마링족의 남자들은 돼지와 같은 존재다. 그들은 그들이 생산하는 것보다 훨씬 더 많은 식량을 소비하기 때문이다. 여자나 아이들이 남자들 대신에 돼지를 사육하는 데 더 많이 열중했다면 그들은 더 잘 먹을 수 있었을 것이다.

그러므로 전사자가 인구증가에 중대한 영향을 줄 것이라는 잔인한 효과는 마링족의 전쟁이 지닌 생태 적응적인 의미와는 아무런 상관도 없다. 그 대신 전쟁은 더 간접적이고 잘 알려져 있지 않는 두 가지 중요한 요소의 작용을 통해 마링족의 생태계를 유지하고 있다고 나는 생각한다. 그 두 요소 중 하나는 전쟁 때문에 여러 지역에 살고 있는 씨족들이 사육능력 한계점 이하에서 주경작지를 포기하지 않을 수 없다는 점과 관계있다. 다른 한 요소는 전쟁 때문에 여자 유아사망률이 높아진다는 것이다. 인구통계학상 전사자들은 별로 중요하지 않지만, 이 때문에 전쟁은 지역의 인구증가를 억제하는 효과적인 규제기능을 한다.

우선 주경작지의 포기에 관해 설명하겠다. 패전 후 수년 동안은 승자도 패자도 패자의 주경작지를 사용하지 못한다. 대개 주경작지는 최적 경작지, 중간 경작지, 2차적 밀림지대로 구성되어 있다. 일시적이기는 하지만 경작지의 포기는 이 경작지 안의 사육능력을 보존해주는 데 도움이 된다. 1953년 쿤데가이족이 쳄바가족을 패망시켰을 때 쿤데가이족은 쳄바가족의 경작지를 파 뒤엎고, 과수원을 짓밟았으며, 묘지와 돼지 항아리를 모독하고, 가옥을 불살랐으며, 성장한 돼지는 보이는 대로 다 잡아먹고, 어린 돼지는 자기 부락으로 끌고 갔다. 라파포트 교수의 설명대로 이 약탈행위는 전리품을 얻는 것보다는 쳄바가족이 다시 그 지역으로 돌아오지 못하게 하는 데 목적을 두었다. 쳄바가족 조상들의 혼신들에게 복수를 당할까 두려웠던 쿤데가이족은 그 후 곧 퇴각해 자기 부락으로 돌아갔다. 그리고 그들은 어떤 마술적 전투석(fight stones)을 그물주머니에 넣어 성소 안에 매달아놓았다. 이 돌들은 쿤데가이족이 다음 돼지도살축제 때 그들 조상들에게 감사를 드릴 수 있을 때까지 달려 있었다. 돌들이 묶여 있는 동안 쿤데가이족은 쳄바가족 조상의 혼들을 두려워했고 쳄바가 지역에서 경작하거나 사냥하는 것을 막았다. 이 일이 있은 후 쳄바가족들은 결국 자기들이 스스로 포기한 이 옛 땅을 다시 차지했다. 내가 전에 한 번 언급했다고 생각되지만 어떤 전쟁의 경우에는 적(敵)의 경작지를 이용하기도 했다. 그러나 어느 전쟁에서든 패전으로 나타나는 직접적 효과는 다음과 같다. 즉 밀림 속에 집중적으로 개간된 지역은 버려두고 지금까지 패전자들의 영토와 경계선에 있던 미개간 상태의 지역을 개간해 경작하게 된다는 것이다.

다른 모든 열대밀림지역이 다 그렇듯이 뉴기니 고산지대에서 밀림을 반복해 소각하고 벌채한다는 것은 그 밀림이 회복능력을 잃도록 위협하는 것이 된다. 반복되는 화전(火田)의 사이클이 짧을 경우 토양은 메마르고 굳어지며 수목은 스스로 씨를 내려 자랄 수 없게 된다. 이 경작지역에는 잡초들이 침범하게 되고 초기에 기름졌던 밀림지역은 점차 전통적인 농업에는 쓸모없는 침식되고 부식된 초원으로 변하게 된다. 이 지구상 수백만 평에 달하는 초원들이 다 이런 과정에서 생겨난 것이라고 여겨진다.

마링족이 거주하는 지역에는 비교적 벌채현상이 많지 않다. 대부족이자 공격적인 부족인 쿤데가이족―1953년 쳄바가족을 멸망시킨 부족―과 같은 부족의 영토 내에는 영구성 초원지대와 못 쓰게 된 2차 밀림지대가 몇 군데씩 있다. 그러나 밀림의 '사육능력'의 한계를 넘어 너무 많은 돼지를 키우고 사람들이 살려고 하는 데서 생겨난 생활파괴현상은 뉴기니 고산지대와 인접해 있는 여러 지역에서 분명히 찾아볼 수 있다. 예컨대 국립보건기구의 소런슨(Arthur Sorenson) 박사가 남쪽 포레 지역을 연구한 최근 보고서를 보면 포레족은 중앙산맥 1,024제곱킬로미터에 걸쳐 있는 주요 밀림 서식지를 다시는 회복할 수 없을 정도로 크게 손상시켜놓았다. 더 깊은 원시림으로 서식지를 이동함에 따라 버려진 이전 경작지와 촌락지대는 무성한 초원지대로 변했다. 일반적으로 일어난 밀림파괴 현상은 여러 해에 걸쳐 경작이 계속되는 지역에서 찾아볼 수 있다. 일정한 기간을 두고 제의(祭儀)적으로 순환되는 마링족의 전쟁, 룸빔을 심는 동안의 평화, 돼지도살축제 등은 마링족의 서식지가 비슷한 운명을 맞이하는 것을 방지해주는 데 도움이 되고 있다고 생각한다.

의식의 순환: 생태계의 균형

의식의 순환 중에 생기는 룸빔의 식목, 돼지도살축제, 주술적 전투석 매달기, 전쟁 같은 모든 기이한 사건 가운데 무엇보다 시간조정의 문제가 가장 놀라운 것이라고 생각한다. 마링족 지역의 경작지가 초원으로 바뀔 위험이 없도록 소각된 후 다시 밀림으로 우거지기 위해서는 최소한 10~12년에 한 번씩 반복적으로 휴작(休作)되어야 한다. 돼지도살축제도 역시 한 세대에 두 번씩─또는 10~12년마다 한 번씩─열린다. 돼지도살축제와 경작지의 휴경이 단순한 동시발생적인 사건은 아니다. 그래서 이제 우리는 드디어 마링족의 "언제 조상들에게 감사를 드리기에 충분한 수의 돼지를 보유하게 되는가?"라는 질문에 대답할 수 있게 되었다. 다시 말해 "패전한 부족이 전에 소유하고 있던 경작지가 다시 숲으로 우거지게 된 때가 마링족에게 충분한 돼지들이 있게 된

때다."

다른 화전민과 마찬가지로 마링족은 밀림을 갈아먹고(eating the forest), 나무를 태워 그 재를 비료삼아 곡식을 심고 살아간다. 주기적으로 축제와 의식화된 전쟁을 치러서 너무 넓은 지역의 밀림을 너무 짧은 기간에 '먹어치우는' 일이 일어나지 않도록 방지한다. 패전한 부족은 지형학상 가장 좋은 경작지 지대에서 퇴각한다. 그 결과 그 부족과 그들이 기른 돼지들이 너무 많이 먹어치워 위험상태에 달한 경작지가 다시 밀림으로 덮일 수 있게 된다. 패전자들은 동맹자들과 함께 살고 있는 동안 옛 경작지 가운데 어느 한 지역을 경작하기 위해 귀향할 수도 있지만 이런 경우에는 옛 적들이 사는 곳에서 멀리 떨어져 있어 다시 침범당할 위험이 적은 원시림 속 어느 지역으로 돌아가야 한다. 동맹자들의 협조로 돼지사육과 힘의 축적에 성공하면 그들은 자기의 옛 땅을 다시 수복(收復)하려 할 것이며 그 땅에서 다시 충분히 생산하기 위해 노력할 것이다.

전쟁과 평화, 힘의 강약, 많은 수의 돼지와 적은 수의 돼지 등의 리듬은 모든 이웃 씨족에게 그에 상응하는 파동을 일으킨다. 승리자들이 즉시 적의 영토를 점령하려 하지 않지만 전쟁 전보다는 적과의 경계에 더 가까운 경작지에도 씨를 뿌릴 수 있게 된다. 무엇보다 중요한 것은 승리자들의 돼지 수도 급격히 감소해 영토 내 사육능력의 한계점까지 증가해가는 증가율을 잠시나마 감퇴시킨다는 점이다. 돼지 수가 극대치에 달하게 되면 승리자들은 주술적 전투석을 매달고 **룸빔**의 뿌리를 뽑고, 아직 점령하지 못해 새롭게 밀림으로 재생된 지역으로 들어갈 준비를 ― 적이 아직 힘을 회복하지 못했을 때는 교전 없이 평화적으로, 그 적들이 반격해오면 전쟁을 통해 ― 한다. 인간·돼지·경작지·밀림 등이 서로 연결되어 일으키는 파동 속에서 우리는 세계의 다른 지역에서는 용납할 수 없을 정도로 돼지가 의식(儀式)상의 신성한 존재로 간주되는 이유를 이해할 수 있게 된다. 다 자란 돼지 한 마리가 성인 한 사람과 비슷하게 밀림을 먹어치우기 때문에 계속되는 각각의 파동 중 최극점에서 돼지 도살자는 인간 도살자로 변모하게 된다. 이런 상황에서 조상들이 돼지고기를 갈망한다 해도 이상하게 생각할 필요는 없다. 돼지를 잡아먹지 않으면 자기들의 아들딸을 '잡아먹어야' 하니까!

그러나 한 가지 문제가 남아 있다. 1953년 쳄바가족이 자기네 영토에서 패주했을 때 그들은 각각 다른 일곱 지방의 부족들에게 흩어져 피란처를 찾았다. 어떤 경우에 쳄바가족은 쳄바가족의 패전 전후로 다른 전쟁에서 패해 망명해온 다른 망명자들과 함께 살려고 그들과 같이 있었다. 그러므로 패전 부족의 영토 안에서 일어난 생태적 위기는 단순히 한 지역에서 다른 지역으로 이전된 것이었다고 볼 수도 있고, 한편으로 망명객들은 곧바로 자신들을 받아들일 씨족들이 소유한 밀림을 먹어치우기 시작할 것이라고 생각할 수도 있다. 따라서 단순한 인간의 장소이동은 환경을 침해하는 것을 방지할 수 있는 인구수를 유지하기에 충분한 조건이 못 된다. 여기에도 실제적인 인구증가를 제한하는 어떤 방안이 있음이 틀림없다. 이런 문제는 앞서 언급한 바 있었던 원시전쟁이 지닌 2차적인 중요성을 생각하게 한다.

대체로 원시사회에서 전쟁은 인구를 조절하는 효과적인 수단의 하나라고 볼 수 있다. 왜냐하면 순환적으로 일어나는 부족 간의 격렬한 전투를 치르기 위해서는 여자아이보다 남자아이의 양육에 힘을 써야 하기 때문이다. 성인 남자가 많으면 많을수록, 손에 무기를 들고 싸우는 한 집단이 전장에서 더욱 강한 군사력을 발휘할수록 이웃 부족이 가하는 압력에 저항해 자기 영토를 지킬 가능성도 더욱 커질 것이기 때문이다.

미국 자연사박물관의 디베일(William Divale)이 600개 이상의 원시집단에게 실시한 인구통계학적 설문조사에 따르면 미성년층(약 15세까지)에 해당하는 인구 중에서 여자가 남자보다 수적으로 월등히 적은 불균형 현상이 특이하게도 일관성 있게 나타나고 있다. 소년 대 소녀의 평균 비율은 150 대 100이다. 어떤 부족에는 소년의 수가 소녀의 거의 두 배에 가까운 경우도 있다. 쳄바가족의 소년 대 소녀 비율은 평균치인 150 대 100에 근접해 있다. 그러나 (디베일의 조사에 나타난) 성인들의 경우를 보면 남녀 평균 비율의 수치는 서로 비슷하다. 이는 성인 남자의 사망률이 여자보다 높음을 암시한다.

전사자 수는 성인 남자의 사망률이 서구 여자의 사망률보다 높은 이유를 설명해주는 가장 유력한 요소 가운데 하나다. 마링족의 남자 전사자 수는 여자 전사자 수에 비해 10 대 1의 비율로 많다. 그러나 유아의 경우 이와 반대되는 현상이 나타나고 있는데 그 이유는 무엇일까?

많은 원시부족에게 여자아이 살해라는 관습이 공공연히 행해지고 있기 때문이라는 것이 디베일의 대답이다. 여자아이들은 질식사를 당하거나 아무 이유 없이 숲속에 간단하게 유기(遺棄)된다. 그러나 여자아이 살해 관습은 은밀하게 이루어지는 경우가 더 많다. 힌두교 농부들이 자신들은 암소를 잡아먹는다는 것을 부인하는 것처럼 원시인들은 자신들이 여자아이 살해 관습을 행하고 있다는 것을 언제나 부정한다.

인도에서 볼 수 있는 소의 불균형한 성별 비율과 마찬가지로 여아와 남아 사망률이 서로 다른 것은 여아의 생명에 어떤 직접적인 가해(加害)가 발생하기 때문이라기보다 유아를 돌보는 행동 유형 중에 소홀하게 취급하는 것이 늘 있기 때문이다. 음식을 달라고 울거나 보살펴달라고 우는 아이들에 대해 어머니가 보이는 반응의 작은 차이들은 전반적으로 불균형적인 인간의 성비를 설명할 수 있을 것이다.

종족보존과 유아살해

극단적으로 강력한 일련의 문화적 강제력에 대한 이해를 통해서만 여자아이 살해라는 관습과 남아에 대한 편애의 관습을 설명할 수 있다. 엄격히 생태학적인 관점에서 볼 때, 여성은 남성보다 훨씬 가치 있는 존재다. 대다수의 경우 남성은 인구재생산(출산) 면에서 본다면 과잉상태. 한 남성은 여성 100명을 충분히 수태시킬 수 있다. 그러나 잉태해 양육하는 것은 (젖병과 모유 대체물이 없는 사회의 경우) 여성들만 하는 일이다. 만약 유아들에게 어떤 성별 사이의 차별이 있게 된다면 그 차별의 희생자는 바로 남성이 될 가능성이 크다. 그리고 만약 여성에게 남성의 도움을 전혀 받지 않고도 생산활동은 물론 생존하는 데 기본적인 일들을 할 수 있는 육체적·정신적 능력이 있다는 것을 인정한다면 남성이 희생물이 되지 않으리라는 말은 더 이해하기 힘들 것이다.

야수 같은 힘을 요구하는 일에는 남성보다 능률이 떨어지는 것은 사실이지만 여성도 남성이 할 수 있는 모든 일을 다 할 수 있다. 여성들에게 활쏘기·나무 베기·덫 놓기 등을 배울 기회가 주어지고, 그런 것들을 배우는 것을 사회가 허용한다면 여성들도 사냥할 수 있고 물고기 낚시도 할 수 있으며 덫을 놓고 나무를 벨수도 있을 것이다. 여성들도 무거운 짐을 운반할 수 있고 실제로그런 일을 하고 있다. 이 지구상 어느 곳에서나 여자들은 밭일·들일을 할 수 있고 또 하고 있다. 마링족처럼 화전을 수단으로 살아가는 농경부족 사회에서는 여성이 식량의 주생산자다.

부시먼족(Bushmen)과 같은 사냥부족의 사회에서도 여성의 노동이 부족 전체 식량의 3분의 2 이상을 생산한다. 노동시간을 조금만 변경할 수 있다면 대부분의 직종과 생산부문에서 월경(月經)이나 임신·출산 등으로 생겨난 문제들을 어렵지 않게 해결할 수 있을 것이라는 현대 여성해방운동 지도자들의 지적은 옳다. 생리학적 근거에서 노동의 성차별을 운운하는 것은 아주 난센스다. 한 집단 안의 모든 여성이 동시에 임신하지 않는 이상 남성들이 태어날 때부터 지니는 특권이라고 인정한 사냥이나 목축 같은 경제활동들을 여성만으로도 아주 훌륭히 처리해나갈 수 있을 것이기 때문이다.

성(性) 자체를 제외하고 여성과 남성을 차별할 수밖에 없는 단 한 가지 인간의 활동은 무기를 손에 들고 싸우는(기계화된 무기가 아닌—옮긴이) 전쟁이다. 남자는 일반적으로 여자보다 키가 크고 체중이 무겁고 근육이 많다. 남자는 여자보다 더 긴 창을 사용할 수 있고 더 강한 시위를 당길 수 있으며 더 무거운 몽둥이를 사용할 수 있다. 또한 남자는 여자보다 더 빨리 달릴 수 있다. 더 빨리 적진을 향해 돌격할 수 있고 더 빨리 후퇴할 수 있다.

어떤 여성해방운동가들이 주장하듯이 남성 대신 여성이 싸우는 전쟁 장면을 상상만이라도 해보라. 어느 원시부족에서 남성을 제쳐놓고 여성을 직업군인으로 훈련시킨다면 이는 대단히 큰 잘못일 것이다. 이 지구상 어느 곳에서도 여성이 남성보다 훌륭한 직업군인이 될 수 있다는 실례를 보여주는 곳은 하나도 없다. 여성을 직업군인으로 훈련시킨 부족이 있다면 그 부족은 자살행위를 하고 있는 것이나 다름없다.

전쟁 때문에 한 부족의 생존문제에 남성과 여성이 이바지하는 상대적 가치가 전도(顚倒)되고 있다. 전쟁의 필요성 때문에 원시 사회는 군인이 될 수 있는 남성의 수를 극대화하는 것을 우선시하고 여성의 양육은 제한한다. 전쟁이 효과적인 인구조절 수단이 될 수 있는 것은 바로 이런 점 때문이지 전쟁 그 자체가 바로 인구조절 수단인 것은 아니다. 모든 마링족이 잘 알고 있는 것처럼 조상들은 많은 남성을 전장에 내보내 스스로를 가장 잘 지키는 자들을 돕는다. 그래서 나는 전체적인 의식(儀式)의 순환과정을 밀림을 보호하기 위해 여자보다 돼지를 더 많이 기르고 남성들을 더 많이 양육하게끔 마링족 조상들이 생각해낸 현명한 '계략'의 하나라고 보고 싶다.

나는 원시인들이 전쟁을 벌이도록 하는 실제적인 조건들이 무엇인지 더 면밀히 검토해보았다. 그러나 양육할 수 있는 능력의 한계치를 넘어 지방부족의 인구가 증가하는 것을 막기 위해 왜 어떤 작은 폭력수단도 사용하지 않으면 안 되는지에 대한 의문에 아직도 부닥쳐 있다. 예컨대 쳄바가족들이 어떤 기술적인 산아제한수단을 사용해 인구수를 제한하면 안락한 생활을 영위할 수도 있고 또 자기네 서식지를 손상시키지 않고 잘 보존할 수도 있지 않았을까 하는 의문이다.

그러나 이런 의문에 대한 나의 대답은 그럴 수 없다는 것이다. 18세기에 콘돔이 발명되기 전까지는 세계 어느 곳에도 안전하거나 불쾌하지 않은 효과적인 피임 도구가 존재하지 않았기 때문이다. 유아살해 외에 가장 효과적인 산아제한의 '평화적' 수단은 낙태밖에 없었다. 많은 원시인은 독초를 먹어 낙태하는 방법을 알고 있다. 또 어떤 원시인들은 임산부의 배에 허리끈을 조여매어 낙태시키기도 한다. 이런 방법으로도 낙태에 실패하면 임산부는 똑바로 누워 자기 친구들을 자신의 배 위에 올라가게 해 자신의 배를 힘껏 밟게 한다. 이 방법은 꽤 효과적일 수도 있지만 임산부가 죽게 되는 불쾌한 결과를 초래하는 측면도 있다. 사실 낙태율과 산모사망률이 비슷하기까지 하다.

피임이나 낙태를 위한 안전하고도 효과적인 수단이 없기 때문에 원시인들은 이미 살아 있는 사람을 죽일 수 있는 제도화된 수단을 찾는다. 아이들은 이 제도화된 인구축소 수단의 희생물이 되기 마련이다. 나이가 어리면 어릴수록 더욱 그렇다. 첫 번째 이유는 우선 아이들은 저항하지 못하기 때문이다. 두 번째 이유는 아이들에게 투자한 사회적·물질적 투자가 적기 때문이고 세 번째 이유는 유아들과 이어져 있는 감정의 끈이 성인들과 이어져 있는 감정의 끈보다 쉽게 단절될 수 있기 때문이다.

　나의 이런 추론이 비열하다거나 '야만적'이라고 생각하는 독자가 있다면 18세기 영국사를 잘 읽어보시라. 영국에서는 알코올에 중독된 산모 1,000명당 10명꼴로 자기 아이들을 템스강에 빠뜨려 죽이거나 천연두로 죽은 사람들의 옷에 아이들을 싸거나 쓰레기통에 버렸다. 그리고 술에 취한 상태에서 아이들의 머리를 눌러 질식시켜 죽이거나 그 외 여러 가지 직·간접적인 수단을 사용해 아이들의 생명을 단축시켰다. 우리가 살고 있는 지금 이 시대에도 유아살해가 미개발국가 사이에서 광범위하게 행해진다는 것을 인정하지 않는 자가 있다면 그런 자들은 독선적일 뿐이다. 사실 미개발국가 사회에서 1세 이하의 유아사망률이 1,000명당 250명이라는 것은 보편적인 수치다.

　마링족은 여러 악조건─효과적인 피임방법과 안전한 낙태법이 개발되기 전 인류에게 보편적이었던 곤경─을 잘 이용했다. 그들은 남아 살해보다 여아 살해를 더 권장하거나 관용했다. 여자아이들을 차별하지 않았더라면 인구조절의 필요성 때문에 많은 남자아이가 희생물이 되었을 것이다. 전쟁은 남자의 수를 극대화하도록 요구했기 때문에 남자가 여자보다 더 많이 살아남는다. 요약하자면 전쟁은 미개사회에서 딸을 양육할 여유가 없을 때 아들을 길러야 했던 대가로 지불해야 하는 비용이라고 볼 수 있다.

원시인의 전쟁을 연구한 결과, 전쟁이란 특수한 기술조건, 지형학적 조건, 생태학적 조건 등에 적응하기 위한 전략의 한 부분이라는 결론에 도달하게 된다. 우리는 무력을 사용하는 전쟁이 인류 역사에 보편적인 것으로 항상 존재해왔던 이유가 무엇인지 이해하기 위해 인간의 본능이 어떻다느니 전쟁의 동기에 괴팍한 어떤 것이 있다느니 하는 말을 할 필요가 없다. 전쟁을 통해 얻을 수 있는 것보다 잃을 수 있는 것이 더 많을 때, 내부집단의 갈등을 해결하기 위한 다른 수단이 전쟁을 대체할 것이며 우리는 이를 충분히 바랄 것이다.

4

미개족의 남성

야노마모족 남성들의 쇼비니즘적 증상
가운데 특히 과격한 것은
결투에서 가장 잘 나타난다.
결투할 때 그들은 서로가 견딜 수 있는
극한 상황에 이르기까지
상대방을 가해하려 애쓴다.

여성차별과 위계질서

여아 살해관습은 남성지배권을 단적으로 표명하는 것이다. 남성지배권을 표명하는 다른 여러 경우도 무력을 통한 전쟁이라는 실제적인 위기상황에 근거를 두고 있다는 것을 보여준다고 생각한다.

인간의 성별적 위계질서를 설명하려면 우리는 또다시 바꿀 수 없는 인간본능을 강조하는 이론과 실제적이고 현실적인 조건들에 관련해 바꿀 수 있는 생활유형의 적응력을 강조한 이론 중 하나를 선택해야 한다. "신체구조는 운명이 아니다"(Anatomy is not destiny)라는 여성해방운동가들의 견해에 나는 찬성한다. 이 말은 선천적인 성(性)의 차이로는 가정·경제·정치 등 여러 분야에서 나타나는 남녀의 불평등한 특권의 배분을 설명할 수 없다는 것을 뜻한다. 여성해방운동가들은 고환이 아니라 난소를 지니고 있기 때문에 다른 종류의 생활경험을 하게 된다는 점을 부인하지는 않는다. 다만 그들은 남녀의 생리학적 본질 속에는 그 자체로 남성이 여성보다 성적·경제적·정치적 특권을 더 많이 누릴 수 있게 해주는 운명적인 요소가 있다는 주장을 부인한다.

임신 및 이와 관련된 성적 특징들을 제외하고 성에 따라 사회적 역할을 부여하는 것은 남녀의 생물학적 차이에서 자동적으로 나오는 것이 아니다. 인간의 인체해부학과 생물학에서 증명된 사실들만으로는 여성이 사회적으로 남성에게 종속되어 있다고 단언할 수 없다. 인간 종(種)은 유전적인 해부학적 장치와 인간의 생존과 방어를 위한 수단들 사이에 일관성이 없어서 동물의 세계

안에서 독특한 위치를 차지하고 있기 때문이다.

우리 인간은 동물의 세계에서 가장 위험한 종이다. 그 이유는 우리에게 큰 치아, 날카로운 발톱, 유독한 독침, 두꺼운 피부가 있기 때문이 아니다. 인간은 어떤 해부학적 도구보다 더 효과적으로 치아·발톱·독침·피부의 기능을 발휘할 수 있는 무서운 도구와 무기를 제작해 무장할 수 있는 방법을 알고 있기 때문이다. 인간의 주된 생물학적 적응양식은 해부학적 구조가 아니라 문화다. 나는 고양이나 말이 인간을 지배할 수 없는 것처럼, 단지 키가 더 크고 체중이 더 무겁다는 이유로 남성이 여성을 지배해야 한다고 생각하지 않는다. 남성이 자기 아내보다 무거우면 얼마나 무겁겠는가. 동물 중에는 남성보다 30배나 더 무거운 동물도 있지 않는가. 인간사회의 성적 지배관계는 양성 가운데 어느 성이 더 크고 강인한지가 아니라 어느 성이 방어기술과 공격기술을 장악하고 있는지에 따라 결정된다.

내가 단지 남녀의 해부학적 기능과 문화적 수용력만 알고 있었다면 오히려 나는 여성이 남성보다 공격기술과 방어기술을 더 잘 조정할 수 있으며 또 어느 한 성이 다른 성에 종속되어야 한다면 오히려 남성이 여성의 지배를 받아야 옳을 것이라고 단언했을 것이다. 육체적 동종이형(同種二形, dimorphism)—키가 더 크고 체중이 더 무겁고 힘이 더 센 남성—으로서 특히 손을 사용하는 무기를 쓰는 측면에서는 남성이 우월하지만 남성이 지닐 수 없는, 단지 여성만이 지닐 수 있는 그 어떤 것—즉 출산·유아양육 등의 지배권—에 더 깊은 인상을 받을 수도 있다. 바꿔 말하자면 여성에게는 육아권(育兒權)이 있다. 그렇기 때문에 여성에게는 자신들을 위협하는 어떤 생활양식도 바꾸어버릴 잠재력이 있다. 남성보다 여성에게 유리한 성비가 나타나도록 무리하게 출산을 조정하는 것은 남자아이와 여자아이 중 어느 한 편을 선택적으로 태만하게 보살필 수 있는 여성의 권한 안에 존재한다. 어린 남자아이에게 공격적인 행위보다 소극적 행위를 칭찬해 '남성적인'(masculine) 남성으로 성장하는 것을 방해할 수 있는 것도 여성의 권한이다. 여성은 남성보다 여성이 더 결속력 있고 공격적인 인간이 될 수 있도록 모든 노력을 집중해 아이를 키울 수도 있을 것이다. 더 나아가 매 세대마다 살아남은 소수의 남성이 여성의 성적 편애에 감사하면서 수줍어하고 순종하며 힘든 일을 도맡아하는 존재로 전락할 수도 있을 것이다. 여성이 어느 한 지방이나 집단의 수뇌부를 독점하고, 초자연적 존재와 샤머니즘적 관계를 책임지고, 신도 '그녀'(she)라고 부를 수도 있을 것이다. 마지막으로 가장 이상적이고 유망한 결혼형태는 한 여자가 여러 남자의 성적·경제적 봉사를 지배하는 다부일처제(多夫一妻制)일 수도 있다.

19세기의 여러 이론가는 이런 유형의 여성이 지배하는(모가장제, matriarchal) 사회제도가 실제로 인류의 가장 원초적인 사회제도였을 것이라고 가정한다. 예컨대 엥겔스(Friedrich Engels)는 미국 인류학자 모건(Lewis Henry Morgan)의 개념에 영향을 받아 현대사회는 여성의 혈통에 따라 혈통이 결정되고 여성이 정치적으로 남성을 지배했던 모가장제 단계를 거쳐왔다고 믿었다. 많은 현대 여성해방운동가는 이런 신화를 계속 믿고 있으며 이 신화의 결과도 믿고 있다. 그 결과는 종속된 남성들이 합심해 여성에게 반기를 들어 모가장제를 전복시키고 여성들에게 무기를 탈취해 여성을 착취하고 여성의 지위를 격하시키려는 음모를 지금까지 계속해왔다는 내용이다.

이런 신화의 분석을 옳다고 생각하는 어떤 여성들은 남성과 여성이 가지고 있는 능력과 권위를 균형적으로 만들기 위해 여성은 게릴라전과 같은 군사적 음모를 모의할 수밖에 없다고 주장한다. 여기에는 한 가지 오류가 있다. 즉 아무도 인류사에 정말 모가장제가 있었다는 증거를 단 하나도 밝히지 못했다는 것이다. 고대 아마존족의 신화를 제외하고 모가장제가 존재했음을 보여주는 유일한 증거는 세계의 약 10~15퍼센트 사회가 예외적으로 여성혈통과 여성혈족관계를 가졌던 흔적을 지니고 있다는 점이다. 그러나 여성혈통의 흔적은 모계성(母系性)의 흔적이지 모가장제의 흔적은 아니다. 여성의 지위는 모계성을 따르는 집단 안에서 상대적으로 더 높았지만, 그렇다고 그 집단 안에서 모가장제의 주된 특징이 나타나지는 않았다. 여성보다 남성이 경제생활·사회생활·종교생활을 전적으로 지배했고, 여성 아닌 남성이 한꺼번에 다수의 배우자를 거느릴 특권을 누렸다. 아버지도 어머니도 가문에서 가장 권위를 누리는 자는 아니었다. 모계성을 따르는 가문에서 권위를 지닌 자는 다른 남성이었다. 즉 어머니의 남자 형제(또는 어머니의 외삼촌들, 어머니의 이종사촌 중 남자 형제들)였다.

모가장제의 논리를 깨뜨린 것은 역사적으로 널리 일반화되어 온 전쟁이다. 여성들이 자기들이 키우고 사회화시킨 남성들에게 저항하고 남성들을 정복하는 일이 이론상으로는 가능할지 모르지만 그렇게 되면 다른 마을이나 부족에서 자라난 남성들이 그 여성들에게 다른 종류의 도전을 하게 될 것이다. 어떤 이유에서든 일단 남성이 부족끼리의 전쟁을 일임받게 되면 여성들은 자기 부족을 방어하기 위해 사나운 남성을 많이 길러내는 일 외에 다른 어떤 선택도 할 수 없게 된다.

남성지배권은 '적극적인 송환'(positive feed back) 또는 '일탈의 확대'(deviation amplification)라고 일컬어지는 것이다. 이는 그들 자신의 신호들(signals)을 선택하고 증폭시키는 확성장치가 회로 중심에서 떨어져나감에 따라 잡음이 심해지는 과정을 의미한다. 남성들이 사나워질수록 전쟁은 더욱 빈번해질 것이며, 전쟁이 빈번해지면 사나운 남성들이 더 많이 필요하게 될 것이다. 또한 남성들은 사나워질수록 성적인 측면에서 더욱 공격적으로 변하며 여성들은 더욱 착취당하게 될 것이다. 그래서 일부다처제의 빈도가 높아진다. 일부다처제 때문에 여성 부족현상이 심화되며 이 때문에 여자를 얻지 못한 젊은 남성들이 좌절하게 되고 결국 전쟁을 일으키려는 동기가 늘어난다. 이런 확대과정은 언젠가는 극한점에 도달한다. 그 결과 여자들은 멸시받고 유아기 때 살해되며, 남자들은 공격적인 남자를 더 길러내기 위해 여자들을 약탈하러 전쟁에 나가게 된다.

남성 우월주의의 극단: 야노마모족

남성의 광신적 쇼비니즘(chauvinism)과 전쟁의 관계를 이해하려면 호전적인 성차별주의자들로 이루어진 원시인들의 특수집단의 생활양식을 조사하는 것이 가장 좋다. 나는 조사대상으로 브라질과 베네수엘라 국경지대에 거주하고 있는 아메리칸인디언 1만 명 가운데 한 부족인 야노마모족을 선택했다. 이 부족을 연구해온 민족지학자(民族誌學者)인 펜실베이니아 주립대학교의 샤그논(Napoleon Chagnon) 교수는 야노마모족을 '사나운 부족'이라고 분류했다. 이 부족과 접촉해왔던 모든 관찰자는 이 부족이 지구상에서 가장 공격적이고 호전적이며 가장 남성위주적인 사회 가운데 하나라는 것에 의견을 함께한다.

전형적인 야노마모족 남성이 성인이 되었을 때 그의 몸은 전쟁이나 격투 또는 이와 유사한 전투활동으로 생긴 수많은 상처와 흠집으로 성한 데가 없게 된다. 야노마모족 남성들은 여성들을 아주 멸시하고 실제 일어나는 간통행위나 가상적인 간통행위 또는 여자를 제공하겠다는 약속의 불이행 등 여자문제로 언성을 높여 다툰다. 야노마모족 여성들의 몸도 상처와 멍투성이인데, 이 상처의 대부분은 유혹자, 강간범 그리고 남편들과 난폭하게 부딪쳐서 생긴 것들이다. 야노마모족 여성들은 어느 누구도 성급하고 항상 약물중독 상태에 빠져 있는 전형적인 야노마모족 무사인 남편의 거친 보호를 거부하지 않는다. 야노마모족 남성들은 자기 아내를 육체적으로 능욕한다고 해도 과언이 아닐 것이다. 온건한 축에 드는 남편일 경우 상처를 내거나 불구로 만드는 정도에서 끝내지만 사나운 축에 드는 남편일 경우 목숨을 빼앗기까지 한다.

자주 사용되는 아내 능욕수단은 아내의 귓불에 구멍을 뚫고 그 속에 막대기를 꿰어 잡아당기는 것이다. 남편이 화가 나 거칠게 잡아당길 경우 귓불이 찢어지기도 한다.

초원에서 샤그논은, 자기 아내가 간통했다고 의심한 어느 사내가 자기 아내의 두 귀를 잘라버린 것을 목격했다. 근처 다른 부락의 한 사내는 자기 아내의 팔 살점을 칼로 도려냈다. 남자들은 아내가 자기와 자기 손님들에게 봉사하기를, 또 명령을 내리면 지체하지 않고 반항 없이 복종하기를 바란다. 남자들이 바라는 만큼 재빨리 응하지 못할 경우, 그 여자는 남편에게 몽둥이로 얻어맞고 칼로 위협당하며 불이 붙은 막대기로 팔 지짐을 당한다. 남편이 정말 화가 날 경우 가시 달린 화살로 아내의 엉덩이나 허벅지를 찌른다. 그러다가 화살이 잘못 들어갈 경우 아내는 목숨을 잃기까지 한다. 한번은 그 화살이 살 속을 뚫고 들어가 위장을 뚫어 여자가 거의 사경에 이른 적이 있었다고 샤그논은 기록하고 있다. 파루리와(Paruriwa)라는 사내는 아내가 너무 늦게 왔다고 화가 나 도끼를 휘둘렀다. 그녀가 소리를 지르며 집 밖으로 도망치자 파루리와는 도끼를 집어던졌다. 그러나 다행히 도끼는 그녀의 머리를 스쳐지나갔다. 그러자 그는 칼로 그녀의 팔에 심한 상처를 냈다. 촌장이 말리러 왔을 때는 이미 때가 늦었다.

이외에도 아무런 이유 없이 여자를 폭행하는 경우가 많다. 샤그논은 이런 폭행이 치명적인 공격을 할 수 있다는 것을 과시하고 싶어 하는 남자들의 과시욕망과도 관련되어 있을 것이라고 생각했다. 여자들은 남자들의 과시욕구의 편리한 속죄양으로 이용되고 있을 뿐이다. 실제로 자기 동생에게 화풀이를 하지 못하자 자기 아내에게 화살을 쏜 남자가 있었다. 그는 생명과 관계없는 부위를 향해 화살을 겨누었지만 화살은 치명적인 곳에 꽂혀 그녀는 목숨을 잃고 말았다.

남편을 피해 친정으로 도망간 여자들이 남자 형제들에게 보호받기란 매우 어렵다. 모든 결혼은 자기들의 누이를 교환하자는 남자 간의 합의로 이루어진다. 아주 가까운 인척끼리 처남·매부 지간이 되는 경우가 많다. 이들은 서로 번갈아가며 코에 환각제를 넣어주고, 그물침대에 나란히 누워 노닥거리며 시간을 허비한다. 샤그논의 보고서에는 도망온 여자의 오빠가 그 누이가 매부와 자기의 우정관계를 금 가게 한다고 아주 화를 내며 도끼로 자기 누이를 때렸다는 기록이 있다.

야노마모족 남성지배권의 중요한 측면 가운데 하나는 남성들이 환각제를 독점으로 사용하고 있다는 것이다. 이 환각제(가장 일반적인 것은 에베네Ebene라는 것으로 밀림의 야생포도에서 짜낸 것이다)를 사용하면 남자들은 여자는 경험할 수 없는 초자연적인 환상을 맛보게 된다. 이런 환각 속에서 남자들은 무당이 되어 괴물들을 만나고 악마들을 지배하게 된다. 에베네를 마시면 남자들은 심한 고통도 잊게 되고, 격투와 공격에 대한 공포도 극복할 수 있다. 고통을 잊게 하는 에베네의 효과는 가슴타격 결투, 두부 가격 결투 등에서 분명히 나타난다. 이에 대해서는 잠시 후 환각제의 통각상실 효과의 결과를 설명할 때 언급할 것이다. 환각제에 마취된 자는 황홀상태에서 깨어나기 전이나 그 상태가 지나가기 전에 무시무시한 모습으로 변한다. 녹색 콧물을 흘리며 괴성을 지르고 네 다리로 기어다니며 다른 사람의 눈에는 보이지 않는 괴물들과 대화를 나눈다.

유대인 기독교도의 전통처럼 야노마모족도 자기들의 기원신화를 통해 남성 쇼비니즘을 정당화하고 있다. 이 신화는 다음과 같다.

태초에는 달의 피에서 태어난 사나운 남자들만 존재했다. 이 최초의 인간 중 한 사람은 카나보라마(Kanaborama)라는 자였는데, 그는 두 다리에 임신을 했다. 그의 왼쪽 다리에서는 여자가 태어났고 오른쪽 다리에서는 여성적 남자들(feminine men)—결투를 싫어하고 전쟁에서 겁이 많은 야노마모족의 조상—이 태어났다.

다른 남성지배권 문화와 마찬가지로 야노마모족도 월경을 악하고 위험한 것으로 본다. 소녀가 처음으로 월경을 시작하게 되면 소녀를 특별히 만든 대나무 울타리에 가두어 며칠을 굶게 한다. 그 후 소녀는 월경이 있을 때마다 집단에서 격리당해 집 그늘 밑에 홀로 웅크리고 앉아 있어야 한다.

야노마모족 여인들은 유아기 때부터 줄곧 희생당하면서 성장한다. 남동생에게 맞았다고 해서 그 동생을 때린 소녀가 있다면,

그녀는 심한 벌을 받게 된다. 그러나 사내아이는 누구를 때려도 제재받는 일이 없다. 야노마모족 아버지들은 네 살짜리 아들이 자기 면상을 때려도 즐거워하며 웃는다.

나는 야노마모족 남녀의 지위에 대한 샤그논의 설명이 남성위주의 편향을 반영하고 있지 않은지 생각해보았다. 다행히 야노마모족을 연구한 학자 가운데 여성학자도 한 명 있다. 시카고 대학교의 셔피로(Judith Shapiro) 교수인데 그녀 역시 야노마모족 여성들이 태어날 때부터 수동적인 지위에 있음을 강조했다. 그녀는 결혼에서 남성은 절대권을 가진 교환주체자이고 여성은 교환물이라고 보고하고 있다. 그녀는 야노마모어에서 '결혼'이라는 말이 '어떤 물건을 끌어오는 일'이라는 뜻이고 '이혼'은 '어떤 물건을 던져버리는 일'이라는 뜻이라고 밝혔다. 그녀는 여자들이 8~9세가 되면 이미 남편을 섬기고 남편과 잠자리를 같이 하고 남편을 따르고 남편의 식사준비를 해야 한다고 보고하고 있다. 남자들은 여덟 살밖에 되지 않은 신부와 성교를 하려고까지 한다. 셔피로 박사는 어린 소녀들이 친척들에게 남편과 떨어져 있게 해달라고 간청하는 애처로운 광경을 목격했다. 남편을 싫어해 도망간 신부의 팔 한쪽을 그녀의 친척이 끌어당기고 다른 팔을 그녀의 남편이 끌어당겨 두 팔이 빠져버린 경우도 있다.

샤그논은 야노마모족 여인들은 남편에게 학대당하는 것을 은근히 바라고, 남편에게 맞는 빈도에 따라 그들의 지위가 측정된다고 말하고 있다. 샤그논은 젊은 여인 두 명이 자기들 머리에 난 상처자국에 대해 이야기하는 것을 들은 적이 있었다. 한 여자가 말하기를 "당신의 남편이 머리를 그렇게 자주 때리다니 당신의 남편은 무척이나 당신을 아끼는 모양이군요"라고 했다. 셔피로 박사는 자신의 경험을 다음과 같이 말한다. "멍들지 않고 상처자국 하나 없는 자신(셔피로 박사)의 머리가 야노마모족 여인들에게는 커다란 관심의 대상이 되었다"는 것이다. 즉 "나(셔피로 박사)와 관계를 가진 남자들은 나를 충분히 보살펴주지 않은 것이 분명하다"고 야노마모족 여인들이 확신했다는 것이다. 야노마모족 여인들이 남편에게 얻어맞고 싶어 한다는 결론을 내릴 수는 없지만 그녀들이 남편에게 얻어맞기를 '은근히 바라고 있다'는 결론은 내릴 수 있다. 그녀들은 다른 남편들이 자기네 남편보다 더 잔인한 세상을 상상하기 어려워한다.

결투의 의미

야노마모족 남성들의 쇼비니즘적 증상 가운데 특히 과격한 것은 결투에서 가장 잘 나타난다. 결투할 때 그들은 서로가 견딜 수 있는 극한 상황에 이르기까지 상대방을 가해하려 애쓴다. 흉부가격(胸部加擊, chest pounding)은 이러한 상호처벌 방식으로 잘 이용되는 결투방법이다.

몸에 울긋불긋한 색칠을 하고 흰 깃털을 머리에 꽂은 채 삐져나온 남성근(男性根)을 끈으로 묶어 배에 잡아매고는 소리를 지르며 마당을 휘돌고 있는 남자들의 모습을 상상해보라. 그들은 활과 도끼와 몽둥이 등을 휘두른다. 그들은 상대방에게 협박과 욕설을 퍼붓는다. 주객(主客)으로 나뉜 두 집단은 깨끗이 정지된 부락의 마당에 모인다. 원형으로 된 커다란 공동건물 처마 밑에서는 여자와 아이들이 걱정스러운 표정으로 남자들을 바라보고 있다. 주인 측은 손님 측이 경작지에서 농작물을 약탈해갔다고 비난한다. 손님 측은 주인 측이 너무 인색하며 가장 좋은 농작물을 독차지하고 있다고 대꾸한다. 손님들에게는 이미 작별선물이 갔을 텐데 돌아가지 않는 이유가 무엇인가? 이제 손님들을 내쫓기 위해 주인 측은 '흉부가격 결투'를 신청한다.

주인 측 부락의 투사가 마당 한가운데로 달려 나온다. 그는 두 다리를 쫙 벌리고 뒷짐을 진 채 상대방을 향해 가슴을 벌려 들이댄다. 그러면 손님 측에서도 한 투사가 달려 나와 격투장 안으로 뛰어든다. 그는 적을 조용히 바라보며 자세를 바로잡는다. 그는 자기 목표물의 왼쪽 팔을 구부려 머리 위에 얹게 한다. 그리고 자세를 바로잡고 최종적으로 위치를 설정한다. 상대방이 자리를 잘 잡으면, 손님 측 투사는 상대방에게서 정확하게 한 팔 거리에 서서 단단하게 다져진 땅 위에 확고하게 발판을 만들고 거리와 균형을 시험하기 위해 서너 번 몸을 앞뒤로 굽혀본다. 그러고는 야구투수처럼 몸을 뒤로 젖혔다가 주먹을 꼭 쥐고 온 힘과 체중을 다 실어 상대방의 배꼽과 어깨의 중간인 가슴 부위를 가격한다. 타격을 받은 투사는 몸을 움찔하고 무릎이 흔들리며 머리를 한번 흔들어본다. 그러나 이내 조용히 감정을 숨기고 바로 선다. 그를 응원하는 자들은 고함을 치며 아우성을 친다. "한 번 더 쳐봐라!"

이런 상황이 몇 번 반복된다. 이미 가슴부위 근육에 벨트를 끌어올린 피가격자는 다시 원위치로 돌아가 자세를 바로잡는다. 가격자는 거리를 재기 위해 그 앞에 선다. 뒤로 몸을 젖히고 처음 가격한 부위에 두 번째 가격을 한다. 가격을 당한 자는 무릎을 꿇고 땅 위에 무너지듯 쓰러진다. 가격자는 승리를 거두어 두 팔을 휘젓고 기성을 외치면서 희생자의 주위를 돌며 춤을 춘다. 그의 발놀림은 점점 빨라져 먼지 속에서 발자국을 찾아볼 수 없게 되고 그의 응원자들은 함성을 지르고 목제(木製) 무기를 두들기며 꿇어앉은 자세로 펄쩍펄쩍 뛰어오른다.

쓰러진 쪽 응원자들은 다시 한번 공격을 받아들이라고 부추긴다. 그는 자기가 맞은 만큼 상대방에게 되돌려줄 수 있다. 많이 맞을수록 그만큼의 공격을 상대방에게 되돌려줄 수 있고 상대방의 전투력을 상실시켜 자신이 승리할 가능성이 많아진다. 두 번 더 가격을 받으면서 피가격자의 왼쪽 가슴은 빨갛게 부풀어 오른다. 응원자들이 미쳐 날뛰며 함성을 지르는 가운데 그는 그만하면 되었다는 신호를 보내고 상대방에게 자기의 공격을 받아들일 준비를 하라고 요구한다.

내가 지금 여기에 기술하고 있는 이 기이한 장면은 샤그논이 직접 눈으로 목격한 것이다. 다른 많은 결투와 마찬가지로 이 결투에서도 한 집단이 다른 집단보다 우위를 점하게 되는 순간 결투는 집단폭력으로 확산된다. 주인 측은 쓸 만한 '가슴'(흉부가격 결투자)들을 다 써버렸지만 화해하고 싶지 않았다. 그래서 그들은 손님집단에게 다른 종류의 결투를 제안했다. 옆구리가격 결투였다. 이 결투는 가만히 서 있는 한 사람의 늑골 아래 부분을 상대방이 가격하는 것이다. 이 부위를 가격당하면 횡경막이 마비되어 숨이 막히면서 의식을 잃고 땅에 쓰러진다. 사랑하는 동지가 먼지 속에 엎어져 있는 광경을 보게 되자, 양 집단은 곧 분노에 떨며 독침을 단 대화살과 활로 무장했다. 날은 어두워졌고 여자와 아이들은 울부짖기 시작했다. 그들은 보호막을 형성하고 있는 남자들의 뒤를 따라 달려 나갔다. 거친 숨을 몰아쉬며 손님 측과 주인 측은 공터에서 대진했다. 샤그논은 활 쏘는 무사들의 열 뒤에 서서 이를 지켜보았다. 손님집단은 장작개비로 만든 횃불을 들고 천천히 마을을 빠져나가 정글의 어둠 속으로 들어갔다.

때때로 흉부가격 결투가 고조된 상황에 중간단계가 있을 수 있다. 적들은 주먹에 돌을 쥐고 결투자들이 피를 토할 정도로 가격한다. 주인 측과 동맹자 모두 흔쾌히 용납하는 또 다른 방법은 검결투다. 결투자 쌍방이 번갈아가며 상대방을 칼등으로 가격한다. 조금이라도 잘못 가격하면 중상을 입게 되어 오히려 심한 폭력사태가 발생하게 된다.

다음으로 가장 격렬한 폭행은 몽둥이 결투다. 특별히 원한을 품고 있는 사람이 도전한다. 약 244~304센티미터 길이의 당구대처럼 생긴 막대기로 상대방의 머리를 가격하는 것이다. 도전자는 막대기를 땅에 꽂고 거기에 기댄 채 머리를 숙인다. 그의 적은 막대기의 가는 쪽을 잡고 두꺼운 쪽으로 정수리뼈가 부서져나갈 것처럼 가격한다. 한 번 맞고 견뎌내면 피가격자는 즉시 똑같은 방식으로 상대방을 강타할 기회를 갖게 된다.

전형적인 야노마모족의 정수리 표피에는 대개 길고 보기 흉한 흉터들이 있다고 샤그논은 보고한다. 옛날 프러시아인이 결투에서 얻은 상처를 자랑하듯이 야노마모족도 정수리의 결투자국을 자랑스러워한다. 그들은 머리꼭지를 깨끗이 밀어 그 흉터가 잘 보이게 하고 빨간 물감으로 그 대머리 부분을 잘 문질러 흉터를 선명히 드러나 보이게 한다. 야노마모족 남자 가운데 40세까지 살아남은 자가 있다면 그의 머리에는 사방으로 교차된 흉터가 20개 있을 것이다. 위에서 그 흉터들을 내려다본 샤그논은 노련한 당구대 결투자의 머리가 마치 '도로의 도면'처럼 보였다고 기록하고 있다.

결투는 다른 부락뿐만 아니라 같은 부락 내의 사람 사이에도 일반화되어 있다. 가까운 친척 간에도 말다툼을 하다가 무기를 들고 싸우기 일쑤다. 심지어 샤그논은 부자(父子)가 결투하는 장면도 보았다. 젊은 아들이 아버지가 아끼는 바나나를 몇 개 먹었다. 바나나 도둑을 발견한 그 아버지는 격분해 지붕 서까래 하나를 뽑아 아들의 머리를 갈겼다. 그러자 아들도 서까래를 뽑아 아버지를 때렸고, 순식간에 마을 전체가 편을 나눠 싸우기 시작했다. 싸움이 부락 전체로 번지자 정수리에 상처를 입은 자, 손가락이 부러진 자, 어깨에 멍이 든 자들이 속출했다. 구경꾼들이 피를 보게 되면 결투는 이처럼 집단싸움으로 변한다.

야노마모족은 훨씬 발달된 것이지만 살인의 위험은 절대 없는 전투방식인 창 싸움을 알고 있다. 그들은 길이가 약 182센티미터인 어린 나무의 껍질을 벗기고 울긋불긋한 색을 칠한 창을 만든다. 그리고 창끝은 날카롭게 한다. 이 무기로는 중상을 입힐 수 있어도 살인을 일으키기는 어렵다.

전쟁은 야노마모족의 생활양식을 보여주는 기본적인 표현방식이다. 마링족과 달리 야노마모족은 휴전하는 법을 전혀 모르는 것 같다. 그들은 이웃부락과 동맹관계를 맺고 있지만 그 관계는 그칠 줄 모르는 불신, 악의에 찬 소문, 터무니없는 배신행위 등으로 항상 깨질 위험에 처해 있다. 내가 이미 말했듯이 동맹자들은 축제 때마다 서로를 초대함으로써 우호관계를 다지고 싶어 한다. 그러나 가장 우호적인 동맹자조차도 각 집단이 동맹에 이바지한 가치를 의심하지 않기 위해 격분하며 공격적인 태도를 보인다. 잠정적으로 우호적인 축제 동안 각 집단은 거만하고 음란하게 행동하기 때문에 축제가 끝나고 손님들이 모두 자기 부락으로 돌아가기 전까지는 무슨 일이 벌어질지 예측할 수 없다.

모든 참가자는 축제 주최자들이 그들의 손님들을 고의로 대량학살하려고 하거나 이를 눈치챈 손님들이 반대로 축제 주최자들을 학살하려고 한 악명 높은 사건을 생생하게 기억하고 있다. 앞서 서술했듯이 1950년 흉부가격 결투에 초대받은 부락의 많은 씨족이 악명 높은 기만적 축제의 희생물이 되었다. 그들은 새로운 동맹을 맺기 위해 이틀에 걸쳐 한 부락에 갔다. 그들을 초대한 부족은 아무 일 없다는 듯 손님들이 마음껏 춤을 추게 했다. 춤을 다 춘 손님들은 잠시 휴식을 취하러 안쪽에 있는 집으로 들어갔다. 그 안에서 그들은 도끼와 몽둥이세례를 받아 12명이 살해되었다. 살아남은 자들은 겨우 마을을 빠져나와 도망갔으나 정글 속에 잠복한 다른 병력에게 다시 공격을 받았다. 여러 명이 다시 살해되고 부상당했다.

야노마모족은 항상 언제 배신당할지 몰라 서로를 두려워한다. 그들은 부락민이나 자연자원 등에 공통적으로 관심이 있기 때문에 동맹을 맺는 것이 아니라 최근 군사상으로 운이 좋은지 나쁜지에 따라 동맹을 맺는다. 전쟁에 패해 심한 고통을 받는 부락은 또 다른 공격을 받을 위험이 커지는데, 현재 동맹을 맺고 있는 부락마저 그 부락을 공격할 가능성이 크다. 전쟁에서 남자들을 잃은 부락은 자기들과 동맹을 맺은 부락과 함께 살기를 가장 원한다. 그러나 오로지 감상적인 이유만으로 그들에게 피란처를 제공하는 부족은 없다. 일시적으로 식량을 공급하고 안전을 지켜주는 대신 동맹자들은 패전 부족의 여자를 원한다.

매복, 기만적 축제, 새벽의 기습 등은 야노마모족의 특징적인 전쟁방식이다. 일단 자랑하고 결투하는 단계가 끝나면 그들은 최대한 작은 손실로 많은 남자와 포로를 죽이고 여자를 약탈하려고 한다. 습격을 할 때 야노마모족 무사들은 밤의 어둠을 틈 타 횃불도 없이 아무도 모르게 적진으로 접근해 어두운 정글의 습지에서 떨며 새벽을 기다린다. 무사들에게 가장 용맹스러운 행동의 하나는 적의 부락에 잠입해 해먹에서 자고 있는 적을 죽이는 것이다. 그렇지 않을 경우 물을 길러 강가로 나오는 여자를 호위하는 남자를 살해하는 시합을 한다. 적이 눈치를 채고 여럿이 떼를 지어 행동하면 습격자들은 맹목적으로 그 부락을 향해 화살 소나기를 퍼붓고는 결과를 알아볼 겨를도 없이 자기 부락으로 도망쳐온다. 이런 습격이 끊임없이 반복되고 있는 것 같다. 샤그논이 머물렀던 한 부락은 15개월 동안 25회에 걸쳐 그런 습격을 받았다. 이런 상황에서 샤그논이 살아남을 수 있었던 것은 민족지학자로서의 재치와 용기가 있었기 때문이지 보통 사람이었다면 살아남지 못했을 것이다.

승리: 여자의 약탈

야노마모족이 이처럼 빈번히 전쟁을 하는 이유는 무엇인가? 샤그논 교수는 이에 대해 만족할 만한 이유를 밝히지 않았다. 그는 야노마모족이 설명한 것을 곧이곧대로 받아들이고 있다. 그들은 결투와 습격, 그 외 다른 폭행 대부분이 오로지 여자 때문에 일어난다고 설명하고 있다. 전쟁으로 남자들의 4분의 1이 죽어가지만, 남자가 여자보다 120 대 100의 비율로 더 많다. 설상가상으로 특히 거칠기로 악명 높은 우두머리격 인물과 그 외 특정 소수의 남자가 한꺼번에 4~5명의 아내를 거느린다. 딸을 가진 아버지는 영향력 있는 인물들에게 호감을 얻기 위해 또는 자기의 결혼을 허락해준 것에 보답하기 위해 자기의 딸을 바친다. 따라서 성적으로 성숙된 부락 내의 여자는 모두 남편이 있기 마련이고, 많은 젊은 남자에게는 간통 외의 다른 어떤 이성성교(異性性交)의 기회가 없다. 과격한 젊은이들은 밤의 어둠을 틈 타 성적으로 불만에 차 있는 유부녀와 밀회를 약속하거나 협박해 강요한다. 다음 날 아침 많은 부락민이 대소변을 보러 마을을 벗어나면 그들은 정글 속에서 밀회를 한다.

야노마모족의 남편들은 자기 아내 중 한 여자를 자기 동생들이나 친구들과 기꺼이 공유한다. 그러나 아내를 빌려주는 장소에서 빌린 여자와 교접할 기회를 얻은 남자들은 그 여자의 남편에게 빚을 지는 것이 된다. 그래서 그들은 그 여자의 남편에게 다른 봉사를 하거나 전쟁에서 약탈해온 여자들을 바쳐 그 빚을 갚는다. 명예를 추구하는 젊은 남자들은 이런 의존적인 위치에서 스스로 벗어나려 한다. 그는 마을의 유부녀들을 감언이설로 유혹하거나 협박해 비밀교접을 갖는다. 야노마모족의 모든 소녀는 월경이 시작되기 전부터 이미 남자가 정해져 있기 때문에 모든 야노마모족 남성은 사실상 이웃의 유부녀를 탐낸다. 야노마모족 남편이 밀회하는 자기 아내를 보게 되면 물론 분노한다. 그것은 단지 성적인 질투 때문만이 아니라 간통한 남자가 정부(情婦)의 남편에게 선물이나 봉사로 보상행위를 하지 않고 간통하기 때문이다.

적의 부락을 습격해 여자들을 약탈하는 것이 야노마모족이 전쟁을 하는 가장 큰 목적이다. 습격에 성공해 적의 추격권에서 벗어난 안전한 곳에 이르면 무사들은 즉시 약탈한 여자들을 집단으로 강간한다. 부락에 도착해 남아 있던 남자들에게 그 여자들을 넘겨주면 여기에서 또 한 번 집단강간이 행해진다. 많은 언쟁과 논란 후에 그 결과에 따라 약탈자들은 특별한 무사에게 여자를 지정해주어 아내로 삼게 한다.

야노마모족의 이야기 가운데 가장 끔찍한 것은 열 살 때 야노마모족 습격단에게 약탈당한 브라질 여자 발레로(Helena Valero)의 이야기다. 그녀를 약탈한 후, 약탈자들은 자기끼리 싸우기 시작했다. 한쪽이 다른 쪽을 패주시키고 모든 아이를 돌로 쳐 죽인 후 살아남은 여자들을 끌고 부락으로 돌아왔다. 그녀는 소녀시절과 처녀시절 내내, 습격자 집단에서 도망쳤다가 또 다른 집단에 다시 붙잡히곤 했다. 추격자들을 피해 정글에 숨어 있다가 다시 붙잡혀 다른 남자의 아내가 되기도 했다. 그녀는 독화살에 맞아 두 번이나 죽을 고비를 넘겼고 마침내는 오리노코(The Orinoco) 강변에 있는 선교사 지역으로 도망쳐 나왔다. 그동안 그녀는 아이를 여럿 낳았다.

부족한 여자들, 유아기 때의 혼약, 간통, 일부다처제, 여자의 약탈 등은 야노마모족의 전쟁 원인이 전부 성적(性的)인 것들임을 시사해주는 것 같다. 하지만 이런 것들로는 설명할 수 없는 까다로운 문제 하나가 남아 있다. 즉 여자 부족현상은 인위적인 행위로 생겼다는 점이다. 야노마모족은 남자아이보다 여자아이를 더 많이 살해한다. 아들보다 딸에 무관심해 스스로 죽게 할 뿐만 아니라 명백한 살인행위를 통해 딸을 살해하고 있다.

남자들은 첫 아이가 아들이기를 바란다. 그래서 여자들은 아들을 낳을 때까지 딸을 살해한다. 그런 후에는 아들딸 할 것 없이 유아기 때 살해되는 수가 있다. 야노마모족 여자들은 유아들을 교살하거나 목구멍을 막대기로 찔러 죽이거나 나무에 머리를 찧어 죽이며 정글에 유기(遺棄)해 죽이기도 한다. 유아살해나 이보다는 온건한 방법인 성차별적 양육 때문에 청소년의 남녀성비는 154 대 100이 된다. 아내를 얻기 위해 겪어야 할 여러 어려움 때문에 남자들은 모든 욕망과 투쟁의 원천과 대상을 파괴하도록 이끄는 아주 강력한 힘―성(性)보다 더 강력한 힘―을 갖고 있다.

야노마모족의 땅에 존재하는 이해할 수 없는 유아살해와 전쟁은 인구증가에서 오는 압박과는 전혀 관계없이 일어나고 있다. 야노마모족의 주요 식량은 플랜틴(Plantain, 요리해서 먹는 바나나 열매의 일종―옮긴이)과 바나나다. 플랜틴과 바나나는 숲속 경작지에서 재배된다. 마링족처럼 야노마모족도 밀림을 태워 경작지를 개간한다. 그러나 바나나나 플랜틴은 감자나 고구마와 달리, 매년 노동투입량에 비해 많은 수확을 내는 사철작물이다. 야노마모족은 지구상에서 가장 방대한 열대밀림지대에서 살고 있기 때문에 밀림을 조금 불살라 경작지로 만든다고 해서 '밀림을 먹어 해치울' 그런 위험이 있지는 않다. 전형적인 야노마모족 한 부락에는 100~200명의 주민이 살고 있다. 이 정도 인구면 이곳저곳으로 옮겨 다니지 않고 가까운 지역에서 충분한 식량을 쉽게 얻을 수 있다. 그러나 야노마모족은 아마존 밀림지대의 다른 화전부족보다 더 자주 경작지를 버리고 이동한다.

샤그논은 야노마모족의 잦은 이동률이 항상 여자 때문에 싸우고 여자 때문에 전쟁이 벌어지기 때문이라고 설명한다. 그러나 나는 그들이 너무 자주 이동하기 때문에 여자문제로 다투고 전쟁을 끊임없이 한다고 하는 지적이 더 정확하다고 생각한다. 야노마모족은 전형적인 화전원예족이 아니다. 그들의 조상은 아마존 본류(本流)에서 멀리 떨어진 곳에서 작은 무리를 이루고 야생밀림에서 나오는 것들을 먹으며 살았던 유목사냥민이었다. 최근에 이르러 이 지역의 식물들이 포르투갈인이나 스페인인들을 통해 신세계로 수출되기 때문에 그들이 주식으로 바나나와 플랜틴을 먹기 시작했다는 것은 정확한 지적이다. 최근까지 아마존강 유역 아메리카인들의 본거지는 본류와 지류(枝流)를 따라 자리 잡고 있었다. 야노마모족과 같은 부족은 강 유역에서 멀리 떨어진 오지(奧地)에 자리를 잡고 영구적인 대부락을 형성해 카누를 이용하는 강변부족들의 시야 밖에서 살았다. 19세기 말에 이르러서는 강변 대부락들의 부락 가운데 최후의 부락이 고무무역과 브라질 및 베네수엘라의 식민지 확장으로 파괴되었다. 아마존강 유역에 살아남은 유일한 인디언들은 '푸트'(Foot)인디언들인데 이들은 유목형 생활양식을 취하고 있었기 때문에 백인들의 총과 유럽의 질병에서 살아남을 수 있었다.

오늘날 야노마모족은 '푸트'인디언들이 취했던 생활양식을 보여주는 명백한 표징들을 지니고 있다. 그들은 주로 오리노코강과 마바카강 하류에서 살지만, 카누를 만들지도 사용할 줄도 모른다. 이 강에는 물고기와 수중동물이 많지만 그들은 고기잡이를 거의 하지 않는다. 플랜틴은 불에 끓여 요리해야 가장 맛있지만 그들은 냄비를 사용하는 요리법을 모른다. 또 그들은 플랜틴 경작지를 개간하는 데 철제도구를 사용하면서도 석제(石製)도끼를 만들 줄은 모른다.

야노마모족: 개화와 도태

야노마모족의 최근 역사를 추론해보자. 베네수엘라와 브라질 변방에 있는 산맥 오지에 살았던 유목사냥부족인 야노마모족은 바나나와 플랜틴 경작실험을 시작했다. 이 열매들을 경작하자 개당 칼로리양이 급격히 증가되었다. 그 결과 야노마모족의 인구도 증가하기 시작했다. 따라서 야노마모족은 오늘날 아마존강 유역에서 사는 인디언 중 가장 많은 인구를 가진 부족 가운데 하나가 되었다. 그러나 플랜틴과 바나나에는 단백질이 부족하다는 한 가지 결점이 있었다. 이전에 유목사냥부족이었던 야노마모족은 필요한 단백질을 타피르(Tapir, 남미에 사는 코가 뾰족한 돼지 비슷하게 생긴 동물―옮긴이), 사슴, 돼지, 개미핥기, 아르마딜로(Armadillo, 남미에 사는 야행성 포유동물―옮긴이), 원숭이, 파카(Paca, 토끼만 한 중남미산 동물―옮긴이), 들쥐, 악어, 도마뱀, 뱀, 거북 등 밀림의 동물들을 잡아먹음으로써 충족시켰다. 효과적인 농경작물 생산으로 인구밀도가 높아짐에 따라 이런 동물들을 사냥하게 되었다. 잘 알려져 있는 대로 밀림의 동물들은 남획 때문에 멸종될 위기에 있다. 외부와 단절된 시절에는 아마존강 유역 부족들이 강변 서식지에 사는 고기를 잡아 대용해 밀림의 동물들은 멸종을 피할 수 있었다. 그러나 야노마모족은 그럴 줄을 몰랐다.

아마존강 유역 전문가 제인(Jane Ross)과 로스(Eric Ross)는 단백질이 부족한 것과 육욕(肉慾)을 채우려는 것 때문에 야노마모족 부락 내부에서 끊임없는 분열과 반목이 생기고 있다고 말한다. 나는 그들의 견해에 동의한다. 야노마모족은 "밀림을 먹어치웠다." 나무를 먹어치운 것이 아니라 동물들을 먹어치웠다. 그리고 잦은 전쟁, 배신, 유아살해, 야수적인 성생활 등의 결과로 고통받고 있다.

야노마모족이 사용하는 배고프다는 말에는 두 가지 의미가 있다. 하나는 '위장이 비어 있다'는 뜻이고, 다른 하나는 위장은 차 있지만 '고기를 먹고 싶다'는 뜻이다. 고기를 먹고 싶은 욕구는 야노마모족의 노래나 시의 주제로 자주 등장한다. 그리고 고기는 야노마모족 축제의 초점이 된다. 발레로는 야노마모족에게 붙들려 있던 시절의 이야기를 하던 중에 한 가지 흥미로운 사실을 밝혔다. 흔치 않은 경우지만 야노마모족 여자가 남자에게 굴욕을 주는 방법 가운데 하나는 그 남자의 사냥질이 서툴다고 불평하는 것이라고 한다. 사냥꾼들은 빈손으로 돌아가지 않기 위해 자기 부락에서 멀리 떨어진 지역까지 사냥감을 찾아 나선다. 실속 있는 큰 사냥감을 잡기까지는 10~12일 동안의 긴 사냥원정이 필요하다.

샤그논은 "수십 년 동안 사냥하지 않은" 지역으로 5일 동안 떠나는 야노마모족의 사냥원정에 따라갔지만 원정대들이 먹을 수 있을 정도의 사냥감도 잡지 못한 적이 있다고 말했다. 전형적인 야노마모족 부락은 가장 가까운 인근 부락에서 하루를 걷지 않아도 갈 수 있는 곳에 있기 때문에 원정이 장기화되면 도리 없이 다른 부족이 이용하는 사냥터를 침입하지 않을 수 없다. 이 부족도 역시 똑같은 귀한 자원을 찾아 헤매는데 그들이 귀하게 여기는 자원은 여자가 아니라 단백질이다.

나는 원시족의 남성에 관한 수수께끼에 대해 이렇게 답하고 싶다. 그 까닭은 이 해답이 실질적인 면에서 야노마모족 여인들이 실제로 무엇 때문에 아들보다 딸을 더 많이 죽이거나 아들보다 딸에게 더 무관심해 자기들에 대한 남성들의 착취행위에 협력하는지를 설명해주기 때문이다. 야노마모족 남자들이 딸보다 아들을 더 좋아하는 것은 사실이다. 아들을 못 낳아 남편을 실망시킨 여인은 남편의 냉대를 받으며 다른 여자들보다 더 많이 구타당하게 될 위험에 처한다. 그러나 나는 야노마모족 여인들은 자기들이 원하기만 한다면 쉽게 남녀의 성비를 여성에 유리하도록 뒤바꿔놓을 수 있을 것이라고 생각한다. 여자들은 부락에서 멀리 떨어진 숲속에 들어가 남자들이 보이지 않는 곳에서 출산한다. 그렇기 때문에 첫아들을 낳은 후라면 벌을 받지 않고도 남성에게 불리하게 선택적인 유아살해를 할 기회가 얼마든지 있을 것이다. 그뿐만 아니라 남편에게 발각되거나 보복당하지 않고도 그들의 아들을 얼마든지 태만하게 양육할 수 있다.

나는 유아를 양육하는 야노마모족 여성들이 절대적인 성비조절 권한을 얼마만큼 발휘할 수 있는지에 대한 사례를 한 가지 정도 제시할 수 있다. 샤그논은 언젠가 '포동포동 살이 잘 오른' 산모가 유아들도 쉽게 먹을 수 있는 음식(아마도 플랜틴을 쪄서 이긴 것)을 먹고 있는 광경을 목격했다. 그녀 옆에는 그 음식을 먹고 싶어 손을 휘젓는 '여위고 불결하고 거의 굶어 죽을 것 같은' 두 살짜리 아들이 있었다. 샤그논은 왜 아기에게 먹을 것을 주지 않느냐고 그녀에게 물었다. 그러자 그녀는 그 아이가 악성 설사병에 걸려 있다고 했다. 그래서 이전에도 늘 간호를 중단하고 만적이 있어, 자기의 젖은 말랐고 아기는 먹을 수 있는 것이 없다고 말했다. 다른 음식을 주어보았자 소용이 없다는 것이다. "이 아이는 다른 음식을 먹을 줄 모르기 때문"이라는 것이었다. 샤그논이 그 여자에게 먹고 있는 음식을 아이에게 주라고 하자 아이는 게 걸스럽게 그것을 받아먹었다. 이것을 보고 샤그논은 "그 여자가 자기 아들을 서서히 굶어 죽게 하고 있었다"는 결론을 내렸다.

아들보다 딸의 양육을 게을리해 딸을 더 많이 죽게 하는 체제가 존재하는 실제적이고 현실적인 이유는 남자가 여자에게 그렇게 하도록 강요하기 때문만은 아닐 것이다. 남성이 원하는 바를 회피하거나 속여 넘길 수 있는 기회가 여성에게 얼마든지 있다는 점은 앞서 제시한 사례에서 살펴보았다. 남성의 강요보다는 오히려 야노마모족 여인 스스로 딸보다 아들을 더 많이 기르고 싶어 한다는 양육풍습에서 그 근거를 찾는 것이 더 적절하다. 여성의 이런 욕망은 서식지를 개척하는 능력의 측면에서 볼 때 야노마모족의 인구수가 과잉되고 있다는 점에 근거한다. 여성보다 남성의 인구증가율이 높다는 것은 일인당 단백질 섭취량이 더 많아진다(남자들이 사냥꾼이므로)는 것을 의미하며 전체 인구증가율이 낮아진다는 것을 의미한다. 또한 이는 전쟁이 잦아진다는 것도 의미한다. 전쟁은 마링족의 경우와 마찬가지로 딸을 기르지 않고 아들을 기른 것에 대해 야노마모족이 치러야 하는 대가인 것이다. 야노마모족은 아들을 선호하는 특권에 대해 무서운 대가를 지불하고 있다. 그 이유는 야노마모족이 이미 자기들 서식지의 사육능력을 급격히 떨어뜨려왔기 때문이다.

전쟁이 성차별주의와 관련됨을 인정하는 어떤 여성해방운동가들은 남성만이 무기사용법을 배우기 때문에 여성은 남성이 꾸민 음모의 희생물이라고 주장한다. 그들은 여성이 무기사용법을 배워서는 안 되는 이유가 무엇인지 알고 싶어 한다. 남성과 마찬가지로 여성도 활과 몽둥이를 가지고 싸울 수 있는 야노마모족 부락이라면 여성이 자기들의 운명을 기다리며 어둠 속에서 몸을 움츠리고 있는 부락보다 더 무서운 전투세력을 지니지 않겠는가? 남성과 여성에게 동등하게 전투기술을 가르치지 않는 이유는 무엇인가? 이런 질문들은 모두 중요하다.

나는 이런 질문에 대해 이는 성별과 관계없이 인간을 비열하고 잔인해지도록 훈련시키는 문제와 관련이 있다고 대답한다. 사회가 인간을 야수화(野獸化)하는 데는 두 가지 전통적인 계략이 사용되고 있다고 생각한다. 한 가지 계략은 가장 야수적인 인간에게 음식이나 안락함, 신체적 건강을 상으로 주어 인간의 야수성을 불러일으키는 것이다. 또 하나의 계략은 가장 야수적인 인간에게 가장 큰 성적(性的) 보상이나 성적 특권을 주어 야수성을 자극하는 것이다. 이 두 가지 계략 가운데 후자가 더 효과적인 방법이다. 왜냐하면 음식, 안락함, 건강 등을 박탈하는 것은 군사적으로 비생산적이기 때문이다. 야노마모족은 고도로 자극된 킬러(Killer)들이 필요하다. 그러나 그 킬러들이 사회보상적인 기능을 발휘하기 위해서는 강인하고 건강해야 한다. 성은 인간을 야수화하는 데 좋은 보강제다. 성을 박탈하는 것은 투쟁력을 감퇴시키기보다 고취시키기 때문이다.

나의 주장은 이 지점에서 프로이트(Sigmund Freud), 로렌츠(Konrad Lorenz), 아드레이(Robert Ardrey) 같은 우리(유럽―옮긴이) 종족 남성 쇼비니스트들의 이미지에 들어 있는 여러 가지 유사과학(Pseudo-Science)과 부딪치게 된다. 그들에게서 우리가 인정할 수 있는 것은 남성의 역할이 공격적이기 때문에 남성은 태어날 때부터 공격적이고 포악하다는 것이다. 그러나 성과 공격성을 연관 짓는 것은 유아살해와 전쟁을 연관 짓는 것과 마찬가지로 자연스럽지 않다. 성이 공격적 에너지의 원천이 될 수 있고 야수적인 태도의 원천이 될 수 있는 것은 남성 쇼비니즘 사회조직이 성(性)이라는 보상을 몰수해 공격적인 남성들에게만 나눠주고 소극적이고 비공격적인 남성에게는 그것을 나눠주지 않기 때문일 뿐이다.

솔직히 말해서 나는 여성이 왜 사나워질 수 없는지 모르겠다. 태어날 때부터 소극적이고 온화하고 모성애로 차 있는 여성의 수수께끼는 남성은 태어날 때부터 야수적이라는 남성 쇼비니즘적 신화의 반향(反響)일 따름이다. '남성화된' 맹렬한 여성에게만 남성과 성관계를 갖게 허용했다면 우리는 여성이 태어날 때부터 공격적이고 야수적일 수 있다는 점을 모든 사람에게 확신시키는 데 별 어려움이 없을 것이다.

성이 공격적인 태도에 활기를 주고 그런 태도를 좌우하는 데 사용될 수 있다면, 남녀가 동시에 똑같은 정도로 야수적일 수는 없을 것이라는 견해가 생기게 된다. 이런 경우 남성이나 여성이 다른 편을 지배하도록 훈련해야 한다. 두 편 다 야수화될 수는 없다. 두 편을 모두 야수화하게 되면 문자 그대로 남녀 양성 간의 전쟁이 일어나고 말 것이다. 만약 양성 간의 전쟁이 야노마모족에게서 일어난다면, 그 전쟁은 전리품을 많이 약탈한 공적에 따라 남성과 여성이 서로를 지배하려고 하는 무력투쟁이 되고 말 것이다. 바꿔 말하면 성이 용맹스러운 행위의 보상으로 이용될 경우에는 양성 중 어느 한 성은 비겁해질 수 있게끔 교육해야 한다.

이런 고찰을 해온 결과 나는 "신체구조는 운명이 아니다"라고 부르짖는 여성해방운동가들의 구호를 조금 수정해야겠다는 생각을 하게 되었다. 인간의 신체구조는 어떤 조건 속에서는 '운명적이다.' 전쟁이 인구조절 수단으로 우수한 역할을 하게 되었을 때 그리고 전쟁이 주로 손으로 사용하는 원시적 무기에 의존하고 있을 때는 남성 쇼비니즘적 생활유형이 어쩔 수 없이 우세한 생활유형이었다. 이런 조건 가운데 어떤 것도 오늘날 타당하지 않은 이상 남성 쇼비니즘적 생활양식이 퇴조할 것이라는 여성해방운동가들의 예견은 정확하다. 게다가 남성 쇼비니즘적 생활양식이 얼마만큼 빨리 퇴조할 것인지 그리고 남녀평등의 궁극적인 전망은 무엇인지 등은 인습적인 경찰력과 군사력을 빨리 배제할 수 있는 가능성에 따라 결정된다.

우리는 경찰력과 군사력을 배제한다는 것의 의미가 육체적인 힘에 의존하는 전투기술을 배제하고 더 개선된 전투기술을 개발한다는 것이 아니라 경찰력과 군사력 자체를 필요로 하지 않는 것이기를 바란다. 순수한 성혁명(性革命)의 결과가 핵미사일 부대장이나 핵부대 사령관직을 남성이 아닌 여성이 장악하는 것이 된다면, 우리는 원시 야노마모족의 상태에서 별로 벗어난 것 없는 상태가 될 것이다.

5

포틀래치

누가 더 성대한 축제를 열 수 있는지는
경쟁하는 자들이 축제에 내놓은
음식의 양에 따라 평가됐다.
축제가 성공하려면 초대된 손님들이
과식을 해 정신을 못 차려 비틀거리고
숲속에 들어가 목구멍에 손가락을 넣어
토하고 다시 돌아와 또 먹고도
남을 정도로 많은 음식을 마련해야 했다.

과시욕

세계 민족지학 박물관에 전시된 생활양식 중에서 가장 이해할 수 없는 것은 '위신을 얻으려는 충동'(drive for prestige)이라고 알려진 이상한 갈망의 흔적이다. 고기를 먹고 싶어 허덕이는 사람들이 있는 것과 마찬가지로 이 생활양식에는 다른 사람들에게 인정받고 싶어 하는 욕망에 휩싸여 있는 사람들도 있다. 이해하기 힘든 것은 인정받고 싶은 인간의 욕망 자체가 아니라 다른 사람들은 영토나 단백질 또는 성(性) 문제로 서로 경쟁하는 데 비해 여기서는 인정받고 싶은 욕망을 가진 인간들의 열망이 너무 지나쳐서 때때로 그 열망 때문에 서로 피나는 경쟁을 하기 시작한다는 점이다. 그 경쟁이 지나치게 격해져 나중에는 경쟁 자체가 목적이 되는 경우도 있다. 이런 경우 그 경쟁은 합리적인 물질적 손실에 대한 계산과는 전혀 무관하거나 또 어떤 경우에는 이에 전적으로 대립하면서 오직 강박관념에 사로잡혀 있는 양상을 나타내기도 한다.

미국이 위신을 얻기 위해 경쟁하는 자들로 이루어진 국가라는 패커드(Vance Packard)의 견해는 많은 호응을 얻었다. 미국인 가운데 많은 사람은 단순히 다른 사람들을 감명시키기 위해 사회라는 피라미드 위로 더 높이 기어오르려고 노력하는 데 전 생애를 보내고 있는 것 같다. 우리는 크롬 조각이나 부담스럽고 쓸모없는 것들로 구성된 재산, 즉 실제적인 재산을 모으는 것 자체보다 무조건 긁어모아 놓은 재산으로 다른 사람들에게 존경 받고 싶은 열망 때문에 일을 한다는 데 더 많은 관심을 두고 있는 것 같다.

'과시적 소비'(conspicuous consumption), '사치성 낭비'(conspicuous waste) 등 베블런(Thorstein Veblen)의 경구(警句)는 자동차산업·설비산업·의류산업 등으로 광대무비하고 끊임없는 변화를 창조해내며 '세상 사람들에게 뒤지지 않으려는' 특별히 강렬한 사람들의 욕망을 잘 보여주고 있다.

금세기 초 인류학자들은 원시부족 중에서 현대 소비경제 아래 가장 낭비적인 경우와도 비교할 수 없을 정도로 흥청망청 낭비하고 무절제하게 소비하는 부족이 있었음을 알고서 경악을 금치 못했다. 야심과 위신을 얻으려는 욕망에 눈이 먼 자들이 성대한 축제를 열어 다른 사람들에게 인정받기 위해 서로 경쟁하고 있었음이 밝혀졌다. 누가 더 성대한 축제를 열 수 있는지는 경쟁하는 자들이 축제에 내놓은 음식의 양에 따라 평가됐다. 축제가 성공하려면 초대된 손님들이 과식해 정신을 못 차려 비틀거리고 숲속에 들어가 목구멍에 손가락을 넣어 토하고 다시 돌아와 또 먹고도 남을 정도로 많은 음식을 마련해야 했다.

가장 기묘한 사회적 신분추구의 실례는 남부 알래스카, 영국령 콜롬비아, 워싱턴 등 해안지방에 살았던 아메리칸인디언들에게서 찾아볼 수 있다. 이 인디언 가운데 사회적 신분을 추구하는 자들은 **포틀래치**라는 광적일 정도로 유별나게 낭비하고 무절제한 소비를 해대는 잔치를 열었다. 포틀래치의 목적은 경쟁자인 상대방보다 더 많은 재산을 포기하거나 재산을 파괴하는 데 있다. 포틀래치 시혜자(施惠者)가 막강한 힘을 소유한 추장이라면 경쟁자의 식량·의류·돈 등을 못 쓰게 만듦으로써 경쟁자를 수치스럽게 하고 자기를 추종하는 자들에게 영구적인 존경을 받으려고 노력할 것이다. 어떤 경우에 포틀래치 시혜자는 자기 가옥을 불태워 위신을 세우기도 한다.

포틀래치는 베네딕트의 저서 『문화의 유형들』에서 잘 알려져 있는 관습이다. 이 책에는 밴쿠버섬 원주민인 콰키우틀족 사이에서 행해졌던 포틀래치에 관한 기록이 자세히 기술되어 있다. 베네딕트는 이 포틀래치가 콰키우틀족 문화의 전반적인 특징을 보여주는 과대망상적인 생활양식의 일면일 것이라고 생각했다. 포틀래치는 신이 그들에게 내려주신 '술잔'을 이르는 말이었다. 이후 포틀래치는 문화란 불가사의한 힘들과 미치광이들이 창조해 낸 것이라는 믿음을 갖게 해주는 기념비적인 것이 되었다. 『문화의 유형들』을 읽은 후 많은 전문가는 위신을 얻으려는 충동이 실제적이고 현실적인 요인들과 관련지어 생활양식을 이해하려는 시도를 엉망으로 만들어버렸다는 결론을 내렸다.

그러나 나는 여기에서 콰키우틀족의 포틀래치가 단순한 과대망상적인 변덕 때문이 아니라 분명히 경제적·생태학적 조건들 때문에 생긴 결과임을 밝히고 싶다. 이러한 경제적·생태학적 조건들이 없어지자 존경받고 싶은 욕구나 지위를 얻으려는 충동은 전혀 다른 생활양식의 관행으로 표현되었다. 무절제한 소비 대신에 절제하는 소비양식이 생겼고 낭비는 금지되었으며 지위를 얻기 위한 경쟁자도 사라져버렸다.

콰키우틀족은 삼나무와 전나무로 뒤덮인 우림(雨林)의 중심부에 있는 해변 근처에 토막집을 짓고 부락을 이루어 살았다. 그들은 통나무배를 타고 섬 사이의 해협과 밴쿠버 협강(峽江)을 따라 고기를 잡고 사냥을 하며 살았다. 그들은 교역자(交易者)들을 모으기 위해 마을 앞 모래사장에 조각한 통나무를 세워 눈에 잘 띄게 했다. 우리는 이 통나무를 '토템기둥'(totem poles)이라고 잘못 부르고 있다. 이 통나무 기둥에 조각된 것들은 마을 추장들에게 붙여진 조상 대대로의 칭호들을 상징화해 표현한 것들이다.

쾌키우틀족에 한 추장이 있었다. 그는 자기 부하나 이웃부락 추장들이 존경하는 정도로는 결코 만족할 수 없었다. 그는 항상 자기 지위에 불안을 느꼈다. 그에게 붙여진 가문의 칭호들은 분명히 그의 조상들에게 속했던 것이었다. 그러나 그와 똑같은 조상에게 혈통을 이어받았고 새로운 추장으로서 인정받기 위한 자격을 정당화하고 합법화해야 할 의무를 느꼈다. 그런 의무를 수행하기 위한 규정된 행동양식이 포틀래치를 열게 했다. 주최 측 추장과 그의 추종자들이 초대된 추장과 그 추종자들에게 각각 포틀래치를 한 번씩 베풀어주었다. 포틀래치의 목적은 주최 측 추장이 정말 추장에 오를 자격이 있는지 보여주고 초대받은 추장보다 더 신분이 높다는 사실을 과시하려는 것이었다. 자기가 더 높은 지위에 있음을 증명하려 주최 측 추장은 경쟁상대자인 추장과 그의 부하들에게 다량의 귀중품을 선사했다. 초대된 자들은 그 선물들을 얕보았고 자기들의 추장이 주최 측 추장보다 더 위대하다는 것을 입증하기 위해 더 귀하고 더 많은 양의 선물을 준비한 답례 포틀래치를 열어 주최 측을 초대하겠노라고 맹세했다.

이 포틀래치를 위해 짐승의 살코기, 마른 생선, 생선기름, 딸기

열매, 동물가죽, 담요, 그 외의 여러 귀중품을 끌어모아야 했다. 약속된 날 초대받은 자들은 배를 저어 포틀래치 주최 측 부락으로 올라가 추장의 집으로 들어갔다. 그곳에서 해리신(海狸神)과 천둥새 가면을 쓴 댄서들이 춤을 추며 그들을 환대했으며 그들은 연어와 딸기열매들로 포식했다.

주최 측 추장과 그의 부하들은 손님에게 선사할 재산들을 솜씨 좋게 쌓아올렸다. 초대자가 의기양양하게 활보하며 방문자들에게 선물할 많은 귀중품을 자랑하고 있는 동안 방문자들은 무뚝뚝한 표정으로 그 광경을 바라보았다. 방문자들은 생선기름 상자, 딸기 바구니, 담요더미 등의 수를 헤아려보면서 상대방의 선물이 별것 없다고 조롱했다. 그러나 결국 받은 선물을 싣고 자기 마을로 내려갔다. 아픈 곳을 찔린 방문객 추장과 그의 부하들은 복수를 맹세했다. 복수의 방법이란 경쟁자들에게 답례 포틀래치를 열어 자기들이 받은 선물보다 더 많은 선물을 제공하는 것이었다. 콰키우틀족 전체 부락을 한 단위로 생각할 때 위신과 귀중품들은 포틀래치라는 제도를 통해 이쪽저쪽으로 끊임없이 흘러 들어갔다 나오는 것을 되풀이했을 따름이다.

야심 있는 추장과 그의 부하들은 동시에 여러 다른 부락의 포틀래치 주최자들을 상대로 경쟁하고 있었다. 재산평가 전문가들은 승부에 지지 않으려고 각 부락의 사정들을 소상히 파악해주었다. 어느 추장이 가까스로 한 지역의 경쟁자들을 눌러 이겼다 하더라도 그는 여전히 다른 지역의 적수들과 경쟁해야만 했다.

포틀래치를 연 후 주최 측 추장은 으레 다음과 같은 말을 했다.

나는 유일한 거목이다. 너희 재산평가 전문가를 데려오라. 그는 내가 너희에게 줄 선물들을 헤아리려 하겠지만, 일생을 헤아려도 다 헤아릴 수 없을 것이다. 그러면 그의 부하들도 덩달아 다음과 같은 경고로 초대된 손님을 침묵시키려 했다. 입 다물라! 이 야만인들아. 조용히 하라! 그렇지 않으면 우뚝 솟은 산맥과 같은 우리 추장님이 산사태와 같은 재산사태를 나게 할 것이다.

어떤 포틀래치에서는 담요 등 귀중품을 선물로 제공하는 대신 그것들을 못 쓰게 파괴하는 경우도 있었다. 종종 성공적인 포틀래치를 연 추장들은 '기름축제'(grease feasts)를 열기로 작정하기도 했다. 기름축제란 캔들피시(Candlefish, 북태평양산의 빙어와 비슷한 식용어로 기름이 많아 말려서 양초 대용으로 쓰기도 한다―옮긴이)의 기름을 여러 통에 담아 방 한가운데 불을 지핀 곳에 붓는다. 그러면 불이 확 타오르며 검은 연기가 방 안을 꽉 채운다. 이때 재산 파괴자는 "나는 이 세상의 유일한 위인(偉人)이다. 내 축제에 참가한 부족들을 위해 1년 내내라도 이런 연기를 지펴놓을 수 있다. 나 말고 이럴 수 있는 자가 어디 있겠는가"라고 호언장담할 때 손님들은 표정을 감추고 방 안 공기가 쌀쌀하다고 불평한다. 손님들을 가장 수치스럽게 하고 주최자들의 흥취를 더욱 높이기 위해 천정에 불을 붙여 집 전체를 포틀래치의 제물로 바치는 기름축제도 있다.

선물의 사회경제학

포틀래치는 콰키우틀족 추장 가운데서 높은 지위를 열망하는 망상에 사로잡힌 추장들이 개최한다고 베네딕트는 설명하고 있다. 다른 문화의 기준을 적용한다면 "그런 추장들의 호언장담은 수치스러운 과대망상처럼 보일 것이다"라고 그녀는 평가하고 있다. "콰키우틀족의 이런 모든 투기행위의 목적은 오직 상대방보다 우월한 지위에 있음을 보여주려는 것뿐이었다." 그녀의 견해에 따르면, 태평양 연안 북서부의 모든 원주민의 경제체제는 이 망상을 위해 존재하는 것이었다.

나는 베네딕트 박사의 견해가 틀렸다고 생각한다. 콰키우틀족의 경제체제가 지위경쟁에 이바지했던 것이 아니라 반대로 지위경쟁이 경제체제에 이바지했던 것이다.

지구상의 여러 지역에 흩어져 있는 원시사회도 콰키우틀족의 선물공세가 지니는 기본요소 중 파괴적인 요소를 제외한 모든 요소를 지니고 있다. 포틀래치의 근본이 되는 핵심요소를 밝혀보면 그것은 경쟁적 축제라는 것이다. 동시에 지배계급이 아직 완전히 확립되지 않은 부족들에게 부의 생산과 분배를 명확히 실현시켜주는 거의 보편화된 메커니즘이다. 멜라네시아와 뉴기니는 비교적 원시적인 사회조건 아래에서 열리는 경쟁적 축제들을 연구하기에 최적지다. 이 지역의 전역에는 빈번히 축제를 열어 그들의 높은 지위를 확인하는 '대인'(大人)들이 있다. 그들은 일생 동안 여러 차례 축제를 연다. 축제를 열기 전에 우선 전제가 되는 것은 야심만만한 대인들이 축제에 필요한 재산축적에 모든 노력을 집중하게 된다는 것이다.

예컨대 카오카족(Kaoka) 말을 사용하는 솔로몬 군도인 가운데 높은 지위에 오르려는 자들은 먼저 아내와 자식들에게 다른 사람들보다 더 넓은 면적의 경작지를 경작하게 해 출세를 위한 준비를 한다. 오스트레일리아 인류학자 호그빈(Ian Hogbin)은 대인이 되고 싶어 하는 카오카족 사람이 친척과 자기 연배의 친구들에게 고기잡이를 돕게 하고 그 후 암돼지를 애걸해 자기 돼지의 수를 늘리며 돼지가 새끼들을 낳으면 이웃들에게 위탁해 기르게 한다고 설명한다. 머지않아 친척과 친구들은 이 젊은이가 부자가 되어가고 있다는 것을 깨닫게 된다. 그들은 그의 넓은 경작지와 많은 돼지를 보고, 다가오는 축제가 기억에 남을 만한 성대한 축제가 될 수 있도록 더욱 힘을 합쳐 그를 돕는다. 그들은 이 젊은 대인 후보가 대인이 된 후에 자신들이 그를 도와주었음을 기억해주기를 바란다. 마지막으로 그들은 모두 힘을 합해 초호화판 주택을 세운다. 남자들은 최후의 낚시원정을 떠난다. 여자들은 얌을 거둬들이고 땔감과 바나나, 코코넛을 모은다. 손님들이 도착했을 때 (포틀래치의 경우처럼) 정교하게 진열된 재물(財物)들을 보고 그들이 놀라도록 한다.

호그빈은 아타나(Atana)라는 청년이 주최한 축제에 전시된 재산목록을 이렇게 열거하고 있다. 건어물 113킬로그램, 얌과 코코넛을 섞은 과자 3,000개, 얌푸딩이 큰 냄비로 11냄비, 돼지 8마리. 이 재산은 아타나가 부락 내 다른 사람들을 동원해 협동노동으로 모은 것이었다. 여기에 몇몇 손님이 중대한 축제행사가 벌어질 것을 예상하고 분배될 재물에 보탤 선물을 가져왔다. 그들이 선물한 것을 합하자 건어물 약 136킬로그램, 케이크 5,000개, 푸딩 19냄비, 돼지 73마리가 되었다. "아타나는 손수 그 재물들을 257개로 나눠 자기와 협동한 사람들과 선물을 가져온 모든 사람에게 하나씩 분배하고 다른 사람보다 좀더 노력한 대가로 남은 찌꺼기를 아타나가 차지했다"라고 호그빈은 기록하고 있다. 이런 일들은 과달카날족(Guadalcanal) 지위추구자들에게도 보편적이다. 그들은 항상 "축제 주최자는 뼈와 상한 케이크만 차지한다. 고기와 기름은 다른 사람에게 돌아간다"고 말한다.

포틀래치 추장들의 축제처럼 대인들의 축제는 그칠 줄 모르고 계속된다. 대인들은 평범한 지위로 돌아가지 않으려고 다음 번 축제를 계획하고 준비하기 위해 바쁘게 움직여야 한다. 부락과 지역사회마다 여러 명의 대인이 존재하기 때문에 이 축제를 계획하고 준비하는 과정에서 종종 친척과 이웃의 충성을 얻기 위해 복잡하고 경쟁적인 책략이 횡행되기도 한다. 대인들은 다른 사람보다 더 힘든 일을 하고 더 많은 일을 걱정하면서도 다른 사람보다 적게 소비한다. 위신만이 그들에게 돌아가는 유일한 보상이다.

대인들은 생산수준을 높여 사회에 중요하게 이바지하는 노동자-기업가(worker-entrepreneur) — 러시아인들은 이런 사람을 '스타하노바이트'(Stakhanovite, 노동자의 능률보상을 통한 생산증가방식인 스타하노프 제도에 따라 보상받는 노동자 — 옮긴이)라고 부른다 — 라고 할 수 있다. 높은 사회적 지위를 얻으려는 대인들의 열망 때문에 많은 사람이 더 많은 일을 하게 되고 더 많은 식량과 귀중품을 생산하게 된다.

모든 사람이 똑같이 자급자족적 생산수단을 갖고 있는 자연조건 아래서 경쟁적으로 축제를 여는 것은 전쟁이나 흉년 등 위기 시에 노동생산성이 최하 수준으로 하락하는 것을 막는 실질적 역할을 한다. 더 나아가 이 지역에서는 개별부락에 하나의 경제구조(economic framework)로 통합할 수 있는 공식적인 통치기구가 없기 때문에 축제를 경쟁적으로 개최함으로써 경제적인 기대치를 광범위하게 확대해가는 조직망이 형성된다. 축제는 어느 단위부락만으로는 동원할 수 없는 많은 인원이 공동생산에 함께 참여하게 하는 효과를 가져온다. 결국 대인들의 경쟁적인 축제 개최는 각각 상이한 미시환경지대, 즉 해안지대·늪지대·고산지대 등에 정착하고 있는 부락 간의 생산력에 매년 크나큰 변동이 발생하는 것을 바로잡는 자동평형장치 구실을 한다. 가장 성황을 이룬 축제는 자동적으로 그해의 생산에 가장 적당한 강우량과 기온, 습도 등의 기후조건을 갖춘 부락에서 열리게 될 것이다.

이 모든 것은 콰키우틀족에도 그대로 적용된다. 콰키우틀족 추장들이 카오카족 대인들보다 훨씬 풍요로운 환경에서 훨씬 뛰어난 생산기술로 무엇인가를 생산하고 있다는 점을 제외하고는 별다를 바가 없다. 콰키우틀족 추장들도 대인들처럼 남녀 일꾼들을 자기 부락으로 끌어오기 위해 경쟁했다. 가장 위대한 추장은 최상의 선물을 제공하고 가장 성대한 포틀래치를 개최하는 자였다. 그 추장의 추종자들은 추장과 함께 명예를 나눠 가졌고, 자기

네 추장이 더욱 높은 명성을 얻을 수 있도록 도왔다. 그 추장들은 '토템기둥'의 조각을 위임받는다. 그 기둥의 크기와 대담한 조각들은 실제로 당당히 선전용으로 쓰이기도 한다. 위대한 업적을 남길 수 있는 전능한 추장이 있는 부락임을 과시하는 것이다. 이 기둥에 조각된 동물 모습의 문장(紋章)은 상속권을 의미하기 때문에 추장은 자신이 식량과 기쁨을 배분하는 위대한 시혜자라고 주장한다. 포틀래치는 그 추장이 상대자들의 입을 다물게 하고 침묵케 하는 강압수단이다.

포틀래치에는 분명히 경쟁적인 측면이 있지만 원래는 생산력이 높은 부락에서 낮은 부락으로 식량과 귀중품들을 분배하는 측면도 있다. 오히려 포틀래치에는 경쟁적인 측면이 있기 때문에 재산이 확실하게 이동했다는 점을 나는 강조하고 싶다. 어획량과 야생과일 그리고 채소의 수확량은 예측할 수 없을 만큼 자주 변동했기 때문에 부락 간에 교대로 열렸던 포틀래치는 콰키우틀족 전체의 관점에서 볼 때 유익한 것이었다. 지난해의 피시혜자 부락 인근의 강과 산에 많은 물고기가 산란(産卵)하고 딸기열매들이 많이 열리면 그들은 올해의 시혜자들이 된다. 원래 포틀래치라는 단어는 가진 자들이 주고 못 가진 자들이 받는다는 것을 의미한다. 갖지 못한 자들이 굶주림을 면하기 위해서는 이웃부락의 추장을 위대한 인물이라고 인정하기만 하면 된다.

베네딕트 박사가 포틀래치의 이러한 실제적 기반을 보지 못한 이유는 무엇인가? 인류학자들이 포틀래치를 연구하기 시작한 것은 서북 태평양 연안 원주민들이 러시아·영국·캐나다 상인 및 이주민들과 교역관계, 임금노동계약을 맺게 된 때로부터 오랜 세월이 흐른 후였다. 외부인들과 접촉하면서 유행성 천연두 등 유럽 질병들이 갑자기 창궐해 수많은 원주민이 죽어갔다. 예컨대 콰키우틀족 인구는 1836년에 2만 3,000명이었는데 1886년에는 2,000명으로 줄었다. 이와 같은 인구감소 현상 때문에 자동적으로 인력수급 경쟁이 격렬해지게 되었다. 동시에 유럽인들에게 받은 임금 때문에 이전에는 생각해볼 수도 없었던 많은 부(富)가 포틀래치 네트워크 속으로 유입되었다. 콰키우틀족은 동물 피혁을 제공한 대가로 허드슨 베이 회사(Hudson's Bay Company)에서 수천 장의 담요를 교역품으로 받았다. 성대한 포틀래치가 개최되었을 때 이 담요가 식품 대신 가장 중요한 시혜품이 되었다. 감소되는 인구추세를 볼 때, 담요나 그 외 귀중품의 공급량이 소비량보다 더 많아지게 되었다. 그래서 이제는 노동력 부족현상이 나타나 추종자를 끌어들여야 하는 필요성이 그 어느 때보다 더 많아졌다. 포틀래치를 주최하는 추장들은 재물들을 파괴하라고 명령했다. 그러나 이와 같은 거창한 재물과시를 통해 텅 빈 부락에 사람들을 다시 끌어들이겠다는 소망은 헛된 것이었다. 이러한 행위들은 새로운 정치적·경제적 상황에 적응하려고 몸부림치는 죽어가는 문화의 관행일 따름이었다. 그러한 관행은 원시적인 본래의 포틀래치와는 전혀 다른 것이었다.

참여자들이 생각하고 말하고 상상함으로써 열린 경쟁적 축제는 물질적 압박과 여러 가지 기회에 적응하기 위한 것으로 보이는 경쟁적 축제행사들과는 아주 큰 차이가 있다. 사회적 이상—

참여자들이 갖고 있는 생활양식의식(the lifestyle conscious, 생활양식에서 나타나는 의식—옮긴이)—으로 보자면 경쟁적 축제행사는 대인이나 포틀래치 추장들의 만족할 줄 모르는 위신추구의 열망을 나타내는 하나의 행사다. 그러나 일관된 관점에서 보면 만족할 줄 모르는 위신추구의 열망이라는 것은 경쟁적 축제를 통해 나타난 하나의 표현방식이다. 모든 사회가 인정받고 싶어 하는 인간의 욕망을 이용하고 있지만, 그렇다고 해서 모든 사회가 경쟁적 축제에서의 성공을 항상 명성과 연결시키지는 않는다.

위신을 얻어내는 원천으로서 경쟁적 축제는 진화론적인 관점에서 적절히 평가되어야 한다. 그러므로 아타나와 같은 대인들이나 콰키우틀족 추장들은 재분배라는 일종의 경제행위를 한 것이 된다. 다시 말해 그들은 많은 개개인의 노동력으로 모은 생산품을 여러 집단의 개인들에게 각기 다른 양으로 재분배한다. 이미 언급한 대로 카오카족의 재분배자인 대인은 부락 내 다른 주민들보다 더 많이 일하고 걱정하지만 소비는 가장 적게 한다. 이 점은 콰키우틀족의 재분배자인 추장들과 다르다. 대규모 포틀래치 개최자인 추장들은 포틀래치 행사에서 기업가나 경영자로 기능한다. 낚시나 바다사자 사냥원정 등의 특별한 경우를 제외하고는 어려운 일은 자기 부하들에게 맡긴다. 대규모 포틀래치를 개최하는 추장들은 많은 전쟁포로를 노예로 삼아 그들에게 노동을 시킨다. 소비특권의 측면에서도 콰키우틀족 추장들의 소비형태는 카오카족의 소비형태와 다르다. '고기와 기름'은 추장들 몫으로 돌아가고 '뼈와 상한 케이크'는 추종자들 몫으로 돌아간다.

호혜성의 원리

가난에 찌들어 있는 '노동자-기업가'인 대인 아타나에서 시작해 준세습적인 콰키우틀족 추장들에 이르는 진화론적인 궤적을 따라가다 보면, 경제의 기초가 되는 공업노동이나 농업노동에 종사하지 않고도 가장 좋은 물품을 가장 많이 차지하는 세습적 제왕들의 치하에 있는 국가조직의 사회를 발견하게 된다. 이런 제국에서는 고귀한 신권(神權)을 움켜쥔 지배자들이 화려한 궁전과 사원, 대기념탑 등을 세워 위신을 세우고 포틀래치가 아닌 군대의 힘으로 모든 도전자를 굴복시켜 자기들의 세습적 특권을 합법화한다. 반대 방향으로 제왕들에게서 '포틀래치' 추장들을 거쳐 대인들로 거슬러 올라가서 모든 경쟁적 과시행위와 흥청망청 소비하는 개인들의 소비행위들이 사라지는 평등주의적 생활양식으로 되돌아갈 수도 있다. 또 위대한 인물을 마술에 걸린 자로 고소하고 돌로 쳐 죽이는 것조차 자랑하는 어리석은 자들로 되돌아갈 수도 있다.

최근까지 존속해왔기 때문에 인류학자들의 연구대상이 될 수 있었던 진정한 평등주의적 사회에는 경쟁적 축제 형태에 따른 분배제도가 없었다. 그 대신 호혜성(reciprocity)의 원리라는 교환방식이 지배적이었다. 호혜성이란 개인 사이에 돌려받을 대가가 무엇인지 또 언제 그 대가를 받을 수 있을 것인지가 분명하지 않은 교환이 발생하는 경제적 교환방식을 설명하는 기술적인 용어다. 피상적으로 볼 때 호혜적 교환은 도저히 경제적 교환이라 볼 수 없다. 호혜적 교환은 한쪽에서의 기대와 다른 쪽에서의 의무가 언급되지 않은 채 이루어진다. 상대방에게 상당히 오랫동안 시혜자의 어떤 저항도 없이 또 수혜자라는 어색함도 없이 계속 선물을 받을 수 있다. 그런데도 이 거래행위를 순수한 선물로 생각할 수는 없다. 왜냐하면 언젠가는 되돌아올 반대급부에 대한 기대가 기저에 깔려 있기 때문이다. 그리고 서로 주고받는 것의 균형이 상식 밖이라면 마침내 시혜자는 불평과 험담을 하기 시작할 것이고 또 수혜자가 건전한 정신의 소유자인지 의심하게 될 것이다. 그래도 여전히 상황이 호전되지 않으면 수혜자가 악령에 접신되지는 않았는지 또 마술을 부리고 있지는 않은지 의심하게 된다. 이처럼 평등주의적 사회 속에서는 호혜성의 원칙을 계속 위반하는 개인을 사실 정신이상자로 취급하고 공동체에 위협을 주는 존재로 취급한다.

가까운 친구나 친척들과 재화 또는 용역을 서로 교환하는 양식에 관해 생각해보면 호혜적 교환방식이 어떠한 것과 비슷한지 조금은 이해할 수 있을 것이다. 예를 들면 형제끼리 서로 주고받는 것에 관해서는 화폐의 가치를 정확히 계산하지 않을 것이다. 형제들은 별 부담 없이 셔츠나 사진첩을 자유로이 빌려가며 서슴지 않고 도움을 요청한다. 형제의 우애나 친구 간의 우정관계 속에서 양쪽 중 어느 한편이 자기가 받은 것보다 더 많은 것을 주었다고 해서 우애나 우정에 금이 갈 것이라고는 생각하지 않는다. 한 친구가 자기를 식사에 초대했다고 생각해보자. 자기가 그 초대의 답례를 못 하고 있는 동안 그 친구가 또 초대했을 때, 그 초대에 두 번 또는 세 번씩 응하기에 주저할 필요가 없다. 그러나 여기에도 한계가 있다. 한쪽이 주는 것 없이 계속 받기만 한다면, 시혜자는 무언가 빼앗기고만 있다고 느끼기 시작할 것이기 때문이다. 바꿔 말하면 누구나 관대하다는 말을 듣기는 좋아하지만 잘 속는 호인이라는 말을 듣고 싶어 하지는 않는다. 이는 명백히 크리스마스에 우리가 호혜성의 원칙으로 되돌아가 쇼핑리스트를 작성하려고 할 때 당하는 곤혹스러운 문제와 같다. 선물은 너무 싸도 안 되고 너무 비싸도 안 된다. 그러나 우리의 계산에는 거의 일정한 기준이 없다. 따라서 우리는 가격표를 제거해버린다.

우리가 호혜성의 원칙이 실제로 어떻게 준수되고 있는지 알고 싶다면 화폐와 매매가 전혀 없는 평등한 사회에서 살아봐야 한다. 호혜성이란 어떤 것을 정확히 계산하거나 다른 사람에게 진 빚을 계산하는 것과는 정반대다. 사실 누군가가 실제로 어떤 것을 빚지고 있다는 것을 전적으로 부정하는 사고다. 혹자는 사람들이 감사하다고 말하는지 안 하는지에 따라서 생활방식이 호혜성에 기초하고 있는지 또는 그 밖에 어떤 기준에 기초하고 있는지 말할 수 있다고 할지 모른다.

그러나 진짜 평등주의사회에서는 물품이나 용역을 제공받았다고 해서 공개적으로 감사를 표하는 것을 무례한 태도로 여긴다. 중부 말라야의 세마이족(Semai) 사이에서는 사냥물을 친구들에게 균등하게 나눠주는 사냥꾼에게 고맙다는 말을 하는 사람은 아무도 없다. 세마이족과 같이 살아온 덴탄(Robert Dentan)은 고맙다는 말을 하는 것은 받는 사람이 자기가 받은 고기의 크기를 정확히 계산하고 있거나 받는 사람이 사냥꾼의 성공이나 관대함에 놀라고 있음을 시사하기 때문에 그런 말을 하는 것은 아주 무례한 것임을 알게 되었다.

카오카족 대인들의 두드러진 과시행위나 포틀래치를 행하는 추장들의 거만스러운 허풍 그리고 신분을 표현하는 상징을 통해 자신을 과시하는 태도와는 대조적으로 세마이족의 생활양식에서 가장 성공한 사람은 가장 겸손해야만 한다. 평등주의적인 세마이족의 생활양식에서는 경쟁적 재분배를 통해 신분을 추구한다든지 어떤 형태든 흥청망청 소비하고 낭비한다든지 하는 행위들은 상상할 수 없다. 평등주의사회의 사람들은 다른 사람들이 자신에게 관대하거나 어느 누군가 스스로 다른 사람보다 훌륭한 존재라고 생각하고 있는 기미를 알게 되면 불쾌해하고 경악한다.

토론토 대학교의 리(Richard Lee) 교수는 평등주의사회의 사냥꾼과 채집자 사이에 행해지고 있는 호혜적 교환의 의미에 관해 재미있는 이야기를 한 가지 하고 있다. 리 교수는 거의 1년 동안 칼라하리사막 주변에 살고 있는 부시먼족을 따라다니며 그들의 식생활을 관찰했다. 리 교수는 부시먼족의 협조적인 태도에 감사를 표시하고 싶었다. 그러나 그에게는 그들의 정상적인 식사방식과 행동양식을 해치지 않고 그들에게 줄 수 있는 것이 아무것도 없었다. 크리스마스 무렵 리 교수는 부시먼족이 고기를 얻기 위한 교역장소로 종종 이용되는 인근 사막의 변방에서 야영하기를 좋아한다는 사실을 알게 되었다. 그는 크리스마스 선물로 수소 한 마리를 선사할 목적으로 지프를 타고 여러 부락을 다니며 가능한 한 큰 수소를 구입하려고 애썼다. 리 교수는 마침내 살이 통통하게 오른 몸집이 큰 수소를 먼 부락에서 찾아냈다. 여러 원시종족과 마찬가지로 부시먼족도 살찐 고기를 무척 먹고 싶어 했다. 부시먼족이 사냥으로 잡은 동물들은 대개 여위고 말랐기 때문이다. 리 교수는 야영지로 돌아와 자기는 생전 처음 본 거대한 수소를 사놓았는데 그것을 크리스마스 선물로 줄 테니 잡아먹으라고 부시먼족 친구들에게 설명했다.

　이 말을 들은 첫 번째 사람은 바로 깜짝 놀랐다. 그는 그 수소를 어디서 샀고 털은 무슨 색이며 뿔의 크기는 얼마만 하냐는 등을 꼬치꼬치 물어보고는 머리를 흔들었다. "나도 그 소를 본 적이 있소. 뼈와 가죽밖에 남지 않은 소였소. 그런 쓸모없는 짐승을 사두었다니, 당신은 그때 술 취했던 것이 아닌가요?" 리 교수는 그 친구가 자기가 사놓은 소를 잘 모르고 있는 것이라고 생각하고 다른 친구들에게 그 소 이야기를 했다. 그러나 그들도 첫 번째 사람과 마찬가지 반응을 보였다. "왜 그런 쓸모없는 짐승을 사두셨소? 물론 당신이 그 짐승을 우리에게 선물하겠다면 잡아먹기는 하겠소." 그의 이야기를 듣는 사람마다 한결같이 "그러나 그 짐승은 변변찮을 거요. 우리는 그걸 잡아먹긴 하겠지만 배탈이나 나지 않을지 모르겠소"라고 말하는 것이었다. 크리스마스가 되어 그 수소는 도살되었다. 그 수소는 분명히 살찐 짐승으로 밝혀졌고 부시먼족은 게걸스럽게 그것을 먹어치웠다. 모든 사람이 먹고도 남을 만큼 충분한 고기와 기름을 가진 소였다. 리 교수는 부시먼족 친구들에게 다가가 이 정도면 살찐 소가 아니냐고 물었다. "좋소, 물론 우리는 이 수소가 굉장히 좋은 고기를 제공했다는 것은 알고 있소. 그런데 한 젊은이가 많은 사냥감을 잡게 될 때에 자신을 마치 대인이나 추장이라고 생각하곤 하죠. 그리고 나머지 사람들을 마치 자기 종인 것처럼 생각하거나 자기보다 못한 사람이라고 생각하게 되죠. 우리는 이 점을 인정할 수 없는 것이오." 그는 말을 이었다. "우리는 자랑하고 다니는 놈들을 거부합니다. 왜냐하면 그의 자만심이 언젠가 그가 누군가를 죽이게 하니까요. 그래서 우리는 항상 그가 잡아온 고기가 별 쓸모없다고 하지요. 그래야만 그는 진정하고 겸손해지니까요."

호혜성의 파괴: 강자의 선물

에스키모족(Eskimo)은 "채찍이 개를 만들듯, 선물은 노예를 만든다"는 격언을 통해 자만하고 관대한 척하는 선물시혜자들에 대한 공포를 표현하고 있다. 그런데 에스키모족이 두려워했던 것이 어김없이 실제로 발생했다. 진화론적인 관점에서 볼 때 최초의 선물시혜자들은 여분의 노동에서 얻은 생산물을 선물로 나눠주었다. 그것을 받은 사람들은 보답으로 또한 선물시혜자들이 더 많은 선물을 주기를 바라는 마음으로 더 힘든 일을 하게 되었다. 결과적으로 시혜자의 힘은 막강해지고 이제는 더 이상 호혜성의 원칙을 지킬 필요가 없게 되었다. 그들은 다른 사람들을 강압해 세금을 징수하고 창고나 궁전 속에 축적된 재화들을 분배하지 않으면서도 다른 사람에게 자기 일을 강요하게 되었다. 물론 유별스러운 현대의 대인들이나 정치가들도 '노예들'을 항상 매질하는 것보다는 종종 노예들을 위해 대잔치를 베풀어주는 것이 노예들을 일하게 하는 데 훨씬 수월하다는 것을 때때로 인정하기도 한다.

에스키모족이나 부시먼족, 세마이족처럼 사람들이 선물시혜가 위험한 행위라는 것을 인식하고 있었다면, 그 세 부족을 제외한 다른 부족들은 무엇 때문에 선물시혜자들을 부강하고 세력 있는 존재들로 만들어주었는가? 그리고 무슨 이유로 추장들이 그토록 거만해져서 자기들에게 영예를 가져다준 바로 그 사람들을 배신하고 그들을 노예로 삼게 되었는가? 또 한 번 나는 이 모든 것에 대답하고 싶은 유혹에 빠져 있다. 그런데도 내가 몇 가지 견해만을 제시하는 것을 용서해주기 바란다.

호혜성 경제란 초과생산을 위해 집중적인 노력을 하는 것이 오히려 한 집단의 생존에 역효과를 주는 이러한 자연조건에 우선적으로 적응하려는 교환경제 형태라 말할 수 있다. 이러한 자연조건들은 서식지 내에 살고 있는 동식물의 자연적 공동체가 얼마만큼 생동력이 있는지에 전적으로 의존해 살아가는 에스키모족이나 부시먼족, 세마이족과 같은 사냥과 채집을 주로 하는 부족 가운데서 발견된다. 이러한 환경 속에서 사냥꾼들이 어느 한 시기에 모든 노력을 집약해 더 많은 동물과 식물들을 남획하게 되면, 그들의 서식지 내의 식량공급능력은 영원히 상실될 위험에 처하게 된다.

예컨대 리 교수의 발표에 따르면 부시먼족들은 일주일에 단 10~15시간의 노동으로 생활을 영위해나갈 수 있다. 이러한 사실의 발견은 빛 좋은 개살구와 같은 현대 산업사회의 신화 가운데 하나―현대인은 인류 역사상 가장 적은 시간의 노동을 하고 가장 장시간의 휴식을 취하고 있다는 신화―를 무색하게 해버린다. 원시 사냥꾼이나 채집자들에게 노동조합 같은 것이 있을 리 만무하지만 그들의 노동시간은 우리의 노동시간보다 짧다. 그들의 생태계는 몇 주 또는 몇 달 동안 집중적으로 과도하게 노동력을 투여하는 것을 견뎌낼 수 없다. 소련 공산주의 노동영웅 스타하노프(Alexey Stakhanov, 1935년 노동생산성을 높이고 계획경제시스템의 우수성을 홍보하려고 추진된 운동인 스타하노프 운동의 상징적 인물―옮긴이)와 같은 인물처럼 대축제를 약속하면서 친구들과 친척들에게 잉여노동을 강요할 자들은 부시먼족 사회에서도 위협적인 존재임이 분명하다. 부시먼족 대인들이 자기 추종자들에게 1개월 동안만이라도 카오카족처럼 일을 시키게 된다면 그들의 서식지 수마일 범위 안에 있는 사냥감들은 전멸해 그해가 다 가기 전에 그 부족은 굶주려 죽게 될 것이다. 그래서 부시먼족 사회에서는 재분배제도가 아닌 호혜적 교환제도가 널리 행해지고 있다. 여기서는 자신이 잡은 사냥물을 나눠줄 때 자신의 성과에 대해서는 전혀 자랑하지 않고 선심을 쓰는 척도 하지 않는 사람, 즉 조용하고 믿음직스러운 사냥꾼을 최고의 명예자로 생각한다.

서식지 내 사육능력에 치명적인 손상을 끼치지 않고도 노동시간을 늘릴 수 있고 노동집약도를 높일 수 있게 되었을 때, 경쟁적 축제개최나 다른 형태의 재분배제도가 호혜성의 원칙에 입각한 원초적인 경제형태를 압도하게 된다. 전형적인 이런 재분배제도는 농작물과 가축이 자연식량자원을 대신하게 되면서 가능해졌다. 분명히 한계는 있겠지만 경작이나 가축사육에 노동력을 많이 투입하면 할수록 생산량은 더욱 증가한다. 여기에 존재하는 유일한 문제는 사람들이 자기들에게 주어진 일 이상은 하려 하지 않는다는 점이다.

재분배제도는 이 문제의 해결책이었다. 재분배제도는 명예욕과 지나친 야망을 품은 생산자와 사람들이 호혜적 균형을 유지하기 위해 더 많은 일을 하게 되었을 때 나타나기 시작했다. 호혜적 교환제도가 균형을 잃게 되자 그것은 선물시혜로 변했다. 선물이 쌓이게 되자 선물시혜자들은 명예와 답례물을 대가로 받게 되었다. 그러자 곧 재분배제도가 호혜적 교환제도보다 널리 통용되었고 가장 교만하고 타산적인 선물시혜자들에게 최고의 명예가 돌아갔다. 그들은 모든 사람을 기만하고 능욕했으며 마침내 부시먼족이 염려했던 것 이상으로 사람들에게 더 고된 일을 강요했다.

콰키우틀족의 경우에서 볼 수 있듯이 경쟁적 축제개최나 재분배제도에 적합한 경제적 조건들은 비농업적 환경에서 사는 사람 가운데서도 나타나고 있다. 서북 태평양 연안부족에게 매년 산란하기 위해 이동하는 연어, 다른 어족의 이동, 바다 포유동물의 서식 등은 농산물과의 생태학적 유비(類比, ecological analogue)를 나타냈다. 연어나 캔들피시가 떼를 지어 무수히 많이 이동해오기 때문에 사람들은 노력하면 할수록 더 많은 고기를 잡을 수가 있었다. 게다가 원시적인 그물만 이용한다면 아무리 많이 남획해도 산란이동 방향에 영향을 주거나 이듬해에 공급되는 고기를 고갈

시키지 않을 수 있었다.

호혜제도나 재분배제도 등 명예를 얻는 제도적인 장치들을 제쳐두고라도, 우리는 모든 형태의 중요한 정치제도가 각기 특수한 방식으로 명예욕을 이용하고 있다는 것을 추측할 수 있다. 예컨대 서구에 자본주의가 출현하자 경쟁적으로 재산을 축적하려는 욕구가 또다시 대인의 신분획득에서 근본 범주가 되었다. 이경우만 보더라도 대인들은 서로의 재산을 약탈하기 위해 경쟁했고 가장 많은 부를 축적·보유하는 자들에게 최고의 명예와 권력이 돌아갔다. 자본주의 초기단계에서는 가장 많은 부를 소유하면서도 가장 검소한 생활을 하는 사람에게 최고의 명예가 수여되었다. 자기들의 재산이 더 안전해지자 자본주의 상류계급은 무절제한 소비를 해 경쟁자들의 기를 꺾었다. 그들은 대저택을 짓고 어마어마한 보석으로 장식된 화려한 의상을 입었으며 가난한 대중에게 경멸적인 언사를 던졌다.

그동안 중하류계급은 아직도 가장 열심히 일하고 가장 검소한 사람에게 최고의 명예를 돌렸고 무절제하게 소비하는 모든 낭비형태에 냉엄하게 저항했다. 그러나 산업발달로 소비시장이 확대되자 중하류계급도 검소한 습관을 버리지 않을 수 없게 되었다. 광고와 매스미디어가 결탁해 중하류계급을 현혹해 그들에게 저축을 그만두고, 소비하고, 낭비하고, 파괴할 것을 권장했다. 점점 늘어나는 상품과 서비스를 써 없애라고 했다. 그래서 중하류계급 내 신분추구자 간에는 이제 돈을 가장 잘 쓰는 소비자에게 최고의 명예가 주어지게 되었다.

그러는 동안 부자들은 재산의 재분배를 목적으로 하는 새로운 형태의 세금들로 위협받고 있음을 깨닫게 되었다. 무절제한 소비 행위가 위험한 행위가 되어 최고의 명예는 다시 가장 많이 소유 하지만 가장 적게 과시하는 자들에게 돌아가게 되었다. 상류계급 의 최고 명예소유자들이 자기들 재산을 더 이상 자랑하지 않게 되자, 흥청망청 소비하도록 중하류계급을 강요했던 압력도 사라 지게 되었다. 중류계급의 젊은이들이 해진 청바지를 입고 무절제 한 소비주의에 저항하는 것은 문화혁명의 일종이기보다는 상류 계급의 경향을 흉내 내는 것이라는 생각이 든다.

이제까지 기술한 바와 같이 호혜적 교환제도가 경쟁적인 지위 추구의 형태로 해체됨으로써 늘어난 인구가 기존의 토지 안에서 살아남을 수 있었고 번영할 수 있게 되었다. 에스키모족이나 부 시먼족 같은 종족이 향유했던 물질적 복지와 비슷하거나 더 낮은 수준에서 늘어난 인구를 먹여 살리기 위해 인류가 기만당하고 착 취당해 더 고된 노동을 해야 했던 전 과정이 건강한 것이었는지 의문을 제기하는 것은 너무 당연하다.

이 의문에 내가 제시할 수 있는 유일한 대답은 이러하다. 즉 수 많은 원시사회 사람은 '노동을 덜어주는' 새로운 생산기술이 실 제 생활수준을 저하시킬 뿐만 아니라 오히려 힘든 노동을 강요 한다는 것을 분명히 인식하고 있었기 때문에 그들은 생산을 늘 리려 하지 않았고 인구밀도를 높이지 않았다. 그러나 이 원시인 들의 운명은 그들 중 어느 한 사람—아무리 외딴 곳에 떨어져 있 는 자라고 해도—이 재분배제도를 사용하기 시작해 특수계급화하자마자 종지부를 찍었다. 실제 모든 유형의 호혜적 교환제도의 생활양식을 따랐던 사냥꾼들과 채집자들은 생산량과 인구를 최대로 증가시켜 지배계급이 조직화한 더 크고 강력한 사회 때문에 무너져 흩어지거나 변방으로 쫓겨갔다. 실제로 호혜적 교환제도가 강력한 조직사회로 대체될 수 있었던 것은 더 크고 인구가 더 많고 더 잘 조직된 사회에는 무장투쟁을 통해 단순한 생활양식의 사냥꾼과 채집자들을 패주시킬 수 있는 능력이 있었기 때문이었다. 이는 열심히 일하거나 패망하거나, 둘 사이의 양자택일을 보여준 사례였다.

6

유령화물

제트기와 조상들, 오토바이와 기적,

라디오와 귀신들을 비교해보면

알 수 있듯이 우리의 전통은 우리에게

구원·부활·영원불멸을 준비하고 있다.

그러나 비행기·자동차·라디오로

그렇게 할 수 있겠는가?

우리에게 유령선은 없다.

우리는 이러한 물건들이 어디에서

오는지 알고 있다. 그렇지 않은가?

화물과의 접촉과 숭배

이제 나는 유령화물(phantom cargo)에 대해 언급하겠다. 왜냐하면 유령화물은 재분배적인 교환제도 및 대인제도(the bigman system)와 직접적인 관계가 있기 때문이다. 독자들은 지금 곧바로 그 관계를 이해할 수는 없을 것이다. 지금은 유령화물에 대해 아무것도 밝혀져 있지 않기 때문이다.

무대는 뉴기니산맥 속 정글의 가설 비행장이다. 부근에는 초가지붕으로 된 격납고들과 무전실, 대나무로 만든 신호탑 등이 있다. 땅 위에는 막대기들과 나무 잎사귀로 만든 비행기가 한 대 있다. 이 가설 비행장에는 하루 24시간 내내 코 장신구와 조개팔찌로 장식한 원주민 비행대대가 배치되어 있다. 밤이면 원주민 비행대대는 신호용 모닥불을 피운다. 그들은 중요한 비행단의 도착을 기다리고 있다. 화물비행기 안은 통조림·의복·휴대용라디오·손목시계·오토바이 등으로 꽉 차 있을 것이다. 그 비행기 조종사들은 다시 살아난 조상들일 것이다. 그런데 그 비행단은 왜 이렇게 연착되고 있는가? 한 사람이 무전실로 들어가 양철로 만든 확성기로 신호를 보낸다. 통신내용이 흘러나와 끈과 덩굴로 연결된 안테나로 올라간다. "내 말이 들리는가? 알았다, 오버." 때때로 그들은 하늘을 반으로 갈라놓은 제트기의 항적(航跡)을 올려다본다. 종종 그들은 멀리서 들려오는 발동기 소리를 듣는다. 조상들이 머리 위에 있다! 그들은 조상들을 올려다본다. 산 아래 도시에 주둔한 백인들도 메시지를 보내고 있다. 조상들이 당황하고 있다. 그들은 다른 공항에 잘못 착륙한다.

죽은 조상들과 화물을 싣고 오는 배나 비행기를 기다리는 풍습은 오래전부터 시작되었다. 고대의식 가운데 큰 카누를 기다리는 해안부족(海岸部族)들의 의식이 있었다. 그 후 그들은 범선을 기다렸다. 1919년에 의식을 주관하는 자들은 증기선의 연기가 나타나는지 살펴보려고 수평선에서 눈을 떼지 않았다. 그들은 제2차 세계대전 이후 그들의 조상들이 상륙용 전차(LST)나 수송선 또는 리버레이터 폭격기를 타고 오고 있다고 생각했다. 이제 조상들은 비행기보다 더 높이 나는 '나는 집'(flying house)을 타고 온다고 믿고 있다.

화물도 현대화되었다. 초기에는 성냥·철제도구·사라사(여러 가지 무늬를 염색한 흰 무명천―옮긴이) 의상 등이 유령화물의 대부분을 차지했었다. 그 후 유령화물 속에는 쌀가마·신발·정어리 통조림·쇠고기통조림·소총·칼·탄약·담배 등이 담겨 있었다. 최근에는 유령선들이 자동차·라디오·오토바이 등을 싣고 왔다. 어떤 서이리안(West Irian) 화물예언자들은 공장과 철공소를 통째로 토해낼 증기선이 도착할 것이라고 예언한다.

화물목록을 세세히 열거하면 오해를 불러일으킬 것이다. 원주민들은 생활을 총체적으로 향상시킬 수 있는 화물을 기다리고 있다. 유령선들과 유령비행기들은 완전히 새로운 시대의 시작을 예언한다. 죽은 자와 산 자가 다시 만나면 백인들은 쫓겨나거나 원주민에게 종속될 것이며 단조롭고 힘든 노동은 사라질 것이다. 이 땅의 만물은 부족하지 않을 것이다. 다시 말해 화물이 도착하면 이 지상에는 천국이 시작될 것이다. 이런 환상이 서구인들의 천년왕국과 다른 이유는 공업생산품들의 기이한 탁월성 때문이다. 제트기와 조상, 오토바이와 기적, 라디오와 귀신을 비교해보면 알 수 있듯이 우리의 전통은 구원·부활·영원불멸을 준비하고 있다. 그러나 비행기·자동차·라디오로 그렇게 할 수 있겠는가? 우리에게 유령선은 없다. 우리는 이러한 물건들이 어디에서 오는지 알고 있다. 그렇지 않은가?

선교사와 정부관리들은 원주민들에게 고된 일과 기계들의 산업화라는 코르누코피아(Cornucopia, 어린 제우스에게 젖을 먹였다는 양의 뿔로 풍요를 상징한다―옮긴이)가 강물처럼 많은 재산을 가져다 줄 것이라고 말하고 있다. 그러나 화물예언자들의 이론은 이것과 다르다. 그들은 실제로 산업사회시대의 물질적인 부는 인간이 아니라 초자연적인 수단이 어느 먼 곳에서 창조하고 있다고 주장한다. 선교사, 무역업자, 정부관리들은 이 재물이 어떤 방식으로 비행기나 배를 통해 자기들에게 보내지고 있는지 알고 있다. 즉 그들은 '화물의 비밀'을 알고 있다. 원주민 화물예언자들이 인정받느냐 못 받느냐는 그들이 이 비밀을 알아내어 그 화물들을 추종자들의 손에 넘겨줄 수 있는지 없는지에 관한 능력에 달려 있다.

화물에 관한 원주민들의 이론은 끊임없이 변화하는 상황에 따라 발전된다. 제2차 세계대전 전에는 조상들이 흰 피부를 지녔다. 그 후에는 일본인을 닮았다고 전해진다. 그러나 검은 피부의 미군들이 일본인들을 내쫓았을 때, 사진에 찍힌 조상들의 피부는 검은색이었다.

제2차 세계대전 이후 화물이론은 자주 미국인들에게 초점이 맞추어졌다. 뉴헤브리디스(New Hebrides)의 주민들은 프럼(John Frum)이라는 미군병사가 미국의 왕일 것이라고 확신했다. 그의 부하 예언자들은 미국 리버레이터 폭격기들이 우유와 아이스크림이 든 화물을 싣고 착륙하곤 했던 곳에 공항을 건설했다. 태평양 섬의 전쟁터에 남은 유물들은 프럼이 그곳에 존재했었다는 사실을 보여준다. 어깨에 상사 계급장이 달려 있고 소매에 의무대 적십자 표시가 붙은 미군 야전용 점퍼는 프럼이 화물을 가지고 다시 돌아오겠다는 약속을 했을 때 입은 것이라고 어느 부족은 믿고 있었다. 탄나섬 전역에는 의무대의 작은 적십자 깃발이 조그만 울타리에 둘러싸여 있다. 1970년 인터뷰를 했던 한 프럼 부락의 추장은 "사람들은 거의 2,000년 동안 그리스도의 재림을 기다렸다. 그렇다면 우리라고 프럼을 그 이상 기다리지 못하겠는가?"라고 말했다.

1968년 비스마르크군도에 있는 뉴하노버섬의 한 예언자는 화물의 비밀이 미국 대통령에게만 알려져 있다고 밝혔다. 제의위원(祭儀委員)들은 지방세 납부를 거부하고 7만 5,000달러를 모금해 존슨(Lyndon Johnson) 대통령을 사기로 했다. 그들은 존슨이 그 비밀을 말해준다면 그를 뉴하노버섬의 왕으로 삼을 작정이었다.

1962년 미국 공군은 뉴기니의 웨와크 근처 투루산 정상에 커다란 콘크리트 묘비를 만들었다. 마티아스(Yaliwan Mathias)라는 예언자는 미국인들이 그들의 조상이며 조상들이 가져온 화물은 그 묘비 밑에 숨겨져 있다고 확신했다. 1971년 트랜지스터라디오에서 흘러나온 팝뮤직을 반주 삼아 밤새 기도하고 나서 마티아스와 그의 추종자들은 그 묘비를 파냈다. 화물은 그곳에 없었다. 마티아스는 정부 당국이 화물을 캐서 가져가 버렸다고 설명했다. 2만 1,500달러를 헌금한 그의 추종자들은 신앙을 잃지 않았다.

화물신앙도 원시인들의 헛소리처럼 뇌리에서 쉽게 사라질 것이라고 예언하며 우두머리 예언자들이 탐욕스럽고 무식하고 속기 쉬운 자기 동족들을 착취하는 악당 또는 그들의 언행이 진지하다 하더라도 자기최면이나 집단 히스테리를 통해 화물에 대한 미친 생각을 퍼뜨리는 정신병자라고 일축해버리기는 쉽다. 공업재화들이 생산되고 분배되는 방식에 어떤 신비로운 요소가 없다면 이 논리는 납득할 만한 이론일 것이다. 그러나 사실을 규명해 본다면 어떤 나라는 부유하고 어떤 나라는 가난한 이유에 대해 설명하기 쉽지 않으며 또 현대국가들의 재화의 분배양식에 왜 이렇게 심한 차이가 있는지 설명하기도 쉽지 않다. 내가 지금 제시하는 것은 우리 시대에도 정말로 화물신화가 있다는 점과 원주민들이 그 신비를 풀려고 애쓰는 것이 당연하다는 점이다.

화물의 비밀을 풀기 위해 우리는 특수한 사례에 초점을 맞출 필요가 있다. 나는 그 특수한 사례로 오스트레일리아령 뉴기니의 북쪽 연안에 거주하고 있는 마당족(Madang)의 제의(祭儀)를 살펴보겠다. 로렌스(Peter Lawrence)는 『화물로』(貨物路, *Road Belong Cargo*)에서 이에 대해 기술했다.

가장 먼저 마당족의 연안을 방문한 유럽인 가운데 한 명은 19세기의 러시아인 탐험가 매클레이(Miklouho Maclay)였다. 배가 연안에 닿자마자 그의 부하들은 쇠도끼, 의복 그리고 그의 귀중품들을 원주민들에게 선물로 나눠주기 시작했다. 원주민들은 이 백인들을 자기들의 조상이라고 확신했다. 그 유럽인들은 원주민들에게 백인들의 죽음을 목격하지 못하게 함으로써―그들은 시체를 바다에 버리고는 사라진 사람들은 천국으로 돌아갔다고 설명했다―고의적으로 자기들의 이미지를 조작했던 것이다.

1884년 독일인들은 마당족이 사는 곳에 최초의 식민지정부를 세웠다. 그 후 바로 루터교 선교사들이 따라왔다. 그러나 그들은 회심자(回心者)들을 얻는 데 성공하지 못했다. 한 선교단체는 13년 동안 단 한 사람의 원주민에게도 세례를 주지 못했다. 철제 도구와 식량으로 회심자들을 매수하지 않으면 안 됐다. 이제 독자들은 내가 왜 대인 개념이 화물숭배신화와 관계가 있다고 말했는지 알 수 있을 것이다. 이전 장에서 기술한 원주민 대인들처럼 외국에서 온 대인들도 그들이 계속 선물공세를 할 때에만 신용을 얻고 인정받을 수 있었다. 그들이 신으로 여겨지든 조상으로 여겨지든 그런 것들은 문제가 되지 않았고 신 같은 대인들은 평범한 대인들보다 더 많은 선물을 나눠주어야 한다는 점만이 중요했다. 찬송가를 부르는 것이나 미래의 구원에 대한 약속은 원주민들의 관심을 끌기에 불충분했다. 그들은 선교사들과 그들의 친구들이 바다 건너 땅에서 실어온 모든 화물을 원했고, 그 화물을 받기를 기대했다.

앞서 살펴봤듯이 대인들은 자기 재산을 재분배해야만 한다. 원주민들은 인색한 대인보다 더 악한 것은 없다고 믿고 있다. 선교사들은 무엇인가를 숨겨둔 게 분명했다. '고기와 기름'은 자기들 몫으로 남겨두고 '뼈와 상한 과자들'은 다른 사람들 몫으로 하고 있는 것이 분명했다. 선교본부에서, 도로에서, 농장에서, 원주민들은 대축제를 기다리며 더 열심히 일했다. 그런데 왜 대축제는 열리지 않는가? 1904년 원주민들은 인색한 대인들을 모두 살해하기로 모의했지만 당국은 그것을 눈치채고 주모자들을 처단했다. 계엄령이 선포되었다.

이 패배 이후 원주민 지식인들은 화물의 기원에 대한 새로운 이론들을 전개했다. 유럽인들이 아니라 조상들의 화물을 만들었다. 그러나 원주민들이 자기들 몫을 차지하지 못하도록 유럽인들이 방해하고 있다. 두 번째 무장봉기가 1912년에 몰래 계획되었다. 그리고 제1차 세계대전이 터졌다. 독일 대인들이 도망가고 오스트레일리아 대인들이 점령했다.

그때 원주민들은 회의를 열어 무장저항은 더 이상 효과가 없다는 의견에 동의했다. 선교사들이 화물의 비밀을 알고 있음이 분명했다. 그러므로 할 수 있는 단 한 가지는 그들에게서 그 비밀을 알아내는 것이었다. 원주민들은 교회와 기독교 학교로 몰려가 협력적이고 열광적인 기독교도가 되었다. 그들은 다음과 같은 이야기를 경청했다.

원주민 신화에서는 아누스(Anus)라고 불리는 하느님이 태초에 천지를 창조했다. 아누스는 아담과 이브에게 화물로 가득 찬 낙원을 주었다. 그들은 쇠고기통조림, 철제도구, 쌀가마, 성냥 등 모든 것을 이용할 수 있었다. 아담과 이브가 성(性)을 알게 되었을 때, 아누스는 그 화물들을 그들에게서 빼앗고 홍수를 일으켰다. 아누스는 노아에게 거대한 나무 증기선을 만드는 방법을 가르쳐주고 그를 그 배의 선장으로 삼았다. 셈(Shem)과 야벳(Japheth)은 그들의 아버지인 노아에게 복종했다. 그러나 함(Ham)은 미련해 자기 아버지에게 복종하지 않았다. 노아는 그에게서 화물을 빼앗아 그를 뉴기니로 보냈다. 그들은 여러 해 동안 무지와 암흑 속에서 살았는데, 아누스는 함의 후손들에게 동정심을 느끼고, 선교사들을 보내 함의 잘못을 용서해주라면서 다음과 같이 말했다. "너희는 가서 함의 후손들이 다시 나의 길로 오도록 해야 하느니라. 그들이 나를 다시 따르면, 나는 지금 너희 백인들에게 이 화물을 보내고 있는 것과 똑같은 방식으로 그들에게도 화물을 보낼 것이니라."

정부와 선교사들은 교회 출석자들의 신앙과 새로 개종한 자들의 존경할 만한 근엄함에 용기를 얻었다. 원주민들의 기독교 해석이 자기들의 기독교 해석에서 얼마나 탈선된 것인지 이해하는 백인들은 별로 없었다. 설교는 독일어·영어·원주민어 등의 합성어인 피진어(Pidigin)로 행해졌다. 선교사들은 원주민들이 "그리고 하느님이 노아를 축복하셨다"라는 구절을 "그리고 하느님이 노아에게 화물을 주셨다"라고 이해하는 것을 알았다. 그리고 그들은 「마태복음」(Matthew)의 "먼저 하느님의 나라와 그의 정의를 구하라. 그러면 이 모든 것을 너희에게 더하시리라"라는 설교를 했을 때, 원주민들이 이 구절을 "선한 기독교도들은 상으로 화물을 받을 것이니라"라는 의미로 이해하고 있음을 알았다.

그러나 그들은 또한 기독교에 복종함으로써 받을 수 있는 보상이 전적으로 성령과 저 세상의 것이라고 했을 경우, 원주민들이 그들을 믿지 않거나 흥미를 잃고 다른 교회로 가버릴 것이라는 것도 알고 있었다. 지성적인 원주민에게 그 메시지는 화려하고 분명했다. 예수와 조상들은 신앙인들에게 화물을 주러 오신다. 이 교도들은 화물을 받지 못할 뿐만 아니라 지옥에서 불탈 것이다. 그래서 1920년대에 원주민 지도자들은 인내하며 교회 의무에 충실했다. 찬송가를 부르고 시간당 수 센트의 보수를 받으며 일했고 주민세를 바쳤으며 축첩제를 버렸고 백인 보스들에게 충성했다. 그러나 1930년대에 와서는 그들의 인내가 빛을 바래기 시작했다. 고된 노동을 통해 화물을 얻는 것이라면, 그들은 벌써 그것을 얻었을 것이다. 그들은 수없이 들어오는 선박과 비행기에서 백인 주인들을 위해 하역작업을 했다. 그러나 원주민들은 해외에서 들어오는 화물 가운데 단 한 꾸러미도 얻지 못했다.

전도사들과 선교사 조수들은 특히 더 괴롭힘을 당했다. 그들은 자기들과 유럽인 대인들의 재산의 현실적 차이를 직접 보았다. 유명한 루터교 목사 한셀만(Rolland Hanselman)이 1933년 어느 일요일 아침에 자기가 목회하고 있는 교회에 들어갔을 때, 자기의 모든 원주민 조수가 복도에 새끼줄을 쳐놓고 그 뒤에 서 있는 것을 발견했다. 그들은 그 앞에서 탄원서를 읽었다.

"우리가 화물의 비밀을 알아서는 안 될 이유가 무엇입니까? 기독교는 우리 같은 검은 피부의 신자들을 현실적인 방식으로는 도와주지 않는군요. 백인들은 화물의 비밀을 숨기고 있습니다." 그 외에 또 다른 비난을 했다. "성서는 고의로든 실수로든 옳게 번역되어 있지 않았다. 그것은 검열받고 있었다. 첫 페이지부터 잘못되었다. 하느님의 진짜 이름이 나와 있지 않았다"라는 비난들이었다.

원주민들은 선교사들을 배척하고 화물의 신비를 새로운 방향에서 해결하려는 시도를 했다. 예수는 화물을 유럽인들에게 주었다. 이제 그는 그 화물을 원주민들에게 주고 싶어 한다. 그러나 유대인과 선교사들은 자기들만 화물을 가지려고 한다. 유대인들은 예수를 체포해 오스트레일리아의 시드니 어느 곳에 죄수로 붙잡아두었다. 그러나 머지않아 예수는 자유로워질 것이며 화물은 우리한테 오게 될 것이다. 가장 가난한 자들이 가장 많이("온유한 자가 하느님의 나라를 소유할 것이다") 갖게 될 것이다. 원주민들은 일을 중단하고 돼지를 잡아 마당에서 태워 묘지에 바쳤다.

이 사건은 제2차 세계대전 발발과 동시에 일어났다. 처음에는 원주민들이 이 새로운 전쟁을 이해하는 데 별 어려움이 없었다. 지난번에는 오스트레일리아인들이 독일인들을 쫓아냈는데, 이번에는 독일인들이 오스트레일리아인들을 쫓아내려 했다. 독일인들은 독일군으로 가장한 조상들일 뿐이었다. 정부는 제사장들을 독일에 유리한 선전을 했다는 죄목으로 구속했다. 그러나 뉴스 발표가 금지되었는데도 원주민들은 오스트레일리아 관헌들이 뉴기니에서 독일인들이 아니라 일본인들에게 쫓겨날 위험에 처해 있었다는 것을 곧 알게 되었다.

화물예언자들은 새롭게 전개되는 이 놀라운 국면을 이해해보려 애썼다. 타가랍(Tagarab)이라는 제사장은 선교사들이 지금까지 계속 원주민들을 기만해왔다고 발표했다. 예수는 중요하지 않은 신이었다. 진짜 하느님인 화물신(貨物神)은 킬리보브(Kilibob)라는 이름의 민족신(民族神)이었다. 아누스는 우연히 킬리보브의 아버지가 된 평범한 인간이었다. 그런데 킬리보브는 예수의 아버지였다. 킬리보브는 백인들이 자신을 배반했으므로 그들을 벌하려 했다. 킬리보브와 그의 조상들은 총과 탄약과 군수품이 담긴 선박화물로 자기들이 계획한 것을 실행하고 있었다. 오스트레일리아인들은 쫓겨나고 원주민들은 누구나 화물을 얻게 될 것이었다. 이를 준비하기 위해 모든 사람은 평상시에 했던 일을 중단하고 돼지와 닭을 잡고 화물을 넣어둘 창고를 지어야 했다.

1942년 12월 일본인들이 결국 마당족 지역을 침공해 들어왔을 때, 원주민들은 그들을 해방자로 생각해 환영했다. 일본인들은 화물을 가져오지 않았지만, 예언자들은 그들이 도착하는 것만으로도 최소한 화물예언이 부분적으로 성취된 것이라고 해석했다. 일본인들은 그들을 깨우치려 하지 않았다. 그들은 원주민들에게 전쟁이 진행되고 있으므로 화물은 일시적으로 지연되고 있다는 인상을 주었다. 그들은 전쟁이 끝나면, 마당족의 지역도 일본의 대동아공영권(大東亞共榮圈)의 한 지역이 될 것이며, 누구나 미래에 다가올 번영된 삶을 함께 누릴 것이라고 말했다. 그동안 해야 할 일이 있었다. 원주민들은 오스트레일리아와 미국의 동맹국가들을 패망시키는 일을 도와야 했다. 원주민들은 선박과 비행기의 짐을 내리기 위해 달려들었다. 그들은 심부름꾼 역할을 했고 신선한 채소를 선물로 가져왔다. 추락한 미국인 비행사들은 숲속에서 적의에 찬 원주민들의 행위에 깜짝 놀랐고 불쾌해했다. 미국인 비행사들은 땅에 내리자마자 울긋불긋 색칠한 원주민들에게 포위당해 손과 발이 묶인 채 막대기에 매달려 근처 일본인 장교들에게 끌려갔다. 일본인들은 그에 대한 보상으로 화물예언자들에게 사무라이 검(劍)을 선물하고 그들을 지방경찰간부로 임명했다.

그러나 전쟁의 물결은 이 행복한 기간의 종식을 강요했다. 오스트레일리아군과 미군은 전쟁에서 우세해지자 일본인들의 보급로를 차단했다. 일본인들은 전쟁 상황이 악화되자 식량과 노동에 대한 대가를 지불하는 것을 중지했다. 타가랍은 사무라이 검을 차고 반항하다가 총살당했다. 그 '조상들'은 원주민들의 경작지와 코코넛 숲과 바나나·사탕수수 농장들을 강탈하기 시작했다. 그들은 닭과 돼지를 마지막 한 마리까지 약탈했다. 닭과 돼지들이 한 마리도 남지 않게 되자 개를 잡아먹었다. 개도 사라지자 그들은 원주민들을 잡아먹기 시작했다.

1944년 3월 오스트레일리아군이 마당족 지역을 다시 점령했을 때, 원주민들은 무뚝뚝하고 비협조적인 태도를 취했다. 일본인들이 격렬하게 활동하지 않았던 많은 지역에서 화물예언자들은 이전보다 더 많은 일본인이 돌아올 것이라는 것을 이미 예언하고 있었다. 남아 있는 주민들의 충성을 얻기 위해, 오스트레일리아인들은 전후의 '개발'에 관한 이야기를 하기 시작했다. 원주민 지도자들은 평화가 오면 백인과 흑인이 조화를 이루어 함께 살게 될 것이라는 말을 들었다. 모든 사람이 안락한 주택, 전기, 자동차, 배, 좋은 옷, 풍부한 식량을 얻게 될 것이라고 믿었다.

초기 선교사들의 표리

당시 가장 실질적이고 현명한 원주민 지도자들은 선교사들이 철저한 사기꾼들이라고 확신했다. 예언자 얄리(Yali)의 생애를 지금부터 살펴보겠지만, 얄리는 이 점에 확고한 신념을 갖고 있었다. 얄리는 전쟁 동안 오스트레일리아인에게 충성한 대가로 오스트레일리아 군대의 특무상사 계급을 받았다. 그는 오스트레일리아에 갔고, 그곳에서 오스트레일리아인들이 그가 화물의 비밀이라고 믿었으면 한 모든 것, 즉 설탕공장·맥주공장·항공기수리공장·항만창고 등을 시찰하게 되었다. 그때 얄리는 직접 생산과정의 몇 공정을 볼 수 있었고, 차를 몰고 다니고 대저택에 사는 모든 사람이 공장이나 양조장에서 일하는 것은 아님을 볼 수 있었다. 그는 남녀가 조직된 집단을 이루어 노동하고 있는 것을 볼 수 있었지만, 그들의 노동을 조직하는 궁극적인 원리에 대해서는 파악할 수 없었다. 그가 본 어느 것도, 저 무수히 쏟아져 나오는 재물 가운데 단 한 가지도, 자기 동족들에게는 주어지지 않는 이유가 무엇인지 파악하는 데 도움이 되지 않았다.

얄리는 도로, 불빛, 높은 빌딩들이 아니라 퀸스랜드 박물관과 브리즈번 동물원에 가장 감명을 받았다. 놀랍게도 이 박물관은 뉴기니 원주민들의 유물로 가득 차 있었다. 전시물 중에는 전대(前代)의 대결혼식에 썼던, 자기 부족 사람들이 직접 제작한 예식 가면도 있었다. 그 가면은 이제 유리 안에 소중히 보관되어 백인 족속들의 제사장과 속삭이듯 말하는 멋쟁이 방문객의 경배를 받고 있었다. 그 박물관에는 여러 가지 이상한 동물 뼈를 소중히 보관하고 있는 유리 진열장도 여러 개 있었다. 브리즈번 동물원에서 얄리는 백인들이 더욱 이상한 동물들을 사육하고 보살피고 있는 것을 볼 수 있었다. 시드니에 도착해 얄리는 사람들이 애완동물로 키우고 있는 수많은 개와 고양이에게 조심스러운 관심을 쏟았다.

얄리는 선교사들이 원주민들에게 얼마나 많은 거짓말을 해왔는지 전후 오스트레일리아령 뉴기니의 수도인 모르즈비 항구에서 열린 정부의 한 협의회에 참석해 깨닫게 되었다. 회의가 계속되는 동안, 얄리는 진화적 관점에서 인간과 더 닮은 유인원과 원숭이 사진이 실려 있는 어떤 책을 보았다. 마침내 그는 진실을 알았다. 선교사들은 아담과 이브가 인간의 조상이라고 말했지만 사실 백인들은 자신들의 조상이 원숭이·개·고양이 또는 다른 동물이라고 믿고 있었던 것이다. 이 사실은 바로 선교사들이 원주민들을 기만해 그들의 토템을 버리라고 했을 때까지 원주민들이 믿고 있던 것들이었다.

그 후 얄리는 자기가 보고 들은 것들에 대해 예언자 구렉(Gurek)과 토론하면서, 선교사들이 화물의 비밀을 자기 것으로 만들기 위해 뉴기니의 신들과 신물(神物, Myths)을 퀸스랜드 박물관에 가져다 놓았으며, 이 박물관은 실제 로마와 같다는 주장을 받아들였다. 만약 그 신들과 여신들이 다시 뉴기니로 돌아오게 된다면 이 땅에 새로운 풍요의 시대가 시작될 것이다. 그러나 우선 그들이 해야 할 일은 기독교를 배척하고 자기들의 이교도적 의식들을 부활시키는 것이다.

얄리는 선교사들의 이중성에 분노했다. 그는 오스트레일리아 장교들을 도와 예수나 하느님에게 중요한 의미를 부여하는 화물제의의 모든 흔적을 없애버리고 싶었다. 얄리가 군 복무를 한 것과 브리즈번과 시드니에 대해 속속들이 잘 알고 있는 것과 제의에 대해 웅변적으로 비난한 것 때문에 마당족 지역의 장교는 얄리가 화물신화를 믿지 않는다고 생각했다. 얄리는 정부가 개최하는 대중집회에서 연설을 해달라는 부탁을 받았다. 그는 열성적으로 기독교의 화물제의를 비웃었고, 사람들이 열심히 일하지 않거나 법을 지키지 않으면 화물은 오지 않을 것이라고 모든 사람에게 확신을 주었다.

또 얄리는 전쟁 당시 군대에 있을 때 자기에게 주어진 약속들을 아직도 믿고 있었기 때문에 오스트레일리아 관리들과 협조하려 했다. 얄리는 1943년 브리즈번 징병장교가 한 다음 말을 명심하고 있었다.

과거에 당신네 원주민들은 후진적인 상태를 면치 못하고 있었소. 그러나 당신네들이 이제 우리를 도와 전쟁에서 일본군을 격퇴시킨다면, 우리 유럽인들은 당신네들을 도울 것이오. 우리는 당신들이 양철지붕과 판자벽, 전기불이 들어오는 주택에 자동차, 배, 좋은 의복, 좋은 음식들을 가질 수 있도록 도와줄 것이오. 전쟁 후에는 생활이 아주 달라질 것이오.

수천 명의 사람이 얄리가 화물로 향하는 옛 도로를 비난하는 말을 들으러 왔다. 연단과 스피커를 설치하고 기쁨에 넘쳐 있는 관리들과 백인 사업가들에 둘러싸여, 얄리는 열정적으로 자신의 생각을 피력했다. 얄리가 이전의 화물신앙들을 비판하면 할수록 원주민들은 얄리가 화물의 진짜 비밀을 알고 있다고 생각했다. 얄리를 '조종하는' 정부 관리자들의 귀에 이런 해석들이 들어갔다. 그러자 그들은 얄리에게 원주민들 앞에서 얄리 자신은 돌아온 조상도 아니고 화물의 비밀도 모른다고 말하라고 요구했다. 그렇게 얄리가 공식적으로 부인한 말들은 오히려 원주민들로 하여금 얄리가 초인적인 힘을 가지고 있으며 언젠가는 화물을 가져올 것이라고 확신하게 했다.

얄리가 다른 충성스러운 원주민들과 함께 모르즈비 항구에 초대되었을 때, 마당족 추종자들은 그가 거대한 화물선단의 선두에 서서 그들에게 돌아올 것이라고 믿었다. 얄리 자신도 어떤 중요한 이권이 자기에게 주어질 것이라고 믿었을지도 모른다. 그는 권한 있는 관료에게 브리즈번에서 장교가 약속한 보상이 원주민들에게 언제 주어질 것인지 직접 물었다. 모든 사람의 입에 오르내리고 있는 건축용 물자들과 기계류들을 언제 갖게 될 것인지를 물었던 것이다.

얄리의 물음에 관리가 무슨 대답을 했는지는 로렌스의 『화물로』에 설명되어 있다.

물론 정부는 원주민 군대들이 일본에 대항해서 싸워준 것에 감사하고 있으며 그 관리가 원주민들에게 실질적으로 보상하겠다고 말한 것을 알고 있다. 오스트레일리아 정부는 막대한 액수의 예산을 경제적·교육적·정치적 발전과 전후복구사업·의료봉사·위생시설·보건 등의 문제들을 향상시키는 데 쏟아붓고 있었다. 물론 시간이 오래 걸리겠지만, 결국 사람들은 정부의 노력을 높이 평가할 것이다. 그러나 얄리가 생각했던 보상―무상원조로 주어지는 다량의 화물―은 논외였다. 그 관리는 미안해했다. 그러나 그런 보상은 무책임한 유럽인 장교가 충동적으로 했던 전시(戰時) 선전에 불과했다.

"원주민들에게 언제 전기시설을 설치해줄 것인가"라는 질문에 그 관리는 자기들이 그 시설을 설치해줄 능력이 생기면 즉시 해줄 것이지만 그전에는 곤란하다고 대답했다. 얄리는 아주 씁쓸해했다. 정부도 선교사들만큼 나쁜 거짓말을 했던 것이다.

모르즈비 항구에서 돌아온 얄리는 화물예언자 구렉과 비밀동맹을 맺었다. 얄리의 보호 아래, 구렉은 화물의 원천이 기독교의 신들이 아니라 뉴기니의 신들이라는 말을 퍼뜨렸다. 원주민들은 기독교를 배척해야 하며 부자가 되고 건강을 누리려면 자기들의 이교도적 관습으로 돌아가야 한다고 했다. 돼지사육과 사냥도 다시 해야 하며, 전통적인 제의행사들이 부활되어야 하고, 수공품도 다시 생산해야 했다. 남성 우선의 의식을 치러야 했고, 거기에 면 류의 천으로 덮인, 꽃병으로 장식된 작은 식탁도 마련해야 했다. 이교도 신과 조상들에게 바치는 이런 제상(祭床, 오스트레일리아 가구에서 힌트를 얻어 원주민 특유의 형태로 변형시킨 것—옮긴이) 에 제사 음식과 담배를 올리고 그 앞에서 화물을 보내달라고 빌 었다. 조상들은 소총·탄약·군수품·말·소 등을 갖다 줄 것이다. 얄리는 그때부터 왕이 되었고 얄리의 생일인 목요일은 원주민들 의 안식일로 정해져 일요일을 대신했다. 구렉은 얄리가 기적을 일으킬 수 있으며 욕하거나 저주해서 사람들을 죽일 수도 있다고 선전했다.

얄리는 자신에게 열광하는 자들을 진정시키기 위해 여러 차례 순찰을 요청받았다. 그는 이런 기회를 이용해 경쟁상대인 예언자 들을 억압했고 마을마다 자기의 부하를 '두목'으로 임명해 자신 의 세력을 넓혀갔다. 그는 벌금을 부과했고 형벌을 내렸으며 노 동력을 징발했고 경찰부대를 소유했다. 그는 재분배제도의 비밀 체제를 사용해 자기 조직들에 경비를 지출했다. 그는 진짜 대인 이 되기로 마음먹었다.

선교사들은 관리들을 선동해 계속 얄리를 제거하라고 했지만, 그들은 점점 오만해지고 있는 원주민들의 실질적 배후인물이 얄 리임을 증명하기 힘들다는 것을 알았다. 원주민 간에 화물제의가 열렸다는 사실조차도 증명하기 어려웠다. 제사장들이 원주민들 에게 화물신앙을 버렸다는 맹세를 하라고 지시했기 때문이었다.

제사장들은 원주민들에게 화물제의에 관해 폭로하면 유럽인들이 또다시 뉴기니의 신들을 훔쳐가 이용할 것이라고 말했다. 원주민들은 제상과 제상 위의 꽃이 무엇에 사용되는지와 같은 질문을 받으면 유럽인들처럼 집을 아름답게 꾸미고 싶어서라고 대답하도록 교육받았다. 얄리는 자기가 이 사건을 불러일으킨 장본인이라고 비난받을 때마다, 여러 부락의 극단주의자들과 자신은 아무 관계도 없고 그들이 자기가 공식적으로 발표한 신앙을 곡해한 것이라며 항의했다.

오래되지 않아 오스트레일리아 정부는 공공연한 반란으로 여겨지는 사건과 마주했다. 1950년 얄리는 체포되어 다른 사람들의 자유를 구속하고 박탈하도록 선동했다는 죄목으로 재판을 받았다. 그는 유죄판결을 받아 징역 6년형을 선고받았다. 그러나 얄리의 생애는 끝난 것이 아니었다. 감옥에 있는 동안에도 얄리의 제사장들은 얄리가 상선과 전함의 선두에 서서 승리의 귀환을 하는 것을 기다리며 끊임없이 수평선을 살폈다. 60년대에는 마침내 많은 정치적·경제적 특권이 뉴기니 원주민들에게 주어졌다. 추종자들은 학교가 많이 세워지고 원주민 후보가 의회의원이 될 수 있게 되고 임금이 높아지고 금주조치가 풀리게 된 것이 모두 얄리의 신앙 때문이라고 생각했다.

얄리는 출옥한 후, 화물의 비밀이 뉴기니 의회에 있다고 굳게 믿었다. 그는 마당족 의회의 의원에 출마했지만 낙선했다. 그는 장로로서 엄청난 존경의 대상이 되었다. '꽃을 든 소녀들'이 1년에 한 번씩 찾아와 그의 정액을 병에 받아갔다. 사람들은 그에게 끊임없이 선물을 가져왔다. 그는 기독교라는 죄를 씻고 이교도로 복귀하고 싶어 하는 기독교도들에게 세례를 하고 그 대가로 돈을 받았다. 알리가 한 최후의 예언은 뉴기니가 1969년 8월 1일에 독립하게 될 것이라는 것이었다. 그는 일본·중국·미국에 보낼 대사를 지명함으로써 그 시기를 준비했다.

화물숭배: 보상과 처벌

인간의 행위가 아주 작은 단편들로 찢겨 역사라는 화폭과 무관한 것이 될 때, 그 행위는 이해할 수 없는 것이 된다. 적당한 길이의 탄도(彈道) 위에서 내려다 볼 때, 화물이란 완고하고 편향적(偏向的)인 투쟁적 갈등에 대한 최소한의 저항노선들에 따른 결과를 나타낸다. 화물은 한 섬나라에서 발생한 자연자원과 인적자원을 얻기 위한 투쟁에 대한 보상이었다. 미개인 신화의 각 단편은 문명사회의 강탈행위라는 한 단편과 부합하였고, 그 전체 신화는 유령보다는 오히려 견고한 보상과 처벌에 확고한 기반을 두었다.

주권과 자유가 침략자들에게 위협받고 있는 다른 집단들(문명집단이든 미개집단이든)처럼 마당족 주민들은 유럽인들이 그들의 나라로 돌아가게끔 애썼다. 처음부터 그런 것은 아니었지만 시간이 지날수록 침략자들이 미개간지를 약탈하고 원주민들의 값싼 노동력을 착취하려는 만족할 줄 모르는 탐욕을 보였기 때문이었다. 그런데도 이런 침략자들을 섬멸하려는 시도는 그리 오래전 일이 아니었다. 그러나 이 시도는 실패할 수밖에 없었다. 많은 다른 식민지전쟁에서처럼 상대세력은 도저히 대항할 수 없을 만큼 막강했기 때문이다. 마당족 원주민들은 극복하기 어려운 두 가지 약점 때문에 고통을 당했었다. 첫째, 원주민에게는 현대 무기가 없었다. 둘째, 수백 개의 소수부족과 부락으로 나뉘어 있던 원주민들은 공공의 적에 대항하기 위해 연합할 수 없었다.

유럽인들을 몰아내기 위해 폭력을 사용해야겠다는 생각이 결코 완전히 사라진 것은 아니었다. 그 생각은 억압되었을 뿐 사라진 것이 아니었다. 원주민들은 후회했지만 다시 미친 듯이 공격했다. 침략자들은 너무 막강해 원주민들은 이들을 도저히 파괴할 수 없는 오만한 대인으로 생각했지만 다룰 수 없는 것은 아니었다. 이 낯선 대인들이 더 많은 그들의 부(富)를 나눠주게끔 하고 땅과 노동력을 강탈하려는 그들의 욕망을 줄이게끔 하기 위해 원주민들은 그들의 언어를 배우고 그들의 비밀을 알아내려고 애썼다. 이런 식으로 기독교로 개종한 시대, 즉 원주민 자신들의 관습을 포기하고 세금과 노동 강탈에 복종하는 시대가 시작되었던 것이다. 원주민들은 '존경'하는 법을 배웠고 자신들을 착취하는 것에도 협력했다.

이 시기에 어느 쪽도 의도하거나 예상하지 못한 중요한 결과가 나타났다. 이전에는 적대관계였던 흩어진 상태의 부족과 부락들이 함께 공동의 지배자를 받들게 되었다. 그들은 기독교도 '대인'들을 뒤에서 조종할 수 있고 모두를 천국으로 구원해줄 한 국가를 세울 수 있다는 신념에서 연합했다. 그들은 화물이 재분배되어야 한다고 주장했다. 이런 생각은 선교사들이 기독교를 통해 실현하려던 것이 아니었다. 그러나 원주민들은 선교사들이 바라던 기독교의 의도를 거부하고, 자기들의 이기적인 관심에 따라 행동했다. 그들은 유럽인 대인들이 진정한 대인처럼 행동하기를 주장했다. 그들은 부를 가진 사람들은 그 부를 분배해야 할 의무를 지니고 있다고 주장했다.

서구인들은 원주민들이 유럽인들의 경제적·종교적 생활양식을 이해하지 못한 것에 깊은 인상을 받았다. 늘 그렇듯 원주민들은 미개하고 어리석으며 미신에 사로잡혀 문화의 원리들을 파악하지 못한다는 인상이었다. 이런 인상 때문에 얄리의 사례에 분명히 나타난 사실들이 왜곡되어 전달됐다. 얄리는 그런 문화의 원리를 파악할 수 없던 것이 아니었다. 오히려 얄리는 원주민들이 그 원리를 받아들일 수 없다는 것을 알았다. 그의 후견인들은 현대적 공장들의 공정을 시찰하고 눈으로 목격한 사람이 여전히 화물신화를 믿고 있다는 사실에 깜짝 놀랐다.

그러나 얄리가 유럽인들이 재화를 생산하는 방법을 알게 되면 될수록 그는 더욱 자신과 자신의 종족들이 그 재화를 나눠가질 수 없는 이유에 관한 유럽인들의 설명을 인정할 수 없게 되었다. 이것은 얄리가 유럽인들이 이토록 부유해지는 방법을 이해하게 되었다는 말이 아니다. 오히려 반대로 얄리가 들은 마지막 이론은 유럽인들이 매음굴을 만들어 부자가 되었다는 것이었다. 그러나 얄리는 '열심히 일하는 것'만이 부자가 되는 길이라는 유럽인들의 표준적인 말을 계산된 기만이라고 여기고 이를 무시할 수 있을 만한 상식을 갖고 있었다. 원주민에게 요구하는 자기들의 모범적인 인물상과 달리 유럽인 대인들이 손가락 하나 까딱하지 않는 것을 보지 못한 원주민들은 없었다.

얄리의 우주관이 미개인들의 마음을 독차지하는 것은 거의 불가능했다. 다른 식민지와 마찬가지로 남태평양의 기독교 선교사들은 원주민들을 교육시킬 수 있는 권한, 즉 사실상 무한한 권한을 행사했다. 그 선교사들은 정치적인 일들을 분석하는 데 필요한 지적인 도구들을 보급하려는 것이 아니었다. 그들은 유럽의 자본주의 이론을 가르치지도 않았고 식민지 경제정책을 분석해주지도 않았다. 그런 것을 가르치는 대신 그들은 천지창조, 예언자들과 예언들, 천사들, 메시아, 초자연적인 구원, 부활 그리고 젖과 꿀이 흐르는 땅에서 산 자와 죽은 자가 다시 결합하는 영원한 왕국 등을 가르쳤다.

이러한 개념들―정확히는 토착민들의 신앙체계 속의 주제들과 유사한 것들이 많다―은 식민주의적 착취에 대한 대중의 저항이 나타날 때 그 모토가 되는 관용어가 되었다. 다시 말해 '기독교 선교'는 반란의 산실이었다. 공개적 선동·파업·노동조합·정당활동 등 모든 형태의 저항을 억압할 때마다 유럽인들은 스스로 '화물의 승리'를 약속했다. 열심히 일하면 화물을 받게 될 것이라고 선교사들이 말했을 때, 그 말이 거짓임을 이해하는 것은 어렵지 않았다.

그런데 오스트레일리아인들과 미국인들이 향유했던 부와 원주민들의 노동이 어떻게 관련되었는지 명확히 파악하기란 어려웠다. 원주민들의 값싼 노동력과 땅을 착취하지 않았다면 식민지

세력들이 그렇게 부를 누릴 수 없었을 것이다. 그러므로 어떤 의미에서 원주민들에게는 산업국가의 생산물을 살 돈은 없었을지라도 그 생산물을 소유할 자격은 있었다. 화물신화는 이 점을 설명하는 그들의 방식이었다. 그리고 나는 그 점이 화물신화의 진짜 비밀이라고 생각한다.

7

구세주

당신은 단 한 번이라도
예수가 유대혁명군들이 전투적 메시아 의식을
말살하려는 로마제국의 기도(企圖) 때문에
희생된 정치범이었다는 사실을 생각해본 적이 있는가?

신앙양식의 차이

독자 여러분이 이제 화물숭배와 초기 기독교신앙 사이의 유사점을 발견했으리라 믿는다. 나사렛 예수는 악한 자들이 망하고 가난한 자들을 위한 정의가 실현되면, 비참함과 고통이 끝나고 죽은 자들이 재결합해 완전히 새로운 하느님의 나라가 도래할 것이라고 예언했다. 얄리도 그런 예언을 했다. 유령화물신화가 유럽인들의 종교적 생활양식의 기원이 되는 조건들을 이해하는 데 도움을 줄 수는 없는가?

유럽인의 신앙양식과 화물신화에는 몇 가지 중요한 차이점이 있다. 화물숭배는 특별하게 세워진 하나의 정치질서를 무너뜨리고 지구의 어느 특정한 지역에 왕국을 창조하는 데 기여했다. 원주민들은 뉴기니에 주둔하는 외국 경찰과 군대에 대항하고 투쟁하기 위해 죽은 자들이 무기를 들고 제복을 입은 군인들의 모습으로 살아날 것이라고 기대했다. 예수는 어떤 특정한 정치체제를 전복하는 것에는 관심이 없었다. 그는 정치를 초월했고 그의 왕국은 "이 세상의 것이 아니었다." 초대 기독교도들이 악한 자들과의 '싸움'을 이야기했을 때, 그들이 지닌 '검' '불' '승리'라는 말들은 초월적이고 정신적인 사건들을 언어로 비유한 것이었을 뿐이다. 최소한 이런 것들은 거의 모든 사람이 초기 예수숭배에 관해 믿고 있는 것이다.

초자연적인 생활양식이나 평화와 사랑, 이타심 등에 헌신하는 생활양식들은 근본적으로 한정된 물질적 조건들에서 생겨난 것은 아니었던 것 같다. 그러나 다른 모든 수수께끼처럼 이 수수께끼도 민족과 국가 가운데서 일어났던 실제적인 사건들 속에서 그 해답을 찾을 수 있다.

현재로서는 두 가지 수수께끼를 고려할 필요가 있다. 기독교는 팔레스타인 유대인들 사이에서 처음 발생했다. 인간의 모습을 한 신(神)으로 메시아라고 불리는 구원자가 올 것이라는 이 신앙은 그리스도시대 유대주의의 중요한 특징이었다. 대부분 유대인으로 구성된 최초의 예수추종자들은 예수가 그 구원자라고 믿었다 ('그리스도'Christ라는 말은 그리스어 크리스토스Krystos에서 나온 말로 유대인들이 자기들의 구원자에 대한 희망을 말할 때 사용되었다).

초기 기독교도들의 생활양식에 관한 수수께끼를 풀기 위해 우선 우리는 유대인들의 메시아 신앙의 기초에 대해 설명해야 할 것 같다.

현대의 민족도 그들과 별로 다르지 않지만 고대의 모든 민족은 신의 도움 없이는 전쟁에서 승리할 수 없다고 믿었다. 제국을 얻거나 아니면 단순히 독립국가로 살아남기 위해서라도, 조상이나 천사 또는 신들은 기꺼이 도움을 제공하려고 하는 병사(兵士)들을 필요로 했다.

가장 빨리 가장 큰 유대국가를 건설한 다윗은 자기가 유대의 신인 야훼와 신성한 협력을 맺고 있다고 주장했다. 유대백성은 다윗을 메시아(히브리어로는 Mashia)라고 불렀다. 그들은 또한 여러 제사장 및 사제와 다윗의 선왕(先王)인 사울과 다윗의 아들 솔로몬도 메시아라고 불렀다. 그러므로 메시아라는 말은 원래 거룩함이나 성스러운 능력을 지닌 인물이나 사물을 지칭했던 것 같다. 다윗은 또 '기름부음 받은 자'(the anointed one, 야훼와 협력해 야훼의 지상地上 주권을 행사할 자격을 지닌 자)라고 불렸다.

다윗의 본명은 이새(Elhanan Jesse)였다. '위대한 사령관'을 의미하는 다윗이라는 이름은 그의 많은 승리를 찬양하기 위해 붙여진 것이었다. 비천한 신분으로 태어나 왕이 되기까지 그의 생애는 바로 유대인들의 이상(理想)이라 할 수 있었던 전투적 메시아니즘(Messianism)을 보여주었다. 그는 베들레헴에서 태어나 어릴 때에는 목동 일을 했다. 그 후 유대 사막에서 불법 게릴라운동의 대장이 되었다. 그는 게릴라본부를 동굴에 설치하고 난공불락이었던 강적들과 싸워 많이 승리했다. 이는 한마디로 골리앗과의 싸움인 것이었다.

유대 제사장들은 예수시대에 이르러서도 야훼와 다윗이 맺은 계약이 유효하다고 주장했다. 야훼는 다윗왕조가 결코 멸망하지 않도록 하겠다고 약속했다. 그러나 다윗제국은 실제로 다윗이 사망한 후 얼마 되지 않아 흔들리기 시작했다. 네부카드네자르 2세(Nebuchadnezzar II)가 기원전 586년 예루살렘을 함락하고 수많은 유대인을 바빌론으로 추방했을 당시, 다윗제국은 잠시 사라졌다. 그 후부터 유대국가는 여러 제국에 종속된 상태로 위태롭게 명맥을 유지해갔다.

야훼는 모세에게 말했다. "너는 많은 민족을 지배할 것이다. 그러나 그들은 너를 지배하지 못할 것이다." 하지만 야훼가 약속한 땅은 세계정복의 전초지가 되지 못한 것 같았다. 한 가지 이유는 이 땅이 군사적 요로(要路)이자 아시아·아프리카·유럽의 모든 제국의 군대가 이집트에서 쫓겨나거나 이집트로 진격할 때 거쳤던 주요 회랑지대(回廊地帶)였기 때문이었다. 토착민족 세력이 팔레스타인에 제국의 뿌리를 내리기도 전에 여러 방향으로 진군해가는 수백만의 병사가 이 땅에 발자국을 남겼다. 이집트인·아시리아인·페르시아인·그리스인·로마인 등이 이 거룩한 땅을 유린하고 다녔다. 한 민족의 군대가 다음 민족의 군대에 굴복할 때마다 가장 먼저 이 거룩한 땅이 불바다가 되었다.

이런 경험들 때문에 야훼의 성서와 야훼의 남은 제사장직에 대한 신뢰에 오점이 찍혔다. 야훼는 무슨 이유로 자기가 택한 백성들이 그토록 끊임없이 유린당하며 다른 민족의 노예가 되게 했는가? 야훼가 다윗과 맺은 약속을 지키지 않은 이유는 무엇인가? 이런 의문들은 유대민족의 거룩한 자들(holy men)과 예언자들이 해석하려던 풀리지 않는 커다란 미궁이었다.

그들의 대답은 이러했다. 유대인들이 야훼와의 약속을 이행하지 않았기 때문에 야훼는 다윗과 맺은 약속을 지키지 않은 것이다. 유대백성들은 율법을 범했고 음란한 종교를 믿었다. 그들은 정신적인 죄를 지었을 뿐만 아니라 육체적인 죄도 지었다. 이는 그들이 패망한 원인이었다. 그러나 야훼는 용서하시는 하느님이다. 그래서 그분은 유대인들이 이제까지 벌을 받았지만 야훼를 유일하고 진정한 하느님이라고 믿는다면 약속을 지킬 것이다. 백성들이 자신들이 한 일을 깨닫고 후회하고 용서를 빌고 그들이 저지른 죄에 대해 죗값을 치르고자 한다면, 야훼는 다시 그들과 계약을 맺고 그들을 용서하고 구원하고 그들을 이전보다 더욱 위대한 민족이 되도록 할 것이다. 그 보상행위가 끝나면―그 시기가 언제인지는 야훼만 안다―그의 백성들은 그들의 원수를 갚게 될 것이다. 야훼는 다윗과 같은 또 한 명의 전투적인 왕자(王者), 즉 메시아이자 기름부음 받은 자를 보내어 적대적인 민족을 쳐부술 것이다. 큰 전쟁이 일어날 것이다. 온 땅은 군대들이 충돌하는 소리와 도성(都城)이 무너져내리는 소리로 요란할 것이다. 바로 그때가 한 세상이 끝나고 다른 한 세상이 시작되는 때일 것이다. 야훼께서 유대민족에게 지금까지 인간들이 알고 있는 그 어떤 보상보다 더 큰 보상을 주려고 하지 않으셨다면 그들이 고통을 참고 견디고 기다리게 하시지 않았을 것이다. 이런 이유 때문에 구약성서는 구원의 예언자인 이사야(Isaiah)·예레미야(Jeremiah)·에스겔(Ezekiel)·미가(Micah)·스가랴(Zechariah) 등이 약속한 예언들로 가득 차 있다. 그들은 모두 전투적 메시아니즘 생활양식을 택하라고 외쳤거나 그런 생활양식을 택할 수 있도록 했다.

이사야는 다윗의 왕좌를 영원히 차지할 "놀라운 상담역(相談役), 전능한 하느님, 영원한 아버지, 평화의 왕자(王者)"에 대해 예언했다. 이 구원자는 '길거리의 진흙탕처럼' 아시리아인들을 짓밟고, 바빌론을 올빼미나 사티로스(Satyrs, 반인반수半人半獸인 숲의 신으로 술과 여자를 좋아함―옮긴이)나 그 외 '비탄에 잠긴 피조물'이 사는 황량한 도성으로 만들 것이다. 또 모아브 백성들의 '머리털과 수염을' 모조리 뽑아버리고, '다마스쿠스를 폐허더미로' 만들 것이며, 이집트에 내란이 일어나 "사람들이 서로 이웃과 대적하며, 도시가 도시에, 나라가 나라에 대항케" 할 것이다.

야훼의 말씀에 대한 예레미야의 신학은 이러했다. "그날 그 시간에, 나는 다윗에게서 정의(正義)의 가지가 자라나게 하겠다. 그가 이 땅에서 심판과 공의(公義)를 집행하게 하겠다." 그런 후 '그 검이' 이집트인들을 "삼키게 하고 그 검들이 그들의 피에 싫증나게 할 것이며, 그들의 피를 온 땅에 적시게 할 것이다." 블레셋인들은 "울부짖을 것이며, 그 땅의 모든 백성은 성난 소리를 내게 될 것이다." 모아브에서는 "울음소리가 그치지 않을 것이다." 암몬은 "황폐한 잿더미가 될 것이며, 그의 딸들은 불에 타 죽게 될 것이다." 에돔은 "황폐화될 것이다." 다마스쿠스에서는 "거리마다 젊은이들이 넘어지게 될 것이다." 하조르는 "공룡들이 사는 곳"이 될 것이다. 엘람은 "그 검 때문에 소멸될 것이다." 그리고 바빌론에 대한 그의 신탁은 이러했다. "가장 먼 변방에서 그 도성을 공격해와 그 창고를 열고 도성을 쓰레기더미처럼 파헤쳐버리고 철저히 파괴할 것이다. 그 도성에는 아무것도 남아 있지 않게 될 것이다."

시리아계 그리스인들이 팔레스타인을 지배하던 기원전 165년경에 기록된 성서인 「다니엘서」(Daniel)도 대(大)유대왕국을 다스릴 기름부음 받은 자, 즉 왕자가 나타나 전투적 메시아니즘 구원을 하리라고 예언했다. "나는 밤에 환상을 보았다. 사람의 아들(The Son of Man)이 구름과 함께 하늘에서 내려오는 것을 보았다. ⋯⋯그에게 주권과 영광과 왕국이 주어졌다. 모든 백성과 국가와 언어가 그 앞에 엎드린다. ⋯⋯영원한 주권⋯⋯멸망하지 않을 왕국."

이 원한에 찬 예언 속에 깃든 것 가운데 사람들이 대부분 깨닫지 못한 점은 실재했던 역사적 해방전쟁과의 관련 속에서 그 예언들이 이뤄졌다는 점이다. 그 전쟁들은 민중의 호응을 받고 있었다. 왜냐하면 그 전쟁들은 단지 유대국가의 독립을 얻기 위해서가 아니라 외국의 지배에서 견딜 수 없을 만큼 악화된 경제적·사회적 불평등을 제거하기 위해서 한 전쟁이었기 때문이다.

화물숭배와 마찬가지로 복수에 불타는 메시아숭배는 정치적·경제적 식민주의의 착취적 체계를 전복하려는 투쟁 속에서 생겨났고 끊임없이 재창조되었다. 다만 메시아숭배의 경우 원주민들, 즉 유대인들은 전투적 측면에서 정복자들과 우열을 가릴 수 없을 정도로 역량이 비슷했다. 그들은 문자 그대로 군인·예언자들의 지휘를 받았다. 군인·예언자들은 자기 조상들이 제국을 다스렸던 그 먼 옛날의 일들을 기억하고 있었다.

로마가 지배하던 시기의 팔레스타인에서 두드러진 생활양식이 있었다면 그것은 복수에 찬 전투적 메시아니즘 생활양식이었다. 골리앗을 물리친 다윗의 승리와 전투적 메시아니즘 구원을 약속한 야훼에게 영감을 얻어 유대인 게릴라들은 로마의 관리와 군대에 대항해 끊임없이 투쟁했다. 예수와 그의 제자들의 생활양식이었던 평화의 메시아숭배는 이 게릴라전이 계속된 시기에 바로 그 반란운동의 주된 중심지였던 팔레스타인 지방에서 전개되었다. 외견상으로 볼 때 평화의 메시아숭배라는 생활양식은 해방군들의 전략·전술과 완전히 모순되는 것 같았다.

성서 속의 해방전쟁

기독교 복음서는 예수와 유대인 해방투쟁과의 관계를 설명하지 않고 있으며 이에 대해 언급조차 하지 않고 있다. 복음서만으로 판단할 경우 당신은 역사상 가장 격렬한 게릴라 투쟁의 발상지의 한 중심부에서 예수가 생애 대부분을 보냈다는 사실마저 알아낼 수 없을 것이다. 복음서 독자들은 이 투쟁이 예수가 처형된후 여러 해 동안 더욱 가속화되었다는 사실은 더욱 파악하지 못할 것이다. 당신은 기원후 68년에 유대인들이 전면적인 혁명을 일으켰고 그 혁명을 진압하기 위해 미래의 로마 황제가 될 두 사람이 지휘하는 로마군단 여섯 개가 필요했다는 것을 믿을 수 있겠는가? 두 로마군 사령관은 유대인 혁명이 진압되기 전에 차례로 로마 황제로 즉위했다. 그뿐만이 아니다. 당신은 단 한 번이라도 예수가 유대혁명군들이 전투적 메시아니즘 의식(意識)을 말살하려는 로마제국의 기도(企圖) 때문에 희생된 정치범이었다는 사실을 생각해본 적이 있는가?

로마제국 식민지 가운데 하나였던 팔레스타인은 여러 다른 식민지의 포악한 정치에서 나타나는 전형적인 정치적·경제적 징후들을 모두 보여주었다. 사회적으로나 종교적으로나 고위층에 있던 유대인들은 로마제국의 꼭두각시 또는 로마제국의 앞잡이였다. 대제사장, 부유한 지주, 상인들은 호화롭게 살았으나 대다수의 민중은 땅이 없고 소외된 농민들과 저임금노동자들, 실직자·하인·노예들로 구성되었다.

온 나라는 중세(重稅), 관리들의 부패, 정부의 독단적 공물징수,

노동징발, 인플레이션 때문에 신음했다. 부재지주(不在地主)들이 예루살렘에서 사치를 부리며 살고 있는 동안 소작인들은 로마정부가 농산물에 부과한 세금 25퍼센트와 사원의 계승자가 요구한 세금 22퍼센트를 부담했다. 예루살렘 귀족에 대한 갈릴리 농민들의 증오심은 유달리 강했는데, 그 증오심은 공공연히 응징(應懲)되었다. 탈무드의 주해서(註解書)는 진짜 유대인들이라면 자기 딸들을 갈릴리 농민을 일컫는 '땅의 사람들'(오클로스*Okhlos*, 민중으로 번역됨—옮긴이)과 결혼시키지 말라고 충고하고 있다. 갈릴리 농민들은 불결한 동물에 불과하기 때문이다. 랍비 엘르아살(Eleazar)은 동물조차 죽이지 않는 1년 가운데 가장 거룩한 날에도 그런 자들은 죽여도 좋다고 했다. 또한 랍비 요하난(Joahanan)은 "천한 사람들은 불고기처럼 조각조각 찢어 죽여도 좋다"고 했고, 랍비 엘르아살은 "학자들에 대한 천민들의 원한은 이방인들이 이스라엘에 갖고 있는 원한보다 더 심하다"라고 했다.

전투적 메시아니즘 이상을 바라는 민중들의 열망은 유대민족주의자들이 외국의 꼭두각시들을 제거하려는 열망보다 더욱 강렬했다. 예언자들이 메시아가 경제적·사회적 착취를 종식시키고 악한 제사장들과 지주들 그리고 왕들을 징벌하러 올 것이라고 예언했기 때문에 갈릴리인들은 다윗왕국의 재건을 기다렸다.

너희 부자들이여, 화 있을진저. 너희는 너희의 부만 믿어왔다. 그러나 너희는 너희의 부를 다 잃을 것이다. ……이웃을 악으로 갚는 너희, 화를 당할 것이다. 너희는 너희의 행실에 따라

보복당할 것이다. 거짓 증언하는 자들아, 화 있을진저. ……그러나 너희 고통당하는 자들아, 두려워 말라. 위로는 너희의 것이 될 것이다.

야훼왕국의 변증법은 본질적으로 인간 경험의 총체성을 내포하고 있다. 화물신화의 경우와 마찬가지로 야훼왕국의 변증법 속에서는 성스러운 요소와 속물적인 요소가 불가분의 관계에 있다. '피안'(彼岸, this-worldly)과 '차안'(此岸, other-worldly)에 관한 주제는 서로 분리될 수 없다. 정치·종교·경제는 서로 융합되어 있었다. 하늘과 땅은 혼동되고 있었고 자연과 하느님은 혼인관계에 있었다. 새로운 우주에서의 생활은 전혀 다른 것으로 바뀔 것이다. 만물이 뒤바뀔 것이다. 유대인은 다스리고 로마인은 받들 것이다. 가난한 자들이 부자가 되고 악한 자들이 벌을 받고 병자들이 치유되고 죽은 자들이 생명을 얻게 될 것이다.

유대인들은 로마의 원로원이 헤롯(Herod) 대왕을 꼭두각시 왕으로 임명하기 직전에 대(對)로마 독립전쟁을 일으켰다. 처음에 로마인이나 유대인 지배계급은 이 게릴라를 단순한 강도단(그리스어로는 레스타이*lestai*)으로 생각했다. 그러나 이 강도단의 목적은 강도질이 아니라 유대인 부재지주들과 로마 세리들에 항거하는 것이었다. 이 게릴라 투사들을 지칭했던 또 다른 용어는 '젤롯당'(Zealots, 열심당)이다. 이 말은 그들이 유대교 율법을 열렬히 준수하려 했고, 야훼의 계약을 완성하려고 열성을 다했기 때문에 붙여진 것이었다.

그 어떤 용어 하나만으로는 이 행동파들이 행한 일들의 의미를 적절히 전달해주지 못한다. 게릴라, 즉 젤롯파 강도단이라는 용어만이 그들이 했던 일들을 그들이 살았던 세계의 일상적인 맥락과 연결할 수 있다. 젤롯파 강도단, 즉 게릴라들은 자기들이 메시아의 도움을 받아 결국에는 로마제국을 전복시킬 수 있을 것이라고 확신했다. 그들의 신앙은 결코 내적인 것이나 정신적인 것이 아니었다. 그들의 신앙은 바로 도전과 자극, 강탈과 테러, 암살 등 혁명적인 실천이었으며 죽음을 두려워하지 않는 용감한 행위였다. 이들 중 특수한 전술을 가진 도시 게릴라집단은 '검을 지닌 자들'(라틴어로는 시카리*sicarii*)이라고도 불렸다. 그 외 다른 집단들은 시골이나 동굴이나 산기슭의 은신처에 칩거하면서 농민들에게서 식량을 원조받고 보호받았다.

기원후 1세기 동안 팔레스타인에서 발생했던 정치적·군사적 사건들에 대해 언급하려면 고대의 대역사가 가운데 한 사람인 요세푸스(Flavius Josephus)의 저술을 많이 참고해야 한다. 내가 지금 거론하려는 문제들은 독자에게 익숙지 못한 것이므로 먼저 요세푸스 자료의 신빙성에 대해 한마디 해야겠다. 요세푸스는 기독교 복음서의 초대 저자들과 동시대인이었다. 그의 저술 가운데 『유대전쟁』(*The Jewish War*)과 『유대고대사』(*Jewish Antiquities*)는 1세기 팔레스타인의 역사를 이해하는 데 필수적인 책들로 학자들에게 복음서 못지않은 책이라고 인정받고 있다. 우리는 요세푸스가 어떤 사람인지, 그가 어떻게 책을 쓰게 되었는지―복음서 저자에 관한 것 중 우리가 알 수 없는 것을 그는 어떻게 알게 되었는지─명확히 알지 못한다. 요세푸스는 기원후 37년 유대인 상류 가문인 마티아스가(Matthias家)에서 태어났다. 기원후 68년 31세가 된 그는 갈릴리 총독과 로마군에 대항하는 유대해방군의 사령관이 되었다. 그의 군대가 요타파타 요새 함락으로 전멸하자 요세푸스는 항복해 로마 장군인 베스파시아누스(Vespasianus)와 베스파시아누스의 아들 티투스(Titus) 앞으로 끌려갔다. 거기에서 요세푸스는 베스파시아누스가 바로 유대인들이 기다리고 소망해왔던 메시아이며, 그와 티투스는 머지않아 로마 황제가 될 것이라고 단언했다.

실제로 베스파시아누스는 기원후 69년에 로마 황제가 되었다. 베스파시아누스는 요세푸스의 예언에 대한 보답으로 요세푸스를 로마로 데려가 측근으로 삼았다. 그에게 로마시민권을 부여했고, 황제의 궁전 안에 거처도 마련해주었다. 또 팔레스타인 전쟁의 전리품으로 몰수한 토지에서 수확한 소득을 연금으로 주었다.

요세푸스는 유대인들이 로마에 반란을 일으킨 이유와 자신이 로마에 항복한 이유에 관해 변명하는 책을 저술하며 여생을 보냈다. 황제를 포함한 많은 로마인 독자가 그가 기술한 사건들을 직접 목격한 자들이었기 때문에 그의 저술은 대부분 로마인 독자를 대상으로 한 것이었지만 그가 쓴 역사의 기초적 사실들이 날조되지는 않은 것 같다. 반역자라고 낙인찍히고 싶지 않은 욕망 때문에 몇몇 부분이 다소 왜곡되어 있지만, 이 부분들은 주요 흐름의 신빙성을 손상시킬 정도로 중요한 것들은 아니다.

요세푸스가 재평가한 사실에 따르면 게릴라운동과 유대인들의 전투적 메시아니즘은 물결의 표리(表裏)를 이루며 나타났다가 사라졌던 것이 분명하다. 햇빛에 찌든 먼지투성이 시골 땅에는 배회하는 성인과 이상한 옷차림을 하고 신탁을 알리는 선지자들이 득실거렸다. 그들은 비유와 알레고리로 설교하고 머지않아 전쟁이 일어나 메시아가 세계를 통치하게 될 것이라는 예언을 하며 돌아다니는 현자(賢者)들이었다. 사시사철 끊임없이 되풀이되는 메시아에 대한 공론(空論)의 명암(明暗) 속에서 소문을 퍼뜨린 자들은 게릴라 투쟁에 성공한 게릴라 지도자들이었다. 카리스마 있는 지도자들의 물결이 꾸준히 역사의 섬광 속에 등장해 스스로를 메시아라고 주장했다. 그들 가운데 최소한 두 명은 실제 로마제국의 기초를 뒤흔들 만큼 대폭동을 일으켰다.

헤롯은 제일 먼저 로마제국 후원자들의 관심을 끈 인물이었다. 그가 북부 갈릴리 전 지역을 휩쓴 강도 두목을 열성적으로 진압했기 때문이었다. 요세푸스에 따르면 헤롯은 이 강도 두목을 계략으로 체포해 현장에서 처형했다. 그 강도 두목의 이름은 헤제키아(Hezekiah)였다. 우리는 헤제키아가 단순한 강도가 아니라 게릴라 지도자였다는 사실을 알고 있다. 예루살렘의 게릴라 동조자들은 헤롯을 살인죄목으로 재판에 회부할 만큼 강력했다. 카이사르(Julius Caesar)의 조카 한 사람이 개입해 헤롯을 겨우 석방했으며 기원전 39년에 그를 유대인 꼭두각시 왕으로 천거했다.

헤롯은 팔레스타인에서 지배권력을 강화하기 위해 강도단들과 더 많이 투쟁해야 했다. 요세푸스는 "강도단들이 나라의 거의 전 지역에 출몰해 백성들은 전쟁 때나 다름없는 도탄에 빠져 있었다"라고 주장한다. 그러나 헤롯은 "동굴 속의 강도단들과 전쟁을 했다." 강도단들이 속속들이 체포되었을 때 그들에게 가족이 있었음이 밝혀졌다. 그러나 그들은 항복을 거부했다. 어느 늙은 강도는 접근하기 힘든 동굴의 입구에 서서 헤롯이 자기 아내와 일곱 자녀를 차례로 살해하는 것을 처음부터 끝까지 주시했다. 그는 자기 목소리가 들릴 만한 거리까지 내려와 헤롯에게 온갖 욕설을 퍼붓고 자살했다. 헤롯은 이제 동굴과 동굴칩거자들의 지배자가 되었다고 생각하며 사마리아로 떠났다. 그러나 그가 갈릴리를 떠난 즉시 '갈릴리의 상습적인 문제아'들은 고삐 풀린 말이 되어 프톨레마이오스(Ptolemy)라는 로마 장군을 살해하고 "소택지 등 접근하기 힘든 장소에 소굴을 마련해 조직적으로 이 나라를 휩쓸며 파괴행위를 자행했다."

기원전 4년 헤롯이 죽자 팔레스타인 전역에서 폭동이 일어났다. 헤제키아의 아들인 갈릴리인 유다(Judas)가 왕의 지휘권을 차지했다. 이와 때를 같이해 요단강 건너 페레아에서는 시몬(Simon)이라는 노예가 "예리코 궁전을 불태우고 화려한 시골저택들도 모두 불살랐다." 아스론게우스(Athrongaeus)라는 전직 목동이었던 제3의 반란자는 "자신을 왕이라고 칭했다." 이는 그의 부하들이 메시아라고 불렀던 것을 요세푸스의 방식으로 말한 것이었으리라. 로마군이 아스론게우스와 그의 네 형제를 차례로 살해했을 때는 이미 강도들이 "전 유대지방을 약탈해 혼란시키는데" 성공한 후였다. 시리아 총독인 로마인 바루스(Publius Varus)는 법과 질서를 회복시켰다. 그는 '주모자' 2,000명을 체포해 모두 십자가형으로 처형했다. 이 사건은 바로 예수가 한 살이 되던 해에 일어났다.

갈릴리인 유다는 곧 중요한 게릴라부대의 대장으로 부상했다. 요세푸스는 그가 '왕이 되려는 꿈을 가졌던 자'라고 기술하면서 '아주 영리한 랍비'라고 묘사했다. 기원후 6년 로마인들은 인구조사를 하려고 고심했다. 유다는 유대인이 인구조사에 저항할 것을 주장했다. 인구조사에는 철저한 노예화를 위한 음모 외에 다른 어떤 의미도 없었기 때문이었다. 요세푸스는 유다가 "유대인들에게는 야훼 외에 다른 왕이 있을 수 없다"라고 선언한 것을 기록하고 있다. 그러므로 "로마에 세금을 바쳐서는 안 된다." "유대인들이 자신들의 대의명분을 믿고 있다면, 야훼는 분명히 그들을 도울 것이다." 요세푸스의 기록에 따르면 그 당시 로마에 복종하려는 자들은 모두 적으로 간주되었다.

갈릴리인 유다가 언제 어떻게 죽었는지에 대해서는 정보가 전혀 없다. 우리는 단지 그의 아들이 투쟁을 계속했다는 사실만 알고 있을 뿐이다. 그의 아들 가운데 두 명은 십자가형으로 처형됐고, 다른 한 명은 기원후 68~73년 유대혁명이 시작되자 메시아라고 자칭했다. 그 유대전쟁에서 최후의 저항이었던 마사다 요새의 옥쇄(玉碎, 최후의 1인까지 남아 싸우다가 마지막에는 모두 집단 자살을 함—옮긴이)도 역시 갈릴리인 유다의 자손 가운데 한 사람이 이끌었다.

그리스도의 활동

예수는 기원후 28년경부터 메시아적 교훈을 열정적으로 설교하기 시작했다. 그가 설교하고 있던 바로 그 시간에도 '전쟁'은 계속되고 있었다. 갈릴리 지방뿐 아니라 유대지방과 예루살렘에서도 전쟁이 벌어지고 있었다. 예수숭배운동은 예수에게 사형을 내린 로마 총독 빌라도(Pontius Pilate)가 진압을 고심해야 할 만큼 큰 반란도 아니었고 위협적인 상황도 아니었다. 예컨대 빌라도가 예루살렘에서 유대율법의 우상숭배금지를 명하자, 시골에서 몰려온 많은 농민이 도시폭동을 일으켰다고 요세푸스는 기록하고 있다. 그 후 빌라도가 성전 세금을 도수관(導水管)을 세우는 데 사용하자 이에 항거해 또다시 분격한 폭도들이 빌라도를 포위한 적이 있었다. 복음서를 보면 우리는 예수가 몸소 성전을 강도의 소굴이라며 비판하고 공격했으며 민중의 지지를 받은 강도 두목인 바라바(Barabbas)와 그의 부하 여러 명이 구속되었기 때문에 예수의 재판 직전에 약간의 소란이 일어났었다는 사실을 알수 있다.

예수가 처형된 후 로마인들은 유대 변방에 출몰하는 '강도단들'을 완전히 근절하기 위해 계속 노력했다. 요세푸스는 톨로마이오스(Tholomaios)라는 또 한 사람의 대강도단 두목이 기원후 44년에 체포된 사실을 기록하고 있다. 그 후 얼마 되지 않아 드다(Theudas)라는 메시아적 인물이 사막에 나타났다. 그의 추종자들은 가정과 재산을 포기하고 요단강변으로 몰려왔다. 어떤 사람은 드다가 여호수아(Jehoshua)처럼 바다를 가르려 했다고도 하고, 또 어떤 사람은 이 메시아가 예루살렘 서쪽을 향해 진군했다고도 했다. 그러나 별일은 없었다. 로마 총독 파두스(Cuspius Fadus)는 기병(騎兵)을 파병해 드다의 목을 베고 그의 부하들을 죽였다.

기원후 50년 유월절(逾越節) 행사에서 로마 병사 하나가 순례자들과 성전 예배자들이 모인 무리에 웃옷을 내던져 군중을 자극했다. 이에 "자제력이 부족한 젊은이와 군중 가운데 일부 격정적인 자들이 싸움을 일으켰다"고 요세푸스는 기록하고 있다. 이 사건으로 중무장한 로마의 보병군단이 진군해 들어와 굉장한 공포 상황이 벌어졌다. 요세푸스는 당시 3만 명이 살해되었다고 기술하고 있다(어떤 사람은 요세푸스의 3만 명이라는 기록은 3,000명을 의미하는 것이라고도 말한다). 예수의 성전 공격은 기원후 33년 유월절 순례와 같은 시기에 일어났다. 우리가 곧 논의하겠지만 기원후 50년의 공포상황에서 살해된 사람들과 같은 순례자들로 구성된 폭도들의 반발이 있을까 두려워, 유대 지도층과 로마 당국은 예수의 구속시간을 해가 진 후로 연기했다.

거의 20년 동안 산에서 투쟁한 '혁명적 반도'(叛徒)의 한 사람인 데이나이오스(Eleazaur ben Deinaios)의 지휘 아래 일반 폭동과 유사한 사건이 기원후 52년에 발생했다. 총독 쿠마누스(Ventidius Cumanus)는 "그의 추종자들을 검거했고 검거자보다 더 많은 폭도를 살해했다." 그러나 질서는 붕괴됐고 "전국적으로 약탈행위가 만연했으며 폭도 가운데 더 대담한 인물들이 나타났다." 시리아 총독이 관여해 게릴라 18명을 교수형에 처했고, 쿠마누스가 체포한 모든 죄수는 십자가형으로 처형당했다. 신총독 펠릭스

(Antonio Felix)가 이 폭동을 완전히 분쇄했다. 펠릭스는 엘르아살을 체포해 로마로 호송했다. 아마 그는 교수형으로 공개처형됐을 것이다. 요세푸스는 "펠릭스가 십자가형으로 처형한 강도와 체포한 강도단과 이에 연루된 유대 지방민의 수는 너무 많아 헤아릴 수도 없는 정도였다"고 기록하고 있다.

예루살렘에서는 검을 지닌 자들이 자행하는 암살사건이 거의 일반화되었다. 그들에게 암살된 희생자 가운데 가장 유명한 사람은 대제사장 요나단(Jonathan)이었다. 이런 유혈사건들이 자행되던 와중에 전투적 메시아니즘 전통에 도전하는 자들이 계속 출현했다. 요세푸스는 일단 메시아 전통의 지도자들에 관해 다음과 같이 기술하고 있다.

행위에 범죄적 요소가 덜할지는 모르지만 의도하는 바가 더욱 사악한 악당들은—그들은 살인자들과 마찬가지로 위해를 끼친다—사기꾼이요, 기만자다. 그들은 자신들이 영감을 받았다고 주장하면서 폭도들을 기만해 그들이 신들린 사람처럼 행동하게 하고 하느님이 광야에서 그들에게 해방이 가까워오고 있다는 표징들을 보여줄 것이라고 속여, 그들을 광야로 유혹해 내 혁명적인 변혁을 일으키고자 했다.

펠릭스는 약탈행위를 반란의 제1단계라고 보고 로마 기병부대에게 폭도들을 절멸시키라고 했다.

그 후 유대계 이집트인 '거짓 선지자'가 출현했다. 그는 '얼간이' 수천 명을 끌어모아 사막으로 이끌고 나가 그곳을 배회하다 가 예루살렘을 공격하려 했다. 이 사건이 발생한 후 로마인들은 이러한 사람들이 정치적으로 위험한 존재라고 확신하게 되었다. 요세푸스는 기원후 55년경 팔레스타인 상황을 다음과 같이 묘사 하고 있다.

종교를 앞세운 사기꾼들과 강도 두목들이 수많은 사람을 기 만해 반란을 일으키게 했다. 그들은 여러 무리로 나뉘어 부유 층의 집을 약탈하고 점령군들을 살해하고 마을을 방화하며 자 기들의 분격한 광기가 유대지방 구석구석에 스며들 때까지 각 지방을 누비고 다녔다. 날이 갈수록 전투는 더욱 격렬해졌다.

기원후 66년에 이르러서는 강도단이 출몰하지 않는 곳이 거의 없었다. 그들의 첩자들은 성전 제사장에게도 접근했으며, 대제사 장 아나니아스(Ananias)의 아들인 엘르아살과 위장동맹을 맺기까 지 했다. 엘르아살은 일종의 독립선언을 발표했다. 즉 당시 황제 네로(Nero)의 건강을 위해 날마다 짐승들을 신전에 바치던 제사 를 금지하는 명령을 내렸다. 친로마파와 반로마파들이 예루살렘 길 위에서 맞붙기 시작했다. 한쪽은 엘르아살이 지휘하는 검객, 해방된 노예, 예루살렘의 하층민들이었고, 다른 한쪽은 예루살렘 의 대제사장들과 헤롯 왕의 관료와 로마군 수비대들이었다. 이러는 동안 벽지(僻地)에서는 갈릴리인 유다의 아들 가운데 마지막 생존자인 마나헴(Manahem)이 마사다 요새를 쳐부수고 병기고에서 로마군 무기를 탈취해 강도단을 무장시키고 예루살렘으로 진격했다. 마나헴은 혼란을 야기한 반란군의 대장―요세푸스의 말에 따르면 '왕처럼'―이 되었다. 그는 로마군을 몰아내고 성전구역을 자기 지배권 안에 두었다. 그리고 대제사장 아나니아스를 살해했다. 마나헴은 왕의 예복을 입었고 그의 뒤에는 강도단들의 대열이 따랐으며 성소(聖所)에 마음대로 드나들 준비를 했다. 그러나 엘르아살은 아버지의 죽음에 복수하기 위해 심복들을 매복시켰다. 마나헴은 도망가다가 붙잡혀 "오랫동안 고문을 받고 죽임을 당했다."

유대인들은 진짜 메시아가 언젠가는 올 것이라고 확신하며 투쟁을 계속했다. 로마군이 몇 차례에 걸쳐 유대인들에게 패배당한 후 네로 황제는 로마 최고의 명장이며 브리튼전쟁의 공로자인 베스파시아누스를 파견했다. 병사 6만 5,000명과 최신 병장기·무기를 가진 로마군이 서서히 이 조그마한 도시들을 다시 장악해 들어갔다.

기원후 68년 네로가 죽자 베스파시아누스는 가장 유력한 황제 후보로 등장했다. 베스파시아누스의 아들 티투스는 필요한 병사와 장비를 모두 인수해 이 전쟁을 마무리했다. 필사적으로 저항했지만 티투스는 기원후 70년 예루살렘을 함락하고 성전을 불살랐으며, 눈에 보이는 것은 모두 약탈하고 방화했다.

예루살렘 함락으로 100만 명이 넘는 사상자가 발생했음을 깊이 숙고하면서 요세푸스는 쓰디쓴 마음으로 메시아의 신탁을 말하지 않을 수 없었다. 그 당시 예루살렘에는 무서운 흉조들이 나타났었다. 성전 제단에 밝은 빛이 비치고 암소가 새끼 양을 낳았으며 전차부대와 무장한 군사들이 해 지는 하늘 속으로 진군해 들어가는 흉조들. 그러나 강도단과 저주받아 마땅할 그들의 예언자들은 이 흉조들을 잘못 판단했다. "이 사기꾼들과 거짓 선지자들은 백성을 기만해 초자연적인 구원이 아직도 자기들 것인 양 믿게 했다."

예루살렘이 함락된 후에도 강도단들은 아직도 야훼가 자신들을 패망시켰다는 사실을 믿으려 하지 않았다. 한 번 더 영웅적인 기도를 한다면, 한 번 더 피 흘려 희생한다면 야훼는 마침내 기름 부음 받은 자를 보내실 것이다. 앞에서 내가 언급했던 대로 유대인들 최후의 희생은 기원후 73년 마사다 요새에서 이뤄졌다. 헤제키아와 갈릴리인 유다의 후손이었던 엘르아살은 남자·여자·아이들로 구성된 최후의 부하 960명에게 로마군에게 항복하지 말고 자살하라고 강권했다.

메시아적 예언자와 강도

요약하자면 기원전 40년에서 기원후 73년 사이에 출현한 유대 메시아들은 예수와 세례 요한(John the Baptist)을 제외하고도 최소 다섯 명에 이른다고 요세푸스는 기술하고 있다. 즉 그들 가운데 아스론게우스, 드다, 펠릭스에게 처형된 익명의 '악당'과 유대계 이집트인 '거짓 예언자' 마나헴 등이 포함되어 있다. 이외 이름을 밝히거나 구체적인 묘사는 없지만 다른 메시아들이나 메시아적 예언자들이 있었다고 요세푸스는 암시하고 있다. 덧붙이자면 헤제키아에서 시작해 갈릴리인 유다를 거쳐 마나헴·엘르아살 등 젤롯파 강도단 게릴라들에까지 이르는 한 가문이 온통 그들의 추종자들에게 메시아나 메시아적 예언자로 존경받았다는 것이 강하게 나타나고 있다. 다시 말하면 오늘날 남태평양에 존재하는 화물예언자들처럼 예수시대의 팔레스타인에도 많은 메시아가 존재했었다는 것이다.

마사다의 함락이 유대인들의 전투적 메시아니즘 생활양식을 종식시킨 것은 아니었다. 식민주의와 빈곤으로 발생한 실제적인 긴급사태들 때문에 혁명에 관한 충돌은 끊임없이 새롭게 일어났다. 마사다 반란이 진압된 지 60년이 지난 후에도 이전 사건들보다 더욱 극적인 메시아 드라마가 펼쳐졌다.

기원후 132년 코흐바(Bar Kochva, 별의 아들)가 20만 군대를 조직해 유대 독립국가를 수립했는데 이 국가는 3년 동안 존속되었다. 코흐바의 기적적인 승리를 목격한 예루살렘의 랍비장(長) 아키바(Akiba)는 그를 메시아라고 찬양했다. 사람들은 코흐바가 사자를 타고 달리는 모습을 보았다고 기록했다. 로마군은 한니발 장군 이래 이처럼 무서운 적과 마주한 적이 없었다. 그는 유대 해방전쟁 사상 가장 용맹스럽게 투쟁했고, 가장 위험한 시대에 투쟁했다. 로마는 군단 하나가 완전히 궤멸되는 희생을 겪고서야 코흐바를 진압할 수 있었다. 로마군은 1,000여 유대인 부락을 뒤덮었고 50만 유대인을 학살했으며 수천 명 이상을 포로로 잡아갔다. 이 후유증은 몇 세대에 걸쳐 남아 있었고, 그 쓰라린 고통을 당한 유대학자들은 코흐바를 원망해, 그를 자기들을 속여 조국을 잃게 한 '거짓의 아들'(Son of a Lie)이라고 불렀다.

전투적 메시아니즘의 교훈

역사는 유대인들의 전투적 메시아니즘 생활양식이 상황에 적응하지 못했음을 보여주고 있다. 이 생활양식으로는 다윗왕국의 재건에 성공할 수가 없었다. 반대로 그 생활양식 때문에 유대국가는 전 영토를 상실하게 되었다. 그 후 18세기 동안 유대인들은 가는 곳마다 열등한 소수민족의 아픔을 안고 살아야 했다. 전투적 메시아니즘이 비현실적이고 비실제적인 생활양식이었기 때문인가? 더 나아가 이 생활양식이 광신적이었기 때문인가? 요세푸스나 후대에 코흐바를 원망했던 랍비들의 생각처럼 메시아에 대한 이룰 수 없는 소망(will-o'-the wisp)을 품은 인물들이 유대인들을 속여 무적인 로마에 항거했기 때문에 유대인들은 조국을 잃고 말았다는 결론을 우리도 내려야 하는가? 나는 그렇게 생각하지는 않는다.

로마에 항거했던 유대인들의 혁명은 단지 유대인들의 전투적 메시아니즘 때문에 일어난 것이 아니라 로마 식민주의의 불공정함 때문에 일어난 것들이었다. 우리는 로마인들이 승리자였다는 이유로 그들이 유대인들보다 더 '실제적'인 민족이었으며 더 '현실적'이었다는 판단을 내릴 수는 없다. 두 민족은 모두 실제적이고 현실적인 이유로 전쟁을 했다. 워싱턴(George Washington)이 미국 혁명전쟁에 패했다고 가정해보자. 그렇다면 미국 독립군들이 '자유'라는 이룰 수 없는 소망에 몰두했던 비합리적인 생활양식의식에 희생된 자들이라는 결론을 내릴 수 있겠는가?

자연이나 문화 내부에서 선택된 세력들이 만들어낸 제도가 살아남지 못하는 경우가 자주 있다. 그건 그 제도들에 결함이 있고 그 제도들이 비합리적이었기 때문이 아니라 그 제도보다 문화에 더 잘 적응할 수 있는 강력한 다른 제도들과의 경쟁에서 졌기 때문이다.

나는 화물숭배와 마찬가지로 원한에 찬 메시아숭배가 생긴 것도 위급한 식민지투쟁을 전개하기 위해서였다는 견해를 밝힌 바 있다. 군대를 양성하고 훈련시킬 정규 통치기구가 없는 상황에서 메시아숭배는 대중의 저항운동을 유발할 수 있는 아주 성공적인 수단이었다. 젤롯파 강도단들의 실패는 너무 뻔한 것이어서 어떤 노력을 했어도 현재 역사가 보여주는 결과 외에는 다른 결과가 있을 수 없다는 점이 분명히 밝혀지지 않는 한, 나는 젤롯파 강도단들이 누군가에게 기만당해 해방투쟁을 했다는 판단을 내리고 싶지 않다. 또 젤롯파 강도단들이 자기들의 패배가 피할 수 없는 것이었다고 예언할 수 있었는지에 관해서도 확인할 방법이 없다.

역사는 로마제국이 불멸의 제국이라고 주장한 로마황제들의 견해가 틀렸고 언젠가 로마는 멸망하리라고 예언한 갈릴리인 유다가 옳았음을 시사하기도 한다. 로마제국도 마침내 붕괴되었다. 그것도 유대인들처럼 군대 수와 장비, 전투기술 등 모든 면에서 로마군대와 비교해 열세인 식민지 백성들에게 붕괴당했던 것이다.

굳이 정의해본다면 혁명이란 착취를 당하는 사람들이 압제자들을 타도하고 강적과 투쟁하기 위해 필사적인 수단을 강구해야 함을 의미한다. 여러 계급·인종·민족이 늘 그런 강적에게 도전하는 것은 그들이 비합리적인 이데올로기로 기만당했기 때문이 아니라 서로 상반된 양자택일적 대안(代案) 가운데 큰 위험을 감수하며 어느 하나를 택해야 했기 때문이라고 믿는다. 또 이런 이유 때문에 예수가 활동하던 그 시기의 유대인들에게 전투적 메시아니즘이 광범위하게 퍼지게 되었다고 생각한다.

원한 맺힌 메시아숭배가 로마 식민주의와의 실제적 투쟁에 근거하고 있었던 것처럼 평화의 메시아경배 사상은 수수께끼 같은 역설(paradox)로 가장하고 있었음이 분명하다. 기독교국가의 평화의 메시아는 기원후 180년에 반(反)로마전쟁이라는 궤도 위에서 믿을 수 없는 어떤 계기를 통해 나타났다. 예수숭배는 전투적 메시아니즘 의식이 야훼의 은총을 바라는 퇴색되지 않는 무아의 경지를 향해 속도를 높이고 팽창하며 솟구쳐오를 때 전개되었다.

예수숭배는 시기를 완전히 잘못 택했던 것 같다. 기원후 30년 당시에는 젤롯파 강도단의 혁명적 충동을 가로막을 만한 그 어떤 장애도 나타나지 않았다. 성전은 그대로 보존되었고 해마다 수많은 순례자로 붐비고 있었다. 갈릴리인 유다의 아들들도 살아 있었다. 마사다의 공포는 전혀 꿈에도 생각할 수 없던 때였다.

전투적 메시아니즘의 꿈을 실현시키기 위해 마나헴과 코흐바 같은 인물들이 기름부음 받은 자들로 선택되는 때가 미처 오기도 전에 유대인들이 평화의 메시아를 동경하지 않으면 안 되었던 이유는 무엇이었는가? 로마 세력이 아직 야훼의 성소 가장자리도 손상시키지 않은 때, 팔레스타인이 로마 대군주들에게 항복했던 이유는 무엇인가? 옛 계약이 남아 두 번에 걸쳐 로마제국을 뒤흔들기도 전에 새 계약이 나타나게 된 것은 무슨 이유 때문이었는가?

8

평화의 왕자의 비밀

예수는 우리가 보통 믿고 있는 것처럼
그렇게 평화적인 인물이 아니었다.
그리고 그가 실제 가르쳤던 것들은
유대인의 전투적 메시아니즘의 전통과
근본적으로 단절되지 않는다.

그리스도의 삶과 역사적 상황

서구문명의 꿈의 실현(dream work)과 다른 민족들의 꿈의 실현에 근본적인 차이가 있는 것은 아니다. 실제적인 정황을 알아야만 서구문명의 꿈이 지니고 있는 비밀들을 알아낼 수 있다.

우리 앞에 놓인 사례 가운데 실제적인 요소가 있는 것들은 극히 드물다. 예수가 복음 사역(使役)을 펼친 시대를 잘못 설정했을 것이라고, 예루살렘 함락 이전에는 예수가 자기 동족인 유대인들에게 로마인들을 사랑하라고 권하지는 않았을 것이라고 가정할 수 있다면 아주 편했을 것이다. 그러나 갈릴리인 유다가 세금징수에 반대해 폭동을 일으키고 빌라도가 총독에 임명된 시기와 같은 역사적 사건의 연대기 속에 40년이라는 오류가 있으리라는 것은 상상하기조차 힘든 일이다.

예수가 설교한 **시점**에 오류가 있을 수 없다 하더라도, 그가 설교했던 **내용**에 대해 잘못 전해진 것들이 있을 수 있다는 추측은 가능하다. 여기에는 여러 가지 이유가 있다. 이전 장의 마지막 부분에서 제기된 질문들에 대한 간단하고 실제적인 대답은 다음과 같다. 예수는 우리가 보통 믿고 있는 것처럼 그렇게 평화적인 인물이 아니었다. 그리고 그가 실제 가르쳤던 것들은 유대인의 전투적 메시아니즘 전통과 근본적으로 단절되지 않는다. 그가 설교한 원내용(原內容)에는 친젤롯파 강도단의 경향과 반로마적 경향이 강하게 나타나 있었던 것 같다. 그의 가르침과 유대인들의 메시아 전통 사이에 결정적인 단절이 생기게 된 것은 예루살렘 함락 이후부터였다. 이때쯤 로마나 로마제국의 다른 도성에 살고 있었던 유대인 기독교도들은 예수가 가르쳤던 원복음(原福音) 가운데 정치적·군사적 요소들을 제거했다. 그들은 승리자 로마제국에 적응하기 위해 그렇게 했던 것이다.

예수의 교훈의 원형과 전투적 메시아니즘 전통이 관계가 있다는 사실은 예수와 세례 요한이 밀접한 관계를 가졌다는 사실 속에 드러난다. 짐승가죽을 걸치고 메뚜기와 석청만 먹었던 세례 요한은 요르단 계곡 광야를 방황하며 농민과 노예들에게 로마인과 로마의 앞잡이 노릇을 하는 유대인들을 괴롭히라고 선동했던 자로 요세푸스가 분류한 '성자의 장르'(the genre of holy men)에 속한 사람이었다.

네 복음서는 모두 세례 요한이 예수의 직접적인 선구자였음을 인정하고 있다. 요한의 소명은 선지자 이사야의 역할을 하는 것이었다. 그는 여기저기 야훼의 계약을 떠올리는 기억들이 메아리쳐 울려나오는 동굴들이 흩어져 있고 강도단들의 출몰이 잦은 오지(奧地)인 광야에 나가 외쳤다. "너희는 주의 길을 예비하라. 그의 길을 평탄케 하라"(회개하라, 죄를 깨달으라. 그래야 약속된 왕국을 상으로 받을 것이다). 요한은 죄를 고백하고 회개하는 유대인들의 몸을 강물로 씻는 의식을 행해 상징적으로 죄를 씻어내는 세례를 주었다. 복음서에 따르면 예수는 세례 요한에게 세례를 받은 회개자 가운데 가장 잘 알려진 인물이었다. 요단강에서 세례를 받은 후, 예수는 자기 생애에서 가장 절정에 달하는 국면―십자가 처형의 원인이 된 열정적인 복음전파 시기―으로 들어갔다.

세례 요한의 생애는 앞 장에서 기술한 사막의 신탁자들의 유형을 그대로 답습한 것이었다. 그에게 몰려오는 군중이 지나치게 많아지자, 그는 로마의 법과 질서를 가장 잘 수호하던 한 사람에게 체포되었다. 그 수호자는 우연하게도 세례 요한이 가장 활발히 선교활동을 했던 요르단 동편 팔레스타인 지역의 통치자였던 로마의 꼭두각시 왕 안티파스(Herod Antipas)였다.

복음서에서 세례 요한의 전도활동이 법과 질서를 위협해 그가 체포되었다는 암시는 전혀 없다. 복음서에는 정치적·전투적인 내용은 철저히 없다. 반대로 복음서는 세례 요한이 헤롯과 헤롯의 한 형제와 이혼한 여자인 헤로디아(Herodias)의 결혼을 비판했기 때문에 체포되었다고 기록하고 있다. 복음서는 세례 요한이 정치적인 동기가 아니라 헤로디아의 복수심 때문에 처형되었다고 설명한다. 헤로디아는 자기 딸 살로메(Salome)가 헤롯왕을 위해 춤을 추게 했다. 왕은 그녀의 춤에 반해 그녀가 원하는 것이면 무엇이든 주겠다고 했다. 살로메는 세례 요한의 머리를 쟁반에 담아주기를 바란다고 했다. 헤롯은 그녀의 청에 따라 세례 요한의 목을 쟁반에 담아주었다. 빌라도가 예수를 처형하고 양심의 가책을 느낀 것처럼 헤롯도 세례 요한을 처형하고 양심의 가책을 느꼈다고 복음서는 전하고 있다. 세례 요한이 구속되기 전에 광야에서 군중에게 했던 언사들을 생각해본다면, 복음서에 정치적 요소가 결여된 점과 헤롯이 양심의 가책을 느꼈다는 점은 아주 온당치 못한 것처럼 느껴진다. 요한의 설교는 철저히 전투적 메시아니즘 경향을 띤 협박이었다.

……내 뒤에 오시는 이는 나보다 능력이 많으시니 나는 그의 신을 들기도 감당하지 못하겠노라 그는 성령과 불로 너희에게 세례를 베푸실 것이요. 손에 키를 들고 자기의 타작 마당을 정하게 하사 알곡은 모아 곳간에 들이고 쭉정이는 꺼지지 않는 불에 태우시리라.(「마태복음」 3장 11~12절).

안티파스가 사막의 신탁자들과 젤롯파 강도단들이 관련 있다는 사실을 몰랐을까? 43년 동안 팔레스타인을 통치했고 강도단 전문 킬러였던 전제군주 헤롯 대왕의 아들인 안티파스가 세례 요한과 같은 자들을 방관해 사막에서 군중을 끌어모으게 하는 위험천만한 일을 할 수 있었을까? 그의 메시아성이 젤롯파 강도단들의 명분과 무관한 현인이었다면, 어떻게 그토록 수많은 군중을 끌어모을 수 있었을까?

전투적 메시아니즘 전통에서 세례 요한이 차지했던 위치는 「사해문서」(死海文書, The Dead Sea Scrolls)의 발견으로 명백해졌다. 이 문서는 세례 요한이 예수에게 세례를 주던 광야에 존재하던 쿰란(Quamran) 공동체─고대 기독교가 생겨나기 전부터 있었던 신앙공동체─의 폐허들이 남아 있는 지역의 한 동굴에서 발견되었다. 쿰란 자체가 세례 요한처럼 "광야의 길을 깨끗이 하는 데" 몰두했던 원시종교공동체였다. 이전에는 알려지지 않았던, 내용이 풍부하고 거룩한 쿰란 원시공동체 유물인 이 문서의 기록에 따르면 유대인들의 역사는 로마제국의 마지막 운명이 될 아마겟돈(Aarmageddon, 세계의 종말이 올 때 선과 악이 싸울 결전장—옮긴이)을 향하고 있다. 로마를 쳐부수고 예루살렘을 수도로 하는 새 왕국이 세워질 것이며, 지금껏 존재했던 어떤 제왕보다 더 강력한 전투적 메시아가 다윗의 가문에서 나와 그 왕국을 통치할 것이다. '이스라엘의 기름부음 받은 자'이며 난공불락의 장군이요, 사령관인 그 왕의 지휘를 받아 유대의 '빛의 아들들'은 로마의 '어둠의 자식들'을 쳐부수기 위해 전쟁터로 나갈 것이다. 2만 8,000명의 유대전사와 6,000대의 전차가 로마군을 쳐부술 것이다. 유대군대는 "적군을 영원히 멸절시키기 위해 추격할 것이다. ……적군이 완전히 사라질 때까지" 승리는 보장되어 있다. "당신이 예부터 우리에게 선포하신 대로 '야곱(Jacob)의 가문에서 한 별이 나올 것이며 이스라엘에서 한 왕이 나올 것'이다(후에 코흐바를 지적했던 「민수기」Numbers 속의 예언). 이스라엘은 승리할 것이다." "과거에 그랬던 것처럼 당신의 기름부음 받은 자들을 통해 당신은 곡식을 베고 난 그루터기에서 타오르는 모닥불처럼, 악한 자들을 집어삼킬 것이기 때문이다. ……예부터 당신은 대적(對敵)들이 ……인간이 아닌 분의 칼에 쓰러질 것이며, 인간이 아닌 분의 칼은 적을 섬멸할 것이라고 선포하셨기 때문이다."

쿰란인들은 세세한 전투 명령서도 가지고 있었고 승리의 노래도 준비해두고 있었다.

일어서라, 오, 용맹한 자여!
그대의 포로들을 끌어내라.
오, 용맹스러운 자여!

그대의 손으로 전리품들을 끌어내라.

오, 용맹스러운 자여!

그대의 손으로 대적들의 목덜미를 잡아라!

그리고 살해당한 자들의 시체더미 위에

그대의 두 발을 얹어라!

그대의 대적들인 저 민족들을 쳐부수라!

그리고 그대의 검으로

죄 많은 저 육체들을 도륙하라!

이 땅을 영광으로 채우고

그대의 후손들에게 축복을 내리고

그대의 목초지를 가축으로 가득하게 하고

그대의 궁전을 금은보배로 채우라!

오, 시온, 기뻐하고 기뻐하라!

기쁨의 함성 속에 그대의 모습을 드러내라!

오, 예루살렘아!

그대의 모습을 드러내라!

오, 그대, 유대왕국의 모든 도성(都城)아!

그대의 성문을 영원히 열어두라.

민족들의 재산들이 흘러들어오도다!

민족들의 제왕들이 그대를 섬기게 하라!

그대의 모든 압제자가

그대 앞에 머리를 숙이게 하라!

그들에게 그대의 신발에 묻은 먼지를 핥게 하라!

쿰란인들은 전도자들을 보내 기름부음 받은 자들의 선봉이 되게 했다. 그 전도자들은 세례 요한처럼 메뚜기와 석청을 먹고 짐승의 가죽을 걸쳤다고 한다. 그 전도자들의 사명은 세례 요한의 소명처럼 이스라엘 자손들을 회개시키는 것이었다. 그들도 세례를 주었는지는 확인할 수 없다.

그러나 고고학자들은 쿰란 유적 속에 제사를 지내기 전에 몸을 씻는 시설들이 넓은 지역에 흩어져 있는 것을 발굴했다. 요한의 세례의식은 쿰란 공동체의 목욕탕에서 행해졌고, 오랫동안 정신을 정화(淨化)하려고 했던 유대적 착상의 일부인 복잡한 세정식(洗淨式)이나 청정식(淸淨式)을 간단하게 줄인 형태라고 봐도 좋을 것이다.

나는 여기에서 특히 한 가지 중요한 점을 강조하려 한다. 그것은 이런 문서가 존재했다는 사실이 요세푸스의 저서나 기독교 복음서 기록자들의 문서에 암시조차 되어 있지 않다는 점이다. 이 두루마리들(쿰란 문서는 양피지로 만든 두루마리로 되어 있다—옮긴이)이 없었다면 그 전투적인 성자(聖者)들이 성취하려고 했던 것이 무엇이었는지 전혀 추측하지 못했을 것이다. 기원후 68년 로마군이 쿰란 공동체를 파괴했기 때문이다.

쿰란인들은 '어둠의 자식들'이 급습해 공동체를 말살하기 전에 거룩한 문헌들을 항아리에 넣어 동굴 옆에 숨겨두었다. 그 문서들은 2,000년 동안 사람들의 손에 닿지 않은 채 숨겨져 있었기 때문에 그것들의 존재는 오래전에 잊혀졌다. 두루마리 문서들은 이제 그리스도 이전과 그리스도 당시 그리고 그리스도 직후의 시대에 존재했던 유대교의 정보를 제공해주는 중요한 필사본 자료 중 하나다.

쿰란 두루마리 문서를 보면 복음서에 기록된 것과 같이 세례 요한을 유대교의 전통적인 전투적 메시아니즘의 주류에서 분리할 수는 없다는 사실을 알 수 있다. 오랫동안 지속된 피비린내 나는 대(對)로마 게릴라전의 소용돌이 속에서 '꺼지지 않는 불에 타는 쭉정이'라는 세례 요한의 비유는 '곡식을 베고 난 그루터기에서 타오르는 불'이라는 쿰란 종파의 예언과 대치될 수 없는 것이라고 보아야 마땅하다.

나는 여기에서 세례 요한이 심중에 무엇을 지니고 있었는지 말하려는 것이 아니다. 그러나 그의 언행을 판단할 수 있는 근거가 되는 그 당시 상황이 아직 탄생하지 않은 종교와 조화가 이뤄진 상황은 아닌 것 같다. 나는 오직 헤롯가(家)의 전제정치, 꼭두각시 제사장들, 오만한 로마 총독들, 성소들을 모독하는 이방인 군인 등을 향한 억제할 수 없는 분노에 사로잡힌 하층 대중, 즉 요르단 오지에서 생활하는 먼지투성이의 농민·게릴라·탈세자·도적들이 투쟁했던 상황 속에서 이뤄진 세례 요한의 언행들을 생각할 수 있을 따름이다.

메시아적 삶의 비밀

세례 요한의 체포 직후―아마도 안티파스의 감옥에 갇혀 재판을 기다리고 있던 때였을 것이다―예수는 세례 요한이 설교했던 똑같은 부류의 사람들에게 세례 요한이 겪었던 똑같은 위험한 상황 속에서 복음을 전파하기 시작했다. 두 사람의 생활양식이 너무 비슷했기 때문에 예수의 초기 제자 중 최소한 두 사람―안드레(Andrew)와 베드로(Simon Peter, 성 베드로) 형제―은 세례 요한의 추종자였을 것이다. 안티파스도 예수와 세례 요한의 차이점을 전혀 발견할 수 없어 이런 말을 했다고 전해진다. "그는 요한이다. 내가 목을 베었던 바로 그 자다. 죽은 자 가운데서 그가 살아난 것이 분명하다." 예수는 초기에는 대부분 시골벽지에서 기적을 행하고 군중에게 복음을 전파했다. 그는 관헌의 추격을 간발의 차이로 피해갔다고 추측된다. 세례 요한처럼 그리고 요세푸스가 묘사했던 메시아적인 광야의 신탁자들처럼 예수도 체포되어 처형되거나 격렬한 폭동으로 끝날 충돌과정으로 돌입해 들어갔다.

예수의 인기가 많아진 결과 예수는 더 위험하지만 더 영웅적인 일들을 하게 되었다. 그 후 얼마 되지 않아 예수와 그의 제자들은 거룩한 유대왕국의 미래 수도로 약속된 도성(都城) 예수살렘에 복음을 전하기 위해 떠났다. 「스가랴서」(Zechariah)에 기록된 메시아적 상징을 민중에게 상기시키기 위해 예수는 의도적으로 나귀(또는 조랑말)를 타고 성문을 통과했다. 주일학교 선생들은 예수의 이 행위에 이교도들에게 평화를 선포하려는 뜻이 담겨 있다고 가르치고 있다. 이런 주일학교 선생들의 주장은 「스가랴서」의 모든 기록이 압도적으로 전투적 메시아니즘을 상징하는 내용을 담고 있다는 점을 무시한 것이다. 스가랴가 예언한 메시아가 비천하게 나귀를 타고 나타나면 시온의 아들들은 "……삼키고 ……복종시키고, 대적들을 싸움터 진창 속에 짓밟아버리는 전능한 자들이 될 것이다. ……주님이 그들과 함께하시며, 말 탄 자들은 기가 꺾일 것이기 때문이다."

나귀를 탄 비천한 인물은 평화의 메시아가 아니었다. 그는 그 작은 민족의 메시아였고 분명히 선한 전쟁의 왕자였다. 말과 전차를 탄 대적들을 복종시키고 기를 꺾기 위해 겉으로는 약한 모습을 하고 일어선 다윗의 후예였다. 그 이교도들도 평화를 누려야 했다. 그러나 그런 평화는 오랫동안 기다려온 거룩한 유대왕국의 평화이어야 했다. 길가에 늘어서 있던 무리는 눈앞에 일어나고 있는 사건들이 최소한 이러한 의미를 지니고 있는 것이라고 이해했을 것이다. 그런 까닭에 그들은 예수가 지나가자 "호산나(Hosanna, '지금 구원하소서'라는 뜻―옮긴이), 주의 이름으로 오시는 분에게 축복이 있으라. 지금 오고 있는 우리 조상, 다윗의 왕국에 축복이 있으라"고 외쳤던 것이다.

예수와 그의 제자들이 예루살렘에 들어가 행했던 언행 가운데 어느 것도 유별나게 평화적인 것은 없었다. 유월절이 시작되기 직전, 예수와 그 제자들이 예루살렘을 쳐들어가기로 작정했을 때, 그들은 지중해 전역에서 유월절을 지키러 올라온 수천 명의 유월절 순례자에게 보호받을 수 있으리라 확신했을 것이다. 같은 시간에 젤롯파 강도단·농민·노동자·거지 그리고 폭발 직전에 있는 많은 집단이 그 도성으로 물 밀듯 밀려왔을 것이다. 그날 예수는 이성을 잃고 동요하는 무리에 둘러싸여 있었을 것이다. 날이 어두워지자 예수는 친구의 집으로 슬그머니 빠져나갔다. 제자

중에서 핵심인물만 그의 소재(所在)를 알고 있었다.

예수와 제자들의 행위는 초기의 전투적 메시아니즘 운동집단들과 다른 점이 전혀 없었다. 그들은 적어도 한 번은 폭력사태를 일으켰다. 그들은 대성전 마당으로 몰려가 타지에서 온 순례자들이 성전에 바칠 짐승을 살 수 있게 돈을 바꾸어주는 관허(官許)의 환전상들을 물리적인 힘으로 습격했다. 그때 예수는 직접 채찍을 들었다.

복음서는 대제사장 가야바(Caiaphas)가 예수를 어떤 식으로 체포하려 했는지를 상술하고 있다. 가야바는 환전상들이 예수와 그의 추종자들에게 폭행당하는 것을 목격했기 때문에 예수를 구속하는 것의 합법성에 대해 전혀 의심하지 않았다. 가야바는 예수를 메시아라고 믿는 백성을 자극하지 않고 그를 체포할 수 있는 방법을 고안하기 위해 노심초사했다. 권총이나 최루탄이 발명되기 전 시대의 폭도들은 극히 위험한 존재들이었다. 특히 그 폭도들이 난공불락의 지도자를 가지고 있다고 생각하고 있을 때는 더 위험했다. 그래서 가야바는 "백성이 소란을 일으켜서는 안 되니까 축제날을 피해" 예수를 체포하라고 지시했다.

예수를 둘러싸고 있던 무리에게 비폭력적인 생활양식을 택할 여지가 전혀 없었을 것임은 불 보듯 뻔한 사실이다. 예수가 가장 사랑했던 제자들까지도 명백히 '왼뺨을 돌려 대려' 하지 않았다. 최소한 두 제자는 전투행동대원들과 관련되어 있음을 나타내는 별명을 가지고 있었다. 한 사람은 시몬(Simon)으로 '젤롯당'이라고 불렸고(Simon the Zealot), 또 한 사람은 가룟 유다로 '이스가

리옷'(Iscariot, 배반자)이라고 불렸다(Judas Iscariot). 이스가리옷이라는 말은 칼을 휘두르며 암살행위를 하는 자들을 요세푸스가 지칭했던 말인 **시카리**와 비슷하다. 그리고 어떤 고대 라틴어 필사본은 유다가 실제 **젤롯당**이라고 밝히고 있다.

다른 두 제자도 호전적인 별명을 가지고 있었다. 세베대(Zebedee)의 아들 야고보(James)와 요한(Johannes, 사도 요한)이 그러하다. 그들은 '보아너게'(Boanerges)라고 불렸는데 이 말은 마가(Mark)가 '천둥의 아들들'을 아람어(Aram語)로 번역한 것으로 '사납고 격노한 사람들'이라는 뜻도 있다. 세베대의 아들들은 별명의 명성을 받을 자격이 있는 자들이었다. 복음서 설화에서 한 가지 이유를 찾아볼 수 있다. 그들은 예수를 환대하지 않는 사마리아 전역을 파괴해버리자고 주장했다.

복음서는 검을 숨기고 있는 제자가 있었다는 사실과 예수 체포 당시 제자들이 반항했다는 사실을 상술한다. 예수는 체포되기 전에 제자들에게 "칼을 갖지 않은 자는 옷을 팔아 검을 사라"고 명령했다. 이 말에 제자들은 품에서 검 두 자루를 재빨리 꺼내어 예수에게 내보였다. 이 설화는 제자 가운데 최소한 두 사람은 상습적인 무기소지자였을 뿐만 아니라 검객들처럼 항상 옷 속에 검을 품고 다니는 자들이었음을 시사해주고 있다.

네 복음서는 모두 예수 체포 순간 제자들이 무기를 들고 대항했음을 상술하고 있다. 유월절 식사가 끝난 후, 예수와 그의 핵심적인 제자들은 겟세마네 동산으로 슬쩍 빠져나가 거기서 밤을 새운다. 배반자 유다의 인도를 받아, 대제사장과 그의 부하들이 갑

자기 들이닥친다. 그때 예수는 기도하고 있었고 제자들은 잠에 빠져 있었다. 제자들은 칼을 뽑았고, 그로 인해 사소한 다툼이 있었다. 그 결과 성전관헌은 한쪽 귀를 잃었다. 관헌들이 예수를 낚아채자 제자들은 싸움하다 말고 어둠 속으로 도망쳤다. 「마태복음」에는 예수가 제자들에게 칼집에 검을 꽂으라고 했고 제자들은 그 명령에 복종했다고 기록되어 있지만 제자들은 그의 명령에 복종할 채비가 되어 있지 않았을 것이 분명하다. 제자들은 도망쳤기 때문이다.

복음서 설화는 유다에게 주어진 상금을 세례 요한에 대한 헤로디아의 탄핵과 비슷하게 해석하고 있다. 그러나 유다가 진짜 젤롯당, 젤롯파 강도단의 일원이었다면 그는 단지 돈 때문에 예수를 배반한 것이 아니라 여러 가지 전략과 전술적 이유 때문에 예수를 배반했을 것이라는 추측도 할 수 있다(그런 추측 가운데 하나로 유다는 예수가 전투적 인물이 못 된 것에 불만을 품었다는 주장이 있다). 유다의 배반동기가 순전히 돈에 대한 욕심 때문이라고 설명하는 복음서는 요세푸스와 로마인들이 모든 젤롯파 강도단을 왜곡해 평가한 것과 같은 잘못을 반복하고 있다. 그러나 그들의 평가와는 달리 젤롯파 강도단들은 상금 같은 것을 원치 않고, 기꺼이 목숨을 바칠 각오가 되어 있는 사람들이었다. 적어도 이 점은 앞 장에서 묘사된 사건들을 보면 분명히 알 수 있다.

그런데 제자들이 모두 도망간 이유는 무엇일까? 또한 베드로가 날이 새기 전에 세 번씩이나 예수를 부인한 까닭은 무엇이었을까? 그들이 그럴 수밖에 없었던 것은 유대인으로서 그들은 가야바와 생활양식의식을 공유했고, 메시아는 어느 누구의 공격도 받지 않고 놀라운 역사(役事)를 행하는 전투적인 왕자일 것이라고 이해하고 있었기 때문일 것이다.

이 모든 것을 통해 한 가지 결론에 도달하게 된다. 예수와 그의 핵심적인 제자들이 함께 품고 있던 생활양식의식은 분명히 평화적 메시아니즘 생활양식의식이 아니었다. 복음서는 의도적으로 예수가 폭력적인 정치활동을 하지 않았다고 분명히 강조하고 있지만, 복음서 저변에는 세례 요한과 예수가 전투적 메시아니즘 전통과 관련이 있고, 두 사람 다 게릴라전에 연루되어 있음을 나타내는 모순된 사건들과 언사들이 있다.

그 이유는 다음과 같다. 첫째, 최초의 복음서(「마가복음」—옮긴이)가 기록된 시기에는 예수를 직접 목격한 사람들이 아직 생존해 있었다. 둘째, 그 시기에는 오류가 있을 수 없는 사도들의 자료가 아직 생생히 남아 있었다. 따라서 이 목격자들과 자료를 통해 예수에게서 기인한 비평화적인 사건과 언사들이 신자들에게는 널리 알려져 있었다. 복음서 기록자들은 예수숭배의 생활양식의식을 평화적 메시아니즘 쪽으로 변경시켰다. 그러나 그들은 전투적 메시아니즘 전통과 연속성이 있는 흔적들을 완전히 제거할 수는 없었다. 복음서의 어느 구절에서는 예수가 아주 평화로운 메시아로 표현되나, 또 다른 구절에서는 완전히 모순되는 진술을 한다. 복음서의 모순성은 다음과 같은 구절들을 비교해보면 분명히 드러난다.

화평하게 하는 자는 복이 있나니……. (「마태복음」5장 9절)	내가 세상에 화평을 주러 온 줄로 생각하지 말라 화평이 아니요 검을 주러 왔노라. (「마태복음」10장 34절)
……누구든지 네 오른편 뺨을 치거든 왼편도 돌려 대며. (「마태복음」5장 39절)	내가 세상에 화평을 주려고 온 줄로 아느냐 내가 너희에게 이르노니 아니라 도리어 분쟁하게 하려 함이로라. (「누가복음」12장 51절)
……칼을 가지는 자는 다 칼로 망하느니라. (「마태복음」26장 52절)	검 없는 자는 겉옷을 팔아 살지어다. (「누가복음」22장 36절)
……너희 원수를 사랑하며 너희를 미워하는 자를 선대하며. (「누가복음」6장 27절)	노끈으로 채찍을 만드사 양이나 소를 다 성전에서 내쫓으시고 돈 바꾸는 사람들의 돈을 쏟으시며 상을 엎으시고. (「요한복음」2장 15절)

또한 유대인들이 로마인들에게 세금을 바쳐야 하는지 물었을 때 예수가 한 대답이 기독교 전통에서 왜곡된 것이 분명하다는 것을 여기에서 밝히고 싶다. "카이사르의 것은 카이사르에게, 하느님의 것은 하느님에게 바쳐라." 이 대답은 갈릴리인 유다가 이끈 세금폭동에 참가했던 갈릴리인들의 귀에는 "바치지 말라"는 단 한 가지 말로밖에 들리지 않았을 것이다. 갈릴리인 유다가 팔레스타인의 모든 것이 하느님께 속한다고 했기 때문이다. 그러나

복음서 기록자들과 독자들은 아마도 갈릴리인 유다에 대해서 아무것도 몰랐던 것 같다. 그 때문에 그들은 예수가 명백히 로마정부에 타협적인 태도를 보였을 것이라는 잘못된 가정 위에 예수의 극단적이고 도발적인 반응을 유화시켜 말하고 있다.

예수가 체포된 후 로마인과 유대인 앞잡이들은 예수를 전투적 메시아니즘 폭동을 일으킨 주도자 또는 폭동을 기도한 주모자로 취급했다. 유대의 고위법정은 그가 신성을 모독하고 거짓된 예언을 했다고 재판에 회부했다. 그는 지체 없이 유죄판결을 받고, 세속의 죄에 대한 두 번째 재판을 받기 위해 빌라도에게 압송되었다. 그 이유는 분명했다. 화물숭배를 다룬 장에서 내가 이미 설명했듯이, 식민지 상황에서 인기 있는 메시아는 단지 종교적인 죄목으로만 처벌받는 것이 아니고, 항상 정치적·종교적인 이중 죄목으로 처벌받기 때문이다. 로마인들은 예수가 유대 종교법에 저촉되었는지 여부에는 관심이 없었다. 단지 그가 식민지정부를 붕괴시킬 위험분자인지 아닌지에만 관심을 가지고 있었다.

죽음과 부활

예수가 일단 무기력하게 보였을 때, 군중의 반응이 어떠할지는 가야바가 이미 예견했던 것이 전적으로 옳았음이 입증되었다. 빌라도가 피고를 군중 앞에 세웠을 때 항의소리는 한마디도 들리지 않았다. 빌라도는 폭도들이 원하기만 한다면 예수를 석방하겠다는 제안까지 했다. 복음서 기록자들은 빌라도가 예수의 무죄를 믿고 있었기 때문에 이런 제안을 한 것이라고 설명한다. 그러나 독자들이여, 생각해보라. 빌라도는 예루살렘 폭도들 때문에 골치 아파하는 자다. 그는 교활했으며 강권을 소유한 군사적 강경노선자였다. 요세푸스는 언젠가 빌라도가 유대인 수천 명을 예루살렘 경기장에 밀어 넣고 군대로 포위해 목 잘라 죽이겠다고 위협한 적이 있다고 기록하고 있다. 또 빌라도는 부하들에게 갑옷 위에 천민의 옷을 입혀 폭도들을 선동한 다음 신호에 따라 눈에 보이는 대로 몽둥이질을 했던 위인이었다. 어제까지만 해도 예수를 찬양하고 비호했던 폭도들 앞에 예수를 세움으로써, 빌라도는 전투적 메시아니즘 전통의 굽힐 줄 모르는 논리를 이용해 우둔한 백성을 억압하려는 계략을 꾸미고 있었던 것이다.

그들 앞에 신적(神的)인 해방자요 거룩한 유대왕국의 왕이라고 여겨졌던 사람이 소수의 로마병정 앞에 철저히 무기력하게 서 있다. 군중이 예수를 종교적 협잡꾼이라며 그를 죽이라고 요구한 것은 너무나 당연했다. 그러나 빌라도는 종교 야바위꾼을 십자가형에 처하는 데 흥미가 없었다. 로마인들의 눈에는 예수도 사막에서 득실거리는 폭도들을 충동질한 강도단이나 혁명분자와 다름없어 보였다. 그도 십자가형을 당해야 할 파괴분자에 불과했던 것이다. 이런 이유에서 예수의 십자가 명패가 '유대인의 왕'이었다.

맨체스터 신학교의 학장을 지냈던 브랜던(S.G.F. Brandon)은 예수가 혼자 십자가형을 당한 것이 아님을 우리에게 상기시켜주고 있다. 복음서는 예수가 처형됐을 때 다른 죄인 두 사람도 같이 처형됐다고 기록하고 있다. 예수와 함께 처형된 두 사람의 죄목은 무엇이었을까? 영역본 복음서에는 '도둑'이라고 번역되어 있다. 그러나 그리스어 필사 원본에는 레스타이라고 되어 있다. 레스타이라는 말은 요세푸스가 젤롯파 강도단들을 지칭할 때 사용했던 말이다. 브랜던은 이 '강도단'들이 실제 어떤 사람이었는지 훨씬 전문적으로 이해할 수 있을 것이라고 믿고 있다. 예수가 재판받을 당시 예루살렘 감옥에는 '반란을 일으킨' 수많은 죄수가 있었다고 마가는 기록하고 있다. 예수와 함께 처형된 두 사람이 그 반도(叛徒)들의 한 무리였다면, 골고다의 무시무시한 처형광경은 그 당시 상황과 일치하는 것이다. 가상의 유대 메시아가 중앙에 있고 그 양 옆에 두 사람의 젤롯파 강도단이 처형되어 있는 광경―이는 반란을 일으키는 원주민들에게 법과 질서를 가르치기 위해 본보기를 보여주고 싶어 하는 식민주의 제국 관료들의 심리를 표출해주는 모든 행위와 일치한다.

네 복음서는 이구동성으로 제자들이 모두 도망가버린 가운데 십자가에서 외롭게 고통받는 예수의 눈물겨운 장면에 초점을 맞추고 있다. 제자들로서는 메시아가 십자가에 매달린다는 것은 꿈에도 생각하지 못할 일이었을 것이다. 그때까지만 해도 그들은 예수숭배가 원한에 찬 전투적 메시아를 숭배하는 것이 아니라 평화의 구세주를 경배하는 것이어야 한다는 사실을 어렴풋이도 알지 못했을 것이다. 사실 브랜던이 지적하는 대로 「마가복음」은 제자들이 자기들의 메시아가 대적들을 멸망시키지 않고 또 처형될 순간 자신도 구하지 않은 이유를 파악하지 못한 것에서 극적인 논쟁점을 갖고 있다.

외형상 예수에게 메시아적 권능이 없어 보인 이유를 이해하기 시작한 것은 예수의 시신이 무덤에서 사라진 후부터였다. 많은 제자가 환상을 보기 시작했다. 그 환상들을 통해 제자들은 일반적으로 메시아가 갖는 자격, 즉 메시아는 꼭 승리해야 한다는 자격이 예수에게는 적용되지 않는다는 점을 깨닫게 되었다. 환상을 통해 영감을 얻은 제자들은 예수의 죽음 자체가 예수가 거짓 메시아라는 점을 말해주는 증거가 될 수 없다는 놀라운 주장을 하게 되었다. 그러나 이런 주장은 전혀 새로운 것은 아니었다. 예수의 죽음은 오히려 하느님께서 유대인들에게 다시 한번 절정의 기회를 주시어 계약을 이행할 수 있는 백성인지 증명해보도록 한 은총의 증거로 여겨졌다. 사람들이 예수를 거짓 예언자라고 의심했던 것을 회개하고 하느님께 용서를 빌면 예수는 다시 올 것이다.

예수의 죽음의 의미를 이런 식으로 해석하자 이는 곧바로 예수의 메시아 자격에 내포되었던 전투적 의미와 정치적 의미를 부인하는 꼴이 되었다. 실제로 예수가 십자가에서 처형당하고 예루살렘이 함락될 때까지 예수의 재림을 기다리던 대부분의 유대인이 로마를 전복하고 예루살렘을 수도로 한 거룩한 유대왕국을 세울 메시아를 계속 기대하고 있었다는 브랜던 교수의 설득력 있는 견해를 뒷받침해줄 증거가 많다. 「사도행전」(Acts of the Apostles)은 예수의 처형 후에 일어났던 일들을 서술한 누가(Luke)의 책이다. 이 책의 서두에는 예수 재림이 지니고 있는 정치적 의미가 사도들의 심정 속에서 최우선이었음이 나타나고 있다. 부활한 예수에게 던진 첫 질문은 "주여, 주께서는 언제 이스라엘 왕국을 재건하시렵니까?"라는 것이었다. 또 다른 신약성서 자료인 「요한계시록」(Revelation)에 묘사된 재림하는 예수의 모습은 다음과 같다. "재림한 예수는 백마를 타고 왕관을 쓴 기사(騎士)의 모습으로 나타나 심판을 하고 전쟁을 하고 '화염'과 같은 눈빛에 '피에 젖은' 겉옷을 입고 '쇠지팡이'로 민족들을 다스리고 '전지전능하신 하느님'의 격노의 '포도 짜는 틀'을 밟으러" 다시 오신다고 묘사되어 있다.

「사해문서」에도 재림하는 메시아에 해당하는 몇 가지 증거가 나타나 있다. 나는 메시아가 부활할 것이라는 사상이 전혀 새로운 것이 아님을 지적했다. 「사해문서」에는 원수들에게 죽임을 당하지만 메시아의 과업을 완성하기 위해 되돌아오는 '정의로운 교사'가 기록되어 있다. 쿰란인들처럼 최초의 유대인 기독교도들은 '정의로운 교사'가 돌아오기를 기다리며 스스로 공동체를 조직했다. 「사도행전」은 다음과 같이 기록한다.

그 많은 신도가 다 한마음 한뜻이 되어 아무도 자기 소유를 자기 것이라고 하지 않고 모든 것을 공동으로 사용했다. …… 그들 가운데 가난한 사람이 하나도 없었다. 땅이나 집을 가진 사람들이 팔아서 그 돈을 사도들 앞에 가져다놓고 저마다 쓸 만큼 나눠받았기 때문이다.

「사해문서」 속에 도성에서 회개한 유대인들이 이와 똑같은 원시공동체를 형성하는 데 필요했던 규정들이 포함되어 있는 것은 상당히 흥미롭다. 이것은 쿰란의 투사들과 유대 기독교도들이 동일한 상황을 동일한 방식으로 대처해나갔음을 밝혀주는 증거이거나 아니면 그 두 집단이 실제 동일한 전투적 메시아니즘 운동의 양면이었다는 사실을 밝혀주는 또 하나의 증거다.

이 장이 시작될 때 내가 지적했듯이 평화의 메시아로서 예수의 형상은 아마도 예루살렘 함락까지는 아직 완벽한 형태를 갖추지 못했을 것이다. 예수의 처형과 최초의 복음서가 기록된 시기 사이에 바울(Paul)이 평화적 메시아 경배를 위한 정지작업을 했다. 그러나 예수를 유대의 전투적 메시아이자 구원자라고 믿음으로써 용기를 얻은 자들은 근본적으로 기원후 68년에 이르기까지의 모든 게릴라운동을 주도했다. 예수를 거의 평화적이고 우주적인 메시아로 묘사한 복음서들이 기록될 수 있던 실제적 배경은 반로마전쟁이 실패로 끝난 후 후유증이 계속되던 상황이었다. 유대교의 메시아적 혁명투사들을 섬멸한 베스파시아누스와 그의 아들 티투스가 차례로 로마제국의 황제가 되자 순수한 평화의 메시아가 실제로 종교활동에 필요하게 되었다. 유대인들이 패망하기 전에는 유대교에 충성하는 것이 예루살렘의 유대인 기독교도들에게 실제로 필요한 것이었다.

예루살렘이 함락되자 예루살렘의 유대인 기독교도들은 지금까지와는 달리 로마제국 내 다른 지역의 기독교 공동체들을 지배할 수 없게 되었다. 베스파시아누스와 티투스의 묵인을 받고 로마에서 살고 있는 기독교도들은 더욱 그러했다. 메시아전쟁의 후유증 때문에 기독교도들은 자기 종교가 로마제국을 전복하려 했던 유대교 메시아니즘에서 유래된 것이 아니라고 실제적으로 부인해야 할 필요가 있게 되었다.

예루살렘 공동체는 '필라즈'(The Pillars, 「사도행전」을 참고―옮긴이)라고 하는데 이는 야고보·베드로·요한의 삼두체제로 운영되었다. 이 세 사람 가운데 야고보가 곧 최고의 인물로 등장했다. 바울은 야고보를 '주님의 형제'(그가 정말 예수의 형제인지는 확실하지 않다)라고 불렀다. 예수운동 가운데 유대민족의 전투적 메시아니즘의 원형을 변질시키려는 바울의 노력에 주도적으로 반기를 든 사람이 바로 야고보였다.

메시아의 계시

예루살렘은 기원후 70년까지 기독교의 중심지였지만 이 새로운 종교는 팔레스타인의 한계를 넘어 로마제국 내의 모든 주요 도시와 마을에 자리 잡은 유대상인들·장인(匠人)들·학자들로 조직된 많은 공동체 속으로 퍼져나갔다. 팔레스타인 밖의 유대인들은 그들의 회중 공동체(synagogue, 유대인들의 종교적 집회―옮긴이)를 방문한 선교사들을 통해 예수 사건을 알게 되었다. 그 선교사 가운데 가장 중요한 인물은 바울이었다. 그는 다소의 사울가에서 태어났다. 그는 헬라어(그리스어, '헬라'는 성서에서 '그리스'를 부르는 이름―옮긴이)를 사용하는 유대인이었다. 그의 아버지는 로마시민권을 획득했기 때문에 가족들은 모두 로마시민권을 소지했다. 바울은 자기는 계시를 통해 예수의 제자가 되었으며 예루살렘의 원사도(原使徒, 예수를 직접 보고 그에게서 복음을 전해 들은 사도들—옮긴이)들과 어떤 직접적인 관계도 가진 적이 없다고 주장했다. 기원후 49년에서 57년 사이에 기록된 그의 서한인 「갈라디아서」(Galatians)에서 바울은 자기가 3년 동안 아라비아와 다마스쿠스를 다니며 선교했으며, 원사도 가운데 어느 누구와도 대화를 나눈 적이 없다고 기록하고 있다. 그 서한은 그쯤 바울이 베드로와 짧은 회담을 가졌고, '주님의 형제' 야고보와 이야기를 나누었다고 기록하고 있다.

그 후 15년 동안 바울은 여러 도시를 돌아다니며 전도했다. 그가 초기에 개종시킨 사람 대부분은 유대인이었다. 바울은 예언자의 계보가 예수로 성취되었다고 주장했다. 예언자의 계보를 가장 잘 알고 있는 자들이 바로 그 유대인들이었기 때문에 바울의 초기 선교는 재판문제로까지 비화되었다. 설령 바울이 랍비들에게 배우지도 않았고 히브리어도 모르고 자신을 유대인이라고 생각해본 적이 없다 하더라도 그는 로마제국의 동부 전역에 흩어져 사는 인종 가운데 예수종교를 믿으라는 호소에 가장 잘 호응할 사람들이 유대인일 것이라는 점을 잘 알고 있었을 것이다. 유대인들은 로마제국 내 난민집단 중 가장 클 뿐만 아니라 가장 큰 영향력을 행사하는 민족으로 기원후 71년에 이르기까지 다른 민족에게는 허용되지 않았던 여러 가지 특권을 향유하고 있었다. 바울의 전도대상은 팔레스타인 밖에 있는 300만에서 600만—야고보의 전도대상인 팔레스타인 내 유대인 인구의 두 배 이상 되는 수—에 이르는 유대인이었다. 사실상 외국의 도시나 시골에 거주하는 모든 유대인이 그의 전도대상이었다.

바울은 해외 유대인 공동체에서 배척당할 때마다 이방인들에게서 개종자를 보충하기 위해 특별히 노력을 기울였다. 그의 노력은 그 자체로는 전혀 이상하지 않았다. 유대인들이 오랜 세월 동안 세계주의적 배경 속에 살면서 얻은 체험으로 누릴 수 있게 된 사회적·경제적 이점에 매력을 느껴 유대주의로 개종하려는 흐름이 이방인들 사이에 꾸준히 존재했다. 이방인 남성 가운데 개종을 원하는 사람은 십계명을 준수하고 할례를 받겠다고 맹세하면 언제든지 유대인이 되어 환영받았다. 바울의 전도 가운데 가장 특이한 것은 메시아에 관한 메시지가 아니라 비유대인에 대한 그의 태도였다. 그는 이방인들에게 할례를 강요하지도 않고 유대인의 자격을 갖추라고 하지도 않고 유대인 기독교도들과 동등하게 세례를 베풀기를 서슴지 않았다.

「사도행전」은 바울이 오랜 전도여행 끝에 예루살렘에 올라가 야고보와 예루살렘 장로들을 만나는 것을 상술했다. 바울은 야고보와 예루살렘 장로들에게 비유대인들을 개종시키려는 자신의 노력을 방해하지 말아달라고 간청했다. 야고보는 우상숭배와 간음행위를 하지 않고 목 졸라 죽인 짐승의 고기나 피 흐르는 고기를 먹지 않는다고 맹세한다면, 이방인들도 기독교도가 될 수 있다고 판결했다. 그러나 야고보와 예루살렘 교인들은 할례받지 않은 기독교도들은 유대인 기독교도보다 지위가 한 단계 낮다고 주장했다. 바울은 베드로가 모든 기독교도와 함께 식사하다가 야고보가 보낸 조사위원들이 오자 그는 유대인 기독교도 조사단들이 야고보에게 보고할까봐 두려워 비할례 기독교도들과 식사하는 것을 즉각 중지했다고 말한다.

거룩한 유대왕국 백성 가운데 이스라엘 자손들에게만 할당된 특권적인 신분을 포기하고 전도할 수 있다는 것이 외국의 전도대상자들에게 보여줄 수 있는 바울의 이점이었다. 또한 예수의 메시아 직분 가운데 현세적이고 전투적인 정치적 요소들을 무시하지 않았던 것도 바울의 장점이었다. 그러나 바울은 그의 이러한 전(全) 기독교적인 혁신(ecumenical innovation) 때문에 도저히 해결할 수 없는 전략상의 문제에 부딪치게 되었다. 이 문제 때문에 바울은 야고보와 예루살렘 기독교도들과 더욱 깊은 갈등 속에 빠질 수밖에 없었다. 왜냐하면 예루살렘의 기독교도들은 살아남기 위해 자기들 유대민족의 애국자들 처지에 성실하게 서 있음을 보여줄 수 있어야 했기 때문이다. 확대일로의 반로마전쟁에 가담하고 있는 여러 파벌 속에서 살아남기 위해 야고보는 예루살렘 성전에 예배드리는 일을 계속하고 자기의 추종자들이 유대율법에 충실하고 있다는 이미지를 보여줄 필요가 있었다. 야훼의 계약을 믿는 예루살렘 기독교도들의 신앙은 예수가 곧 재림할 것이라는 신앙 때문에 약해진 것이 아니라 오히려 그것 때문에 더 돈독해졌다.

유대인 기독교도들은 바울이 해외도시에 거주하는 유대인들을 자극해 유대율법을 범하게 하고 유대인들과 이방인들이 미래의 메시아가 주실 구원의 축복을 평등하게 받을 자격이 있다고 생각해 그들을 평등하게 대우한다고 비난했다. 바울의 해석을 따르는 예수숭배 물결이 예루살렘까지 밀려온다면 야고보와 그를 따르는 자들은 끝장날 것이었다. 브랜던은 "유대인의 관점에서 본다면 그런 예수종교의 외양은 신학적으로만 부당한 것이 아니라 민족과 종교 모두를 배신한 충격적인 변절을 의미했다"고 평가하고 있다.

예수의 언행을 보존하고 있는 어느 기록에도 해외 기독교 공동체 내에서 유대인과 이방인 간의 불평등을 제거하려는 바울의 노력을 지지하는 것은 없다. 예컨대「마가복음」에는 이런 설화가 있다. 시리아 지방에서 사는 헬라 여인이 예수 발아래 엎드려 신들린 자기 딸에게서 악마를 쫓아달라고 애걸한다. 예수는 이를 거절한다. "자녀를 먼저 배불리 먹게 할지니라. 자녀의 빵을 개에게 던짐이 마땅치 않느니라." 그 시리아의 헬라 여인은 예수의 이 말에 다음과 같이 대꾸한다. "상 아래 개들도 아이들이 먹던 부스러기를 먹나이다." 이에 예수는 불쌍히 여겨 그 여인의 딸을 치유해준다. 여기에서 '자녀'는 오직 '이스라엘의 자녀'를 의미할 뿐이고 비(非)유대인, 특히 시리아 지방의 헬라인과 같은 적대자들은 '개들'이었다. 이러한 사건들과 언사들은「마가복음」과 그 외 다른 복음서에도 보존되어 있는데 그 까닭은 원한에 찬 자민족의 우월적인 언행들이 기독교 공동체 속에서 완전히 제거될 수 없었기 때문이다. 그뿐만 아니라 마가는 태생이 유대인이었기 때문에 아마도 이전에 예루살렘 '모교회'(母敎會)의 설립자들이 주장했던 인종차별의 양가감정(ambivalence)에서 완전히 탈피하지는 못했던 것 같다.

야고보와 바울의 갈등

야고보는 예루살렘 공동체를 보호하기 위해 유대적 기독교를 계속 믿고 받들도록 교육받은 선교사들을 해외로 급파해 바울과 맞서게 했다. 그들은 바울의 사도 자격을 비판해 그의 전도활동에 치명타를 가했다. 바울은 환상 속에서만 예수를 보았기 때문에 이런 공격에는 약했다. 그 외에 바울은 팔레스타인 밖 회중 공동체의 지지를 계속적으로 받아야 할 필요가 있었다. 그래서 기원후 59년 불길한 예감과 예언적인 경고가 있는데도 바울은 예루살렘으로 올라가 자기를 비난하는 자들과의 갈등을 종식시키기로 작정했다.

바울은 재판장 앞에 출두하는 피고처럼 야고보 앞으로 나아갔다. 야고보는 예루살렘에 예수를 믿는 유대인이 수천 명이나 있지만 그들은 아직도 율법에 충실하고 있다는 점을 바울에게 주지시킴으로써 훈계했다. 그리고 야고보는 바울에게 충실한 유대인이라는 것과 자신에 대한 비난이 근거 없다는 것 그리고 "율법에 충실했고 명령대로 일했다"는 사실을 증명하라고 명령했다. 그는 또한 예루살렘 성전에서 7일 동안 성작(聖爵) 정화의식에 응하라고 바울에게 요구했다. 바울은 다음과 같은 사실을 확인하고 그 요구들을 받아들였다.

1) 주님의 형제 야고보는 그 당시 기독교의 최고 지도자였다. 2) 야고보와 유대인 기독교도들은 그때까지도 유대교 성전에서 예배를 보았다. 그들에게는 독립된 '교회'가 없었다. 3) 유대인 기독교도들은 예수가 재림해 다윗의 계약을 완성하고 예루살렘을

거룩한 유대왕국의 수도로 삼을 것이라고 믿고 있었다. 4) 세례를 받고 회개하고 예수와 야훼를 믿는 자들은 모두 구원을 받을 것이다. 그러나 유대인 기독교도들이 그 외 이방인 기독교도들보다 한 단계 높은 구원을 받을 것이다.

바울은 유대의 민족적 이상에 대한 자신의 충성심을 맹세하려 했으나 명백한 배신 때문에 그의 노력은 중단되었다. 아시아에서 올라온 순례자들이 그를 알아보고 폭도들을 선동해 성전에서 끌어내어 초주검이 되도록 구타했다. 때마침 로마군 수비대장이 중재하지 않았다면 바울은 어떻게 되었을지 모를 상황이었다. 대제사장들이 그를 재판에 송치했을 때 또 한 번 위기에 직면했다. 그를 해치려는 음모가 수차례 더 있었다. 그러나 바울은 자신이 로마시민권이 있음을 밝혀 유대인이 아닌 로마시민으로 재판받게 해달라고 요구하며 가까스로 팔레스타인에서 빠져나올 수 있었다. 그는 로마로 호송되어 집 안에 연금되었다. 그러나 그 후 그에게 무슨 일이 일어났는지는 분명히 알려지지 않고 있다. 아마도 그는 기원후 64년에 순교한 것 같다. 같은 해 네로 황제가 로마에 발생한 큰 화재의 책임을 유대인들에게 뒤집어씌우면서 이들을 '인류의 적'으로 지칭했다. 또 이들을 피를 마시는 새로운 종파(宗派)라고 하며 그 책임을 뒤집어씌우기로 결정했다(네로의 반대자들은 네로 자신이 궁전 옆에 있는 빈민굴을 없애기 위해 방화했다고 주장했다).

바울에게는 이미 너무 때늦은 것이었지만 팔레스타인에 전면적인 전쟁이 발발함으로써 바울이 완수하지 못한 선교가 가능하도록 정치상황이 극적으로 변했다. 기원후 70년에 이르러 예루살렘의 유대인 기독교도 모교회는 해외에 있는 기독교 공동체에 더 이상 지배권을 행사할 수 없게 되었다. 예루살렘 모교회가 예루살렘 함락으로 잔존할 수 없던 것도 사실이지만 기독교 내 중심 세력으로서의 지위도 상실하게 되었다. 기원후 68년부터 73년까지 지속된 혁명은 해외에 있는 유대인들과 로마인들의 관계를 악화시켰다. 또한 그 혁명으로 유대민족의 패배에 책임이 있는 자들이 체포되었다. 기원후 71년 베스파시아누스와 그의 아들 티투스는 로마의 티투스 승전문에서 장엄한 경축행사를 열었다. 그때 예루살렘 젤롯파 강도단의 마지막 두목이었던 기오라스(Simon Gioras)는 대광장에서 교살되었고 유대인 포로들과 전리품들은 이 제전의 구경거리가 되었다. 그 이후로 베스파시아누스는 제국 내 유대인들을 포악하게 대했고 그들의 자유를 제한하고 성전 세금을 사투르누스(Saturn, 로마의 농업 신으로 주피터 이전의 주신主神 — 옮긴이)의 재정으로 돌렸다. 기원후 1세기 말엽에 이르기까지 반유대주의는 로마인들의 생활과 문학의 특징으로 굳어졌다. 이런 반유대주의 때문에 기원후 135년 코흐바가 제2의 아마겟돈을 유발시킨 원인이었던 축적된 반발감, 격화된 억압감, 폭동, 반란 등이 유대인들에게 일반화되었다.

마가는 예루살렘 성전의 파괴가 예수를 죽인 유대인들에 대한 징벌이라고 강조했다. 이 때문에 브랜던은 네 복음서 가운데 제일 먼저 기록되었고 다른 복음서의 자료가 되었던 「마가복음」이 예루살렘 함락 후 로마에서 기록되었을 것이라고 추론한다. 브랜던의 말대로 어쩌면 이 복음서는 기원후 71년 로마의 승리를 기념하는 대축제에 대한 직접적인 응답으로 기록되었을지도 모른다.

마침내 평화의 메시아 종교가 전파되기에 최적의 상황이 충분하게 펼쳐지고 있었다. 이제 유대인 기독교도들은 자신들의 신앙 대상인 메시아는 지속적인 반란과 문제를 야기한 젤롯과 강도단들의 메시아와는 무관하다고 로마인들을 설득해온 이방인 기독교도들과 자발적으로 같은 행동노선을 취하게 되었다. 즉 유대교도들과 달리 기독교도들은 현세적 야망이 없는 무해한 평화주의자들이다. 기독교도들이 바라는 하느님의 왕국은 이 세상의 왕국이 아니다. 기독교의 메시아는 모든 인류에게 영원한 생명을 주기 위해 십자가에 매달렸다. 그의 가르침은 유대교도들에게는 위협적이겠지만 로마인들에게는 전혀 위협이 되지 않는다. 예수의 처형에 로마인들은 어떤 책임도 없다. 유대인들이 예수를 죽였다. 빌라도는 예수가 처형되는 현장에 있었지만 처형을 막을 수는 없었다.

평화의 메시아의 비밀은 독립투쟁의 현장과 두 번에 걸쳐 일어난 지상의 아마겟돈이 남긴 후유증 속에 감춰져 있었다. 우리가 알고 있던 대로 도무지 세력을 확장할 수 있을 것 같지 않았던 평화의 메시아 종교는 이처럼 '어둠의 자식들'과의 투쟁과정을 밟았다.

이 새 종교로 개종한 사람들 —수치상으로는 중요한 자원이 아닐 수도 있으나 영향력의 행사라는 점에서 분명히 중요한 자원―은 지중해 동쪽 해안에 흩어져 사는 도시 유대인들이었다. 전설에는 기독교가 로마제국 국민의 다수를 구성하고 있던 농민대중과 노예들에게 깊이 침투했다고 하지만 이런 전설과 달리 하층민에 대한 선교는 별로 성과가 없었다. 역사가 배런(Salo Baron)이 지적했듯이 '농민'이라는 뜻의 라틴어 파가누스(*paganus*)는 기독교도들에게 '이교도'라는 말과 동의어였다. 기독교는 난민 신세였던 도시 이방인이 믿는 종교가 되었던 경향이 뚜렷하다. "인구의 3분의 1이 유대인으로 구성된 여러 도시에서 이른바 새로운 변종 유대주의인 이 종교는 승승장구하며 세력을 확장해갔다."

유대교를 고수한 유대인들은 기독교로 개종한 유대인들보다 로마의 핍박을 받기가 더 쉬웠다. 로마제국이 전면적으로 기독교를 박해하기 시작했던 것은 네로 황제 때가 아니라 이보다 훨씬 후기인 기원후 150년부터였다. 이 시기에 이르러 기독교도들은 도시 중심부에 모여 살면서 효과적인 사회복지활동을 펼치기 시작했다. 기독교도는 로마 상류계층 속으로 파고들어가 재정적으로 독립된 국제협력단체를 만들어 능숙한 관리자를 두고 있었다. 따라서 기독교 교회는 또다시 로마의 법과 질서에 정치적으로 위협이 되었다. 기독교 교회들은 '국가 안의 국가'가 되었던 것이다.

나는 기독교를 로마제국의 국교로 승인한 일련의 현세적인 사건들을 충분히 밝히지 않을 수 없다. 이 결정은 콘스탄티누스(Constantine) 대제가 스스로 내린 것이었다. 그런데 콘스탄티누스 대제의 눈에 기독교는 이제까지의 평화의 메시아 종교의 모습을 하고 있지는 않았다. 나는 이 점을 강조하고 싶다. 콘스탄티누스 대제는 소수의 군대를 이끌고 알프스 산맥을 넘었던 기원후 311년에 기독교로 개종했다. 피곤한 몸을 이끌고 로마에 도착했을 때 그는 태양 위에 십자가가 나타나는 환상을 보았다. 그의 눈에는 그 십자가 위에 '*IN HOC SIGNO VINCES*'(이 표적 때문에 그대는 승리를 얻을 것이다)라는 글귀가 쓰여 있는 것이 보였다. 그때 예수가 콘스탄티누스 대제에게 나타나서 군기(軍旗)의 문장(紋章)을 십자가로 하라고 지시했다. 이 기묘한 군기 아래서 콘스탄티누스 대제의 군대는 결정적인 승리를 하게 되었다. 콘스탄티누스 대제의 군대는 제국을 다시 차지하게 되었고, 이에 따라 평화의 메시아가 매달려 죽은 십자가가 수백만의 기독교 군인과 당시까지 그들의 적이었던 자들의 말 없는 죽음을 지배할 것이 보장되었다.

9

빗자루와 악마연회

하나는 사람들이 빗자루를 타고
하늘을 날아다니는 마녀가 있다고
믿었던 이유가 무엇인가?
또 하나는 이와는 전혀 다른 문제로
16세기와 17세기에 이런 마녀사상이
그토록 널리 일반화된 까닭은 무엇인가?

마녀와 마법사

대인이 메시아가 지니고 있는 현세적인 중요성을 이해하는 데 도움을 주었던 것과 마찬가지로 이제 메시아의 비밀에 대해 알게 됨으로써 마녀들의 실제적 의미를 더 잘 이해할 수 있게 될 것이다. 그러나 메시아와 마녀의 관계가 명백한 것은 아니라는 점을 경고한다.

메시아와 마녀의 관계를 밝히려면 먼저 많은 예비적인 문제에 대해 고찰해야 한다. 15세기에서 17세기 사이, 유럽에서 50만 명이 마녀 또는 마법사라는 죄목으로 화형당한 것으로 추정된다. 그들의 죄목은 악마와 계약을 맺은 죄, 빗자루를 타고 하늘을 날아다닌 죄, 불법적인 악마연회에 참석한 죄, 악마에게 예배한 죄, 악마의 꽁무니에 입 맞춘 죄, 얼음같이 차디찬 성기를 지닌 남성 악마인 인쿠비(Incubi)와 성교한 죄, 여성 악마인 수쿠비(Succubi)와 성교한 죄 등이다.

여기에 더 현실적인 죄목들이 추가된다. 이웃의 암소를 죽인 죄, 우박을 불러온 죄, 농작물을 망친 죄, 아이들을 유괴해 잡아먹은 죄가 그러하다.

그러나 악마연회에 참석하기 위해 공중을 날아다닌 죄, 단 하나만으로도 수많은 마녀가 화형당했다. 나는 마법에 관한 수수께끼를 두 가지 독립된 주제로 분류하고 싶다. 하나는 사람들이 빗자루를 타고 하늘을 날아다니는 마녀가 있다고 믿었던 이유가 무엇인가? 또 하나는 이와는 전혀 다른 문제로 16세기와 17세기에 이런 마녀사상이 그토록 널리 일반화된 까닭은 무엇인가? 나는 이 두 가지 수수께끼가 모두 실제적이고 현실적인 해답을 지니고 있다는 생각이 든다. 우선 마녀들은 무엇 때문에, 무슨 수로 하늘을 날아 악마연회에 참석했는지에 관한 문제의 해답에 주의를 기울여보자.

마녀에 대한 '고백서'는 많지만 자신이 정말 마녀라고 자인(自認)한 사례는 실제 역사 속에서 거의 존재하지 않는다. 마녀들에 대한 기이한 용어들, 악마와의 계약, 빗자루 비행, 악마와의 연회 등은 화형당한 마녀들의 입에서 나온 것들이라기보다 마녀 화형자들이 지어낸 것이라고 하는 역사가도 있다. 그러나 곧 살펴보겠지만, 최소한 여러 명의 마녀 피의자는 스스로 마녀이고 빗자루를 타고 하늘을 날 수 있다고 믿었으며 악마들과 성교했다고 강력히 믿고 있었다.

'고백서'와 관련한 불행한 사실은 그 고백서들이 대개는 마녀 피의자들을 고문해 받아썼다는 것이다. 마녀들이 악마와 계약을 맺고 하늘을 날아 악마연회에 참석했다고 고백하기까지 고문은 계속되었다. 또 악마연회에 참석한 다른 사람의 이름을 말할 때까지 고문은 계속되었다. 처음 자백한 것을 번복하려 하면 그 자백을 재확인할 때까지 더욱 악랄한 고문이 가해졌다. 이렇게 마녀 피의자들에게는 양자택일이 강요된다. 즉 고통을 덜 받고 화형주(火刑柱)에서 조용히 죽어갈지 아니면 몇 번이고 고문을 당할지 선택해야 한다. 피의자 대부분은 화형주를 선택했다. 협조적인 태도를 보인 회개한 마녀들은 그 대가로 장작더미에 불이 붙기 전에 교살당하는 행운을 얻기도 했다.

유럽의 마녀연구 역사가 리(Charles Henry Lea)가 수집한 수백 개의 기록 가운데 전형적인 사례를 한 가지만 논의하자. 이 사건은 1601년 서독 영토가 된 오펜부르크에서 일어났다. 방랑 여인 두 사람이 고문에 못 이겨 자기들이 마녀라고 자백했다. 악마연회에서 본 사람을 말하라는 협박에 그들은 제빵사의 아내 그위너 (Else Gwinner)를 불었다. 그위너는 1601년 10월 31일 수사관들 앞에 끌려갔지만 마법에 대해 아는 바가 없다고 완강히 부인했다. 불필요한 고통을 받을 필요가 없지 않겠느냐는 협박을 받았지만 그녀는 계속 자신의 결백을 주장했다.

그들은 그녀의 두 손을 밧줄로 묶어 공중에 매달았다. 이 고문은 스트라파도(Strappado, 죄인의 손을 뒤로 묶어 매달았다가 갑자기 바닥으로 내동댕이치는 고문)라 한다. 그녀는 소리를 지르기 시작했고 고백을 할 테니 내려놔달라고 애걸했다. 땅에 그녀를 내려놓자 그녀는 "아버지, 저들을 용서하옵소서. 그들은 자기들이 하는 일이 무엇인지 모르옵나이다"라는 말밖에 하지 않았다. 다시 고문이 시작되었으나 그녀는 의식을 잃을 때까지 자백하지 않았다. 그녀는 감옥으로 이송되어 11월 7일 세 번에 걸쳐 점점 더 무거운 물건을 몸에 달면서 스트라파도 고문을 당했다. 세 번째 매달리게 되었을 때 그녀는 견디지 못해 고함을 질렀다. 그들은 그녀를 다시 땅에 내렸고 그녀는 '악마와 사랑'을 즐겼다고 고백했다. 수사관들은 이에 만족하지 않고 더 많은 자백을 강요했다. 그녀의 몸에 더 무거운 물건을 달고 매달아 자백하라고 강요했다. 그녀가 다시 바닥에 내려졌을 때 그녀가 했던 고백들은 고통에 못 이겨 한 거짓말이었고 "사실은 결백하다"라고 주장했다. 그러는 동안 수사관들은 그위너의 딸 아가테(Agathe)를 잡아왔다. 그들은 아가테를 감방에 처넣고 그녀가 자신과 자기 어머니는 마녀이고 빵값을 올리기 위해 농작물을 망쳤다는 자백을 할 때까지 매질을 했다. 아가테는 어머니 그위너와 대질심문을 했을 때 어머니와 연루된 부분을 부인했다. 그러나 홀로 수사관 앞에 있게 되자 아가테는 자백을 재확인하며 어머니와는 다시는 대면하지 않게 해달라고 애걸했다.

그위너는 다른 감옥으로 끌려가 덤스크루(Thumbscrew, 엄지손가락을 죄는 옛날 형틀―옮긴이)로 고문을 받았다. 그러나 고문이 중단될 때마다 그녀는 결백을 주장했다. 결국 그녀는 다시 한번 자기에게 악마애인이 있다고 인정했지만 그 이상은 입을 열려하지 않았다. 그녀가 자백했던 모든 것을 다시 부인한 후인 12월 11일에 다시 고문이 시작되었다. 그녀는 의식을 잃었다. 그들은 그녀의 얼굴에 찬물을 퍼부었다. 그녀는 소리를 지르며 제발 그만하라고 애걸했다. 고문이 중단되자 곧 자백을 부인했다.

그러나 결국에는 악마애인의 두 날개를 타고 악마연회에 참석했다고 고백했다. 그러자 수사관들은 그 연회에서 얼굴을 본 자들의 이름을 대라고 강요했다. 그위너는 두 사람―슈피스(Spiess) 부인과 바이스(Weyss) 부인―의 이름을 말했다. 그녀는 나중에 더 많은 사람의 이름을 밝히겠다고 약속했다. 그러나 12월 13일, 아가테에게서 얻어낸 또 다른 증거를 가지고 나타난 사제(司祭)가 여러 가지 노력을 했지만 그녀는 지금까지의 모든 자백을 부인했다. 12월 15일 수사관들은 "우리에게는 자비나 동정이 없다. 진실을 말할 때까지 몇 번이고 그녀를 고문하겠다"라고 말했다. 그녀는 안색이 어두워졌지만 자기의 결백을 계속 주장했다. 특히 악마연회에서 슈피스 부인과 바이스 부인을 보았다는 진술은 전혀 근거가 없는 것이라고 주장했다. "연회에는 많은 사람이 모여 혼란스러웠기 때문에 누가 누군지 분간할 수 없었어요. 게다가 참석자들은 자기 얼굴을 밝히기 꺼려해 얼굴을 가리고 있었기 때문에 더욱 알아볼 수 없었어요." 또다시 고문하겠다는 협박이 있었지만 그녀는 최후의 맹세로서 자백서에 날인(捺印)하기를 거부했다. 그위녀는 1601년 12월 21일에 화형당했다.

스트라파도, 랙(Rack, 선반고문대), 덤스크루 외에도 아래에 불로 달군 낫이 박힌 의자, 가시 박힌 신, 바늘이 꽂힌 띠, 빨갛게 달군 쇠, 빨갛게 달군 펜치 등으로 마녀사냥꾼들을 고문했고 굶기거나 잠을 못 자게 했다. 그 당시 마녀광 비평가인 메이파르트(Johann Meyfarth)는 고문실에서 본 다음과 같은 광경들을 망각할 수 있다면 얼마나 행복할지에 대해 기술하고 있다.

나는 몸통에서 떨어져 나온 손발, 머리통에서 빠져나온 눈알들, 다리에서 떨어져 나온 발목들, 관절에서 뒤틀린 힘줄, 몸통에서 뒤틀린 견갑골(肩胛骨), 부풀린 동맥, 밀린 정맥, 천정까지 끌어올려졌다가 바닥으로 내동댕이쳐치고 빙글빙글 회전시키고 머리를 거꾸로 해 공중에 매달리는 희생자들을 보았다. 나는 고문자들이 피의자들을 채찍으로 후려치고 회초리로 두들기고 '스크루'로 손가락을 찌부러뜨리고 무거운 물건을 몸에 묶어 공중에 매달고 굵은 밧줄로 꽁꽁 묶고 유황으로 지지고 뜨거운 기름을 온몸에 바르고 불로 그을리는 모습들을 보았다. 간단히 말해서 나는 인간의 육체가 얼마만큼 폭행당할 수 있는지 목격한 대로 묘사하면서 이에 대해 개탄해 마지않았다.

종교재판

마녀광란이 일고 있던 도처에는 고문당해 작성된 자백들을 판결 전에 확인하는 절차가 있었다. 그래서 마법 사례들의 기록 속에는 항상 모종의 형식이 포함되어 있었다. "○○는 자유의지에 따라 고문당해 자백한 사실들을 확인함." 그러나 메이파르트가 지적하기를 이런 자백들은 진짜 마녀와 가짜 마녀들을 구별하는 데 별 가치가 없는 것들이었다. 그는 법정의 의자에 앉기 전에 "마르가레타(Margaretha), 그대는 자유의지에 따라 고문하기 전에 자백을 추인하겠는가?"라는 형식이 도대체 무슨 의미가 있는지 의문을 제기한다.

그 추인은 다음과 같은 의미가 있다. 견딜 수 없는 고문을 받아 자백할 때 수사관은 그녀에게 말했다. "만약 지금까지 자백한 것들을 부인할 의사가 있으면 지금 나에게 말하라. 그러면 내가 선처해주겠다. 그러나 만약 당신이 법정에서 그 사실을 부인한다면, 당신은 다시 내 손아귀로 돌아와 지금보다 더 지독한 꼴을 보게 될 것이다. 나는 돌도 눈물을 흘리게 할 수 있다. 그리고 당신에게도 그런 식으로 대할 수 있다." 마르가레타가 법정에 끌려갔을 때 그녀의 발에는 족쇄가 채워져 있었고 손에는 포승이 묶여져 피가 배어나올 지경이 되었다. 그녀 옆에는 간수와 수사관이 서 있었고 그 뒤에는 경비대가 무장하고 서 있었다. 자백서가 낭독되고 수사관은 그 자백서를 추인할 것인지 그렇지 않을 것인지 물었다.

역사가 트레버로퍼(Hugh Trevor-Roper)는 고문의 흔적 없이 작성된 자백서도 공공기관에 많이 제출되었다고 주장한다. 그러나 '자의적이고' '자유의지에 따라 진술된' 자백마저도 수사관들이나 재판관들이 임의로 자행했던 미묘한 테러행위 때문에 나온 것은 아닌지 신중히 평가해야 한다. 마법사 수사관들이 먼저 고문하고 그다음 진술서를 작성하고 그 후에 진짜 증서를 제시하는 것이 제도화된 관례였다. 이 수사과정의 어느 시점에서든 자백은 받아내게 된다. 고문이나 협박의 효과는 아마도 오늘날 보기에는 '자의적인' 것처럼 여겨지는 재판 이전에 나온 자백 속에 은밀히 스며들었을 것이다. 물론 진짜 자백도 있었을 것임을 부인하지 않겠다. 그러나 고문이 마법사들 수사에 중요한 부분이었음을 부인하고 있는 현대의 마녀 전문가들이 큰 오류를 범한다는 생각이 든다. 수사관들은 자백을 통해 조작된 마녀들의 입에서 다른 마녀 피의자의 이름이 나오지 않으면 만족하지 못했다. 그리고 조작된 마녀들의 입에서 나온 마녀 피의자들도 결국은 기소되고 고문당하는 것이 일반적이었다.

메이파르트는 3일간에 걸친 고문에 못 이겨 한 남자의 이름을 말한 노파가 붙잡혀온 그 남자에게 다음과 같이 고백한 사례를 언급하고 있다.

"나는 악마연회에서 자네의 얼굴을 본 적이 없어. 하지만 고문을 덜 받기 위해 누군가의 이름을 말하지 않을 수 없었네. 마침 그때 자네 얼굴이 떠올랐네. 이곳에 끌려오는 길에 자네를 보지 않았었나? 그때 자넨 내가 마녀일 리 없다고 말했었지? 용서하게. 그러나 또다시 고문을 받게 되면 자네 이름을 또 말하지 않을 수 없을걸세." 그 노파는 다시 고문대로 끌려갔고 거기에서 첫 진술을 다시 확인했다. 그 희생자들이 빗자루를 타고 하늘을 날아 악마연회에 참석했다고 많은 사람이 진정으로 믿었다 하더라도 이런 고문 행위가 없었다면 그 마녀광란 속에 그토록 많은 희생자가 어떻게 생겨났을지 이해하기 곤란할 것이다.

사실 지구상의 어느 사회에서나 어떤 형태로든 마법 개념이 존재한다. 그러나 유럽에 있던 마녀광란처럼 그렇게 격렬하고 오랫동안 지속된 것은 없었다. 어느 사회의 마법처형에서도 유럽에서만큼 그렇게 많은 희생자를 내지 않았다. 원시사회에서는 누가 마귀에 씌었다고 의심받으면 고문이 죄의 유무를 밝히는 수단의 하나로 사용되기는 했어도, 내가 알기로는 고문으로 조작된 마녀의 입에서 다른 마녀의 이름을 끌어내는 사례는 하나도 없었다.

유럽에서도 다른 사람의 이름을 고백하게 하는 데 고문이 이용된 것은 1180년 이후부터였다. 11세기 이전에는 악마와 함께 있었다는 누명을 쓴 사람이 처형되는 경우가 없었다. 사람들은 서로 마법사니 마녀니 또는 마법을 사용하는 초자연적 능력이 있느니 하며 비난했다. 그리고 하늘을 날 줄 알고 먼 거리를 한순간에 달릴 수 있는 마력을 지닌 여자들이 있다는 등의 다양한 공론이 많았다. 그러나 마녀사냥을 하거나 사람들을 강요해 죄를 자백하게 하는 등 조직적으로 일하려는 당국자들은 별로 없었다. 사실 초기에 가톨릭교회는 하늘을 나는 마녀가 있다는 사실을 부인했다.

기원후 1000년에는 그렇게 날아다니는 존재가 있다고 믿는 것을 금지했다. 1480년 이후부터는 날아다니는 존재가 없다고 믿는 것을 금지했다. 기원후 1000년경 교회는 날아다니는 마녀라는 말은 악마가 조작해낸 환영에 불과하다고 공식 발표했다. 500년 후 교회는 날아다니는 마녀는 환영에 불과하다고 주장하는 자들은 악마와 손잡은 사람들이라고 공식 표명했다.

전자의 경우는 「에피스코피 경전」(The Canon Episkopi)의 주장에 그 근거를 두었다. 그 경전은 마녀 떼가 밤하늘을 날아다닌다고 믿는 사람들에 대해 다음과 같이 경고했다. "그 신앙 없는 자들은 그러한 일이 환상이 아니라 실재하는 일이라고 믿는다." 즉 악마는 당신이나 다른 사람이 밤에 하늘을 날 수 있다고 믿게 하지만 '실제로'(really)는 당신도 다른 사람도 날아다니지 못한다. '실제로'라는 말이 무슨 의미인지 알려면 '실재'(reality)라는 용어를 규정했던 1480년 이후의 정의(定義)와 그전(기원후 1000년경)에 사용되었던 '실제로'라는 말의 의미에 결정적으로 어떤 차이가 있는지 알아야 한다. 이를 위해서는 당신이나 당신과 같은 몽상가들이 믿고 있던 대로 하늘을 날 수 있는 사람이 존재하지 않는다고 믿어도 그것이 잘못되었다고 비난받지 않은 적이 있었다는 사실을 기억하면 된다. 사람들이 악마와 함께 있었다는 것은 꿈에 불과하다. 그리고 당신의 꿈속에서 다른 사람들이 무엇을 하고 있든지 그것을 설명할 필요는 없다. 그러나 그런 나쁜 꿈을 꾸는 자들은 악한 생각을 가진 자들이기 때문에 처벌받아야 한다. 화형이 아니라 파문되어야 한다.

「에피스코피 경전」의 주장을 뒤엎는 데 몇 세기가 걸렸다. 마녀들이 환상 속에서뿐만 아니라 실제로 날아다닐 수 있다는 사실을 부인하는 것은 이단적인 범죄가 되는 시기가 되었다. 일단 날아다니는 실재가 있다는 것이 정설이 되자 자백을 통해, 즉 조작된 마녀의 입을 통해 다른 마녀의 이름을 불게 하는 것도 가능해졌다. 이 전환기에 사용된 고문은 증식용 원자로(breeder reaction) 같은 효과를 발휘했다. 현대의 발달된 증식용 원자로는 에너지를 제곱으로 증가시킨다. 마찬가지로 화형당한 모든 마녀는 자동으로 둘 이상의 화형후보자를 만들어냈다.

세련된 다른 장치들은 이 시스템이 무리 없이 가동되도록 도왔다. 고문자들이나 수사관들의 용역비용을 마녀의 가족에게 강제로 부담시켜 비용을 줄이는 것이었다. 마녀의 가족들은 화형 전에 열리는 재판관들의 연회비용과 화형용 나무단의 비용도 부담해야 했다. 지방관리들이 굉장히 열성적으로 마녀사냥에 몰두한 이유는 그들에게 마법사나 마녀의 혐의를 받은 자들의 전 재산을 몰수할 권리가 주어졌기 때문이었다.

이미 13세기에 마녀사냥제도는 성숙되었고 완성단계에 들어갔다. 그러나 그 당시까지만 해도 마녀사냥제도는 마녀와 투쟁하는 단계는 아니었다. 교회는 초기에는 마녀의 고문을 허용하지 않았다. 고문은 유럽 전역에서 새로 일어나 로마의 십일조와 성례 독점권을 위협하기 시작한 불법적인 교회조직 구성원들에 대해서만 허용되었다. 예컨대 13세기경 남프랑스에서는 알비겐시안(Albigensian, '카타리'Cathari라고도 불림 — 옮긴이)들이 일어나 비국교도파 프랑스 귀족들의 보호 아래 공개집회도 하고 자체 성직자단도 지닌 세력 있는 독립 교회조직으로 발전했다. 교황은 남프랑스를 기독교국으로 유지·보존하기 위해 성전(聖戰), 즉 알비겐시안 십자군전쟁(The Albigensian Crusade)을 선포하지 않을 수 없었다. 알비겐시안들은 마침내 사라졌지만 발도파(Waldense, '보드와'Vaudois라고도 불림 — 옮긴이) 등의 이종교파들이 또 일어났다. 교회는 이런 체제 전복적인 움직임을 제거하기 위해 종교재판소를 설치했다. 이 종교재판소는 이교도를 근절하는 단 한 가지 기능을 하는 준군사적인 특수기관이었다. 종교재판소의 추적 때문에 프랑스·이탈리아·독일 등의 이교도들은 비밀조직을 만들어 지하로 잠입해 비밀회합을 열었다. 이교도들이 비밀단체로 변하자 수사가 여의치 않음을 깨달은 교황의 수사관들은 이교도들에게 자백을 강요하고 연루자들의 이름을 말하도록 고문할 수 있는 권한을 요구했다. 13세기 중엽 교황 알렉산더 4세(Alexander IV)는 고문권을 인정했다.

발도파들이 고문당하던 때에도 마녀들은 「에피스코피 경전」의 보호를 받고 있었다. 마법은 범죄였지만 이교도는 아니었다. 악마연회는 상상 속의 허구였기 때문이다. 그러나 시간이 흐르면서 마법재판권이 없는 교황의 수사관들은 점점 혼란을 느끼게 되었다. 그들은 옛날 「에피스코피 경전」이 주장한 것처럼 마법은 허구가 아니라고 주장했다. 실제로 하늘을 날아 악마연회에 참석하는 새롭고 훨씬 위험한 마녀들이 생겨났다고 주장했다. 그리고 그 악마연회는 이교종파들의 비밀집회와 아주 흡사했다. 의식은 그 것보다 더 가증스러웠다. 다른 이교도들에게 한 것처럼 마녀들을 고문하면 그들의 자백으로 광범위하게 비밀 음모집단을 색출해 낼 수 있을 것이다. 마침내 로마교황은 굴복했다. 교황 이노센트 4세(Innocent Ⅳ)는 1484년 인스티토르(Henricus Institor)와 스프렌거(Jakob Sprenger)라는 두 수사관에게 교서를 내려 독일 전역의 마녀들을 근절하기 위해 완전한 종교재판권을 사용하라고 허락했다.

인스티토르와 스프렌거는 그들의 저서 『마녀들의 망치』(*The Hammer of the Witches*)를 통해 교황을 납득시켰다. 이 책은 그 후 오랫동안 마녀사냥의 지침서가 되었다. 그들은 상상만으로 악마연회에 참석하는 마녀들도 있지만 실제로 많은 마녀가 물리적으로 참석하고 있다고 주장했다. 그러나 상상으로 참석하든 물리적으로 참석하든 죄는 마찬가지다. 전자도 후자와 마찬가지로 연회에서 일어난 일들을 거의 분명히 알고 있기 때문이다. 어느 여자가 악마연회에 참석했다고 다른 사람들이 증언하는데도 그 여자의 남편이 자기는 그녀와 잠자리에 같이 있었다고 맹세한 경우도 있었다. 그러나 이 경우 그 남편이 만졌던 여자는 그의 아내가 아니라 그녀를 대신한 악마였으며 그는 악마와 함께 잠자리에 있었을 뿐이었다. 「에피스코피 경전」은 마녀들이 날아다니는 것은 단지 상상 속의 환상이지만 마녀들이 행한 위해한 일들은 전혀 환상적이지 않다고 주장했다.

모든 사람이 마녀들의 위해한 일들을 입증해 분명히 감지했다고 주장하는데, 그 마녀들의 모든 마법과 위해한 행동을 환상적이라고 주장하고 마녀들을 두둔할 자가 누가 있겠는가? 사람이 생각해낼 수 있는 모든 불운, 가축과 곡식의 손해, 아이들의 죽음, 질병, 아픔과 고통, 무신앙, 불임, 정신병 등은 마법 때문에 생긴 것이 되었다. 『마녀들의 망치』는 마녀 색출방법·소추방법(訴追方法)·재판방법·고문방법·유죄판정방법·선고방법 등을 소상히 설명하며 끝맺고 있다. 이제 마녀사냥제도는 이후 200년 동안 전 유럽을 휩쓸 수 있는 완벽한 제도가 되었다. 가톨릭 마녀사냥꾼들이나 프로테스탄트 마녀사냥꾼들 모두 사냥제도에 따라 무자비한 결과를 초래하게 되었다. 해마다 투옥되어 화형당한 마녀들의 자리를 충원할 새로운 마녀들을 끊임없이 공급할 수 있는 만반의 준비가 되어 있었다.

광란의 뿌리

「에피스코피 경전」의 영향력이 상실된 이유는 무엇이었는가? 답은 간단했다. 수사관들의 견해가 옳았다는 것이다. 마녀들은 악마연회에서 회합을 열고 있었다. 빗자루를 타고 그곳에 가지 않았다 하더라도 그들은 실제 발도파나 다른 비밀종파와 마찬가지로 기독교국가의 안전에 위협이 되고 있었다.

빗자루 비행(飛行)에 대해 최근 발견된 자료들은 이 이론의 근거가 되지 못한다. 뉴스쿨(New School for Social Research, 초기에 '사회 연구를 위한 뉴스쿨'로 알려짐―옮긴이)의 하너(Micael Harner) 교수는 유럽 마녀들이 당시 통속적으로 사용했던 마법고약이나 연고(軟膏)와 관련되어 있음을 밝히고 있다. 마녀들은 빗자루를 타고 하늘을 날기 전에 몸에 "연고를 발랐다." 하너가 인용한 전형적인 사례 가운데 하나는 17세기 영국의 마녀 사례다. 그 마녀는 "마녀들의 모임에 끌려가기 전에 마녀들이 자기의 이마와 손목에 악령이 그들에게 가져다준 기름을 발라준다"(이 기름에서 풋내가 난다)고 자백했다. 다른 영국 마녀들은 그 '기름'이 녹색이며 깃으로 이것을 이마에 바른다고 했다. 더 오래된 이야기에서는 마녀가 막대기에 연고를 바른다. 그 후 "울창한 숲에서 나무가 드문 숲속으로 원하는 때 원하는 자세와 원하는 속도로 통과했다"고 전해진다.

막대기와 몸에 연고를 바르는 사례는 역시 하너가 인용한 15세기 문서에도 있다. "마녀들은 막대기에 연고를 바르고 그 위에 올라탄다.……또는 겨드랑이 밑이나 그 외 털이 난 부위에 연고를 바른다." 또 다른 자료에는 "마법사나 마녀는 악마와 계약을 맺고 몸에 이상한 연고를 바르고 이상한 말을 중얼거리고 밤의 어둠을 틈타 먼 거리를 날아다닌다"고 되어 있다.

로렌 지방에서 개업한 16세기 외과의 라구나(Andrés Laguna)는 마녀의 항아리를 발견한 것에 관해 설명하고 있다. "그 항아리 안에는 이상한 녹색연고가 반쯤 담겨 있었다. ……마녀들은 그 연고를 몸에 발랐다. 냄새가 아주 강렬하고 불쾌한 것을 보니 헴록(Hemlock, 미나리과의 유독한 월년초―옮긴이)이나 나이트셰이드(Nightshade, 가지속屬의 식물―옮긴이)나 사리풀(가지과에 속하는 유독식물―옮긴이) 또는 만다라화(마취제로 쓰는 식물―옮긴이) 등 극도로 차갑고 최면 효과가 있는 약초들로 만들어진 것임을 알 수 있었다." 라구나는 이 고약을 메스에 있는 교수형 집행인의 아내에게 실험해보았다. 그는 그 여인의 머리부터 발끝까지 그 연고를 발랐다. 그러자 "그녀는 토끼눈으로(그녀는 불에 구운 산토끼처럼 보이기도 했다) 죽은 듯이 잠에 빠져들었다. 나는 그녀를 잠에서 깨울 방도를 몰랐다." 라구나는 그녀가 잠든 지 36시간이 지난 후에야 그녀를 깨울 수 있었다. 그녀는 잠에서 깨어나 불평했다. "당신은 왜 이런 때 나를 깨우셨어요? 한참 이 세상의 모든 기쁨과 쾌락에 흠뻑 젖어 있었는데요." 그리고 그녀는 그의 옆에 서서 '사형수들의 고약한 냄새'를 풍기고 있는 자기 남편을 웃으면서 바라보며 말했다. "머저리 같은 양반! 내가 당신을 부정한 여자의 남편으로 만든 사실을 알기나 하세요? 난 이때까지 당신보다 더 젊고 더 멋있는 사내와 함께 있었어요."

하너는 이와 같이 연고를 발라 실험해본 보고서를 여러 가지 수집했다. 실험대상자들은 한결같이 자기들이 깊은 잠에 빠져 길고 긴 여행을 했다고 주장했다. 이와 같은 연고의 비밀은 현대 역사가들에게는 잊히거나 과소평가되었지만 옛날 마녀광란의 시대에 살았던 사람들에게는 널리 알려져 있었다. 마법연고를 가장 세밀하게 연구했던 연구자는 갈릴레오(Galileo Galilei)의 한 동료인 포르타(Giambattista Porta)였다. 그는 나이트셰이드 성분을 포함하고 있는 고약의 제조법을 알게 되었다.

그 일이 끝나자 그들은 인체의 특정 부위에 고약을 발랐다. 고약을 바르기 전에 그들은 고약을 바를 부위가 새빨개지도록 아주 세게 문질렀다. 그래서 그들은 어느 달밤 연회석에 끌려가 음악에 맞추어 춤을 추고 젊은 남자들과 성교하는 등 그들이 평소에 가장 열망했던 일들을 실현하고 있다는 착각 속에 빠졌다. 그 환상과 몽상은 너무 강렬해 그 일들이 마치 현실인 것처럼 느껴지게 된다. 그런 환상은 마치 신앙심과 같은 성격을 지니고 있기 때문에 그들은 그 환상을 마음에 품고 마음이 들떠 밤낮으로 그 일 외에 다른 것들을 생각하지 않게 된다.

페루 히바로족 인디언들의 무당이 사용하는 환각제를 연구해 온 하너는 마법연고 속에 들어 있는 강력한 환각작용물은 만다라화, 사리풀, 벨라돈나(Belladonna, 아름다운 숙녀라는 뜻의 가지과 유독식물로 붉은 꽃과 검은 열매를 가진 독초 — 옮긴이)나 치명적인 나이트셰이드 등 유럽산 식물에서 추출할 수 있는 강력한 알칼리 성분인 아트로핀(Atropine, 벨라돈나 등에서 추출해내는 유독 알칼로이드—옮긴이)이었다고 생각한다. 아트로핀은 외상 없는 피부에도 흡수되는 성질이 있으며 근육통을 없애기 위한 벨라돈나 피부연고에 사용되는 특징이 있다. 최근 몇 가지 실험을 통해 옛 기록에 보존되어 있는 조제공식에 따라 마법연고를 재현해냈다. 독일 괴팅겐의 한 집단은 24시간 동안 수면에 빠져 "거친 말을 타고 광란의 춤을 추고, 중세에서 볼 수 있는 난장판 연회를 여는 등 별난 모험을 한" 꿈을 꾸었다고 보고하고 있다. 단지 사리풀 향기만 마신 또 다른 실험자는 "두 다리가 점점 가벼워지고 부풀어 올라 몸체에서 떨어져 나오는 듯한" 광란상태를 느꼈다고 말하고 있다. 그는 덧붙여 "그뿐만 아니라 마치 공중으로 훨훨 날아가는 듯한 흥분상태를 맛보았다"라고 했다.

핼러윈(Halloween, 만성절 전날인 10월 31일에 행해지는 축제 — 옮긴이) 마녀들의 긴 다리 사이에 껴 있는 막대기와 빗자루에는 무슨 의미가 있는가? 하너는 그 빗자루나 막대기가 단순히 남근숭배를 상징하는 것만은 아니라고 말한다.

막대기나 빗자루의 사용이 프로이트적인 상징적 행위 그 이상이었음은 의심할 여지가 없다. 그 행위는 마녀들이 빗자루를 타고 악마연회에 날아가는 전형적인 환상, 즉 준마를 타고 달리는 것을 암시할 뿐만 아니라 민감한 처녀막에 아트로핀 함유초를 처방약으로 삽입하는 것을 의미한다.

하너의 설명이 옳다면 대부분의 '진정한' 악마연회는 환각적 경험을 포함하고 있을 것이다. 연고는 항상 악마연회에 가기 전에 발랐지 연회에 간 후에 바르지는 않았다. 종교재판을 통해 마법을 근절하려고 한 결정의 배후에 감추어진 것이 무엇이었든 그것은 점점 인기가 많아지는 악마연회를 겨냥한 것은 분명 아니었다. 그 시대에 사건이 있었다면 그것은 더 많은 사람이 '연회에 참석한' 사건이다. 나는 이 가능성을 배제하고 싶지 않다. 그런데 우리는 존재하지도 않은 악마연회에서 마녀를 보았다는 사람들을 밝혀내는 능력이 종교재판에 있었음을 알고 있다. 그런데 우리가 종교재판으로 밝혀진 그 사람들이 바로 상습적인 악마연회 참석자(tripper)라고 생각해야 할 까닭은 무엇인가? 종교재판은 연고를 소유한 자들이 마법사라고 생각하지 않았다(『마녀들의 망치』에도 연고에 관한 언급이 전혀 없다). 따라서 '진짜' 마녀들, 즉 상습적으로 악마연회에 참석한 자들은 대부분 종교재판에 걸려들지 않았고 화형당한 사람 대부분은 악마연회에 참석해본 적이 없는 사람들이었을 것이다.

환각연고는 마법신앙의 여러 가지 특징을 설명해주고 있다. 고문행위가 있었다는 것은 실제 환각연고를 사용하는 자들 말고도 훨씬 넓은 범위에서 마법신앙이 유행했음을 설명해준다. 그러나 50만 명의 사람이 다른 사람들의 몽상 속에 끼어들어 있었다는 죄목으로 죽어야 했던 이유가 무엇인지는 아직 수수께끼처럼 남아 있다. 이 수수께끼를 해결하기 위해 우리는 다시 한번 전투적 메시아니즘 전통을 더 깊이 고찰해야만 한다.

10

마녀광란

교회가 15세기 전투적 메시아니즘 전통의

대변란들을 진압하기 위해

자원이 밑바닥이 났을 때에

마녀 진압 같은 일에 노력한 까닭은 무엇인가?

체제유지와 이단

사람들 대부분은 그리스시대의 팔레스타인에서나 로마시대에 일어났던 전투적 메시아니즘 사건들이 13세기에서 17세기에 이르기까지 유럽에서 보편적으로 일어났었다는 사실을 잘 모르고 있다. 또한 프로테스탄트 종교개혁도 여러 가지 면에서 이런 메시아니즘적 동요가 절정으로 일어난 당시 발생했거나, 아니면 그 부산물이었다는 사실도 잘 모르고 있다. 팔레스타인에서 일어났던 메시아니즘 운동과 마찬가지로 유럽에서 폭발했던 메시아니즘적 열정은 부와 권력을 독점한 지배계층에 저항하기 위한 것이었다. 대(大) 마녀광란에 대한 내 설명은 이러하다. 즉 이와 같은 기독교의 메시아니즘 파도를 진압하려는 수단으로 지배계층 대부분이 마녀광란을 조작했고 그것을 지속시켰다는 것이다.

사회적·경제적 불평등에 항거하는 격렬한 메시아니즘적 저항과 더불어 마법신앙이 점점 널리 퍼져나갔던 사실은 우연의 일치가 아니었다. 프로테스탄트 종교개혁이 일어나기 직전 교황은 마녀들에 대한 고문을 허용했고 이 마녀광란은 통일된 기독교가 종지부를 찍고 전쟁과 혁명이 계속되는 16세기와 17세기에 절정에 달했다.

유럽 대중은 봉건주의가 붕괴하고 강력한 민족국가들이 출현함으로써 가장 억압받는 시기를 맞게 되었다. 무역과 시장경제, 금융제도의 발달로 토지소유자와 자본가들은 최대이윤을 얻기 위해 기업을 키우지 않을 수 없게 되었다. 이는 봉건제 장원의 사유지와 성곽도시의 특징이었던 소규모 부권주의적 관계가 붕괴해야만 성취될 수 있었다. 토지 소유권은 분할되고 농노(農奴)와 가신(家臣) 대신에 지주와 소작인이 생겼다. 영주 대신 상품 작물을 경작하는 기업농이 생겼다. 농민들은 거주지와 주택을 잃었고 수많은 무산농민은 도시를 떠돌아다니며 임금노동자로 전락해 일거리를 찾았다. 11세기부터 인간의 생활은 경쟁적이고 비인격적으로 변하면서 상업화되었다. 즉 전통보다는 이윤에 지배되었다.

빈곤과 소외가 늘어나자 그리스도의 재림을 예언하는 사람이 점점 많아지기 시작했다. 많은 사람은 교회의 죄와 사치, 부의 집중, 굶주림와 질병, 이슬람제국의 확장, 귀족 간의 끊임없는 전쟁 등으로 이 세계의 종말이 눈앞에 다가오는 것을 보았다.

서유럽 메시아니즘의 최고 이론가는 피오레의 요아킴(Joachim of Fiore)이었다. 콘(Norman Cohn)은 그의 예언체계를 "마르크스주의 이전까지 유럽에 있던 예언체계 가운데 가장 영향력이 있는 체계"라고 극찬했다. 요아킴은 1190년부터 1195년까지 칼라브리아 대수도원장이었으며 현세의 고통이 영혼의 왕국에 무릎을 꿇는 시기를 계산하는 방법을 알아냈다. 그는 세계의 제1시대를 성부의 시대, 제2시대를 성자의 시대, 제3시대를 성령의 시대라고 믿었다. 제3시대는 안식기 또는 휴식기로서 부·재산·노동·식량·주택 등이 필요치 않게 될 것이며 존재하는 모든 것은 순수하게 영적(靈的)인 것뿐이고 모든 물질적인 요구는 불필요하게 될 것이다. 교회나 국가 같은 계급제도들도 완전한 존재들로 구성된 자유공동체로 대체될 것이다. 요아킴은 성령의 시대가 1260년부터 시작될 것이라고 예언했다. 이 시기의 도래는 황제 프리드리히 2세(Friedrich II, 1194~1250)가 제3시대 지도자가 될 것이라는 신앙을 토대로 하는 몇 개의 전투적 메시아니즘 운동의 목표가 되었다.

프리드리히 2세는 대놓고 교황권에 도전했다. 그 결과 교황은 그가 통치하는 왕국 내에서 세례·결혼·고해(告解) 등 모든 성례전을 금한다는 파문을 내렸다. 유심론자로 알려진 프란치스코회의 열광적인 청빈파들이 프리드리히 2세를 지지했다. 그들은 프리드리히 2세가 교회의 부와 사치를 모조리 지우고 성직자단을 파괴할 것이라고 주장했다. 독일에서는 요아킴파의 유랑 설교자들이 프리드리히를 구세주라고 선언했다. 그들은 교황을 비난하고 스스로 성례전을 베풀어 교황의 파문에 도전하고 사면(赦免)을 승인했다. 스와비아에서는 이런 설교자 가운데 한 사람인 아놀드(Arnold) 수도사가 그리스도는 1260년에 재림할 것이고 교황은 반그리스도이며 성직자들은 반그리스도의 '수족'이라고 공공연히 비난했다. 교황과 성직자들은 모두 사치스럽게 생활한 죄, 가난한 자들을 착취하고 억압한 죄로 유죄판결을 받아야 한다는 것이었다. 프리드리히 2세는 로마 교황청의 어마어마한 재산을 몰수해 가난한 자들—이 자들만이 진정한 기독교도다—에게 나눠줄 것을 선포했다.

1250년 프리드리히 2세는 그 시기까지 살지 못하고 죽었지만 그의 죽음이 그가 메시아로서 통치할 것이라는 환상을 파괴한 것은 아니었다. 그는 '잠자는 황제'가 되었으며, 1284년에는 부활한 프리드리히 2세라고 자칭하는 자가 나타나 독일 노이스에서 추종자들을 모으다가 이단으로 몰려 화형됐다. 그 후 수백 년에 걸쳐 여러 명의 구세주 프리드리히가 화형당했다.

콘은 『백 장(章)의 책』(*Book of a Hundred Chapters*)이라는 16세기 초반에 쓰인 문서에서 전투적 메시아니즘 운동에 대해 설명한다. 이 책은 프리드리히 2세가 백마를 타고 와 전 세계를 통치할 것이라고 예언했다. 교황부터 시작해 모든 성직자가 하루 2,300명꼴로 전멸될 것이다. 그리고 프리드리히 2세는 모든 고리대금업자, 물가를 조작하는 악덕 상인, 파렴치한 재판관을 대량 살육할 것이다. 가난한 사람들에게 모든 재산이 분배될 것이며 사유재산제도가 사라지고 모든 물건이 공유화될 것이다. "모든 재산이 단 한 사람의 재산이 될 것이다. 그때에는 실로 한 목자와 한 무리의 양 떼만 존재하게 될 것이다."

피오레의 요아킴이 예언한 제3시대를 준비하기 위해 쇠 달린 가죽 끈으로 자기 몸을 때려 고행하기로 한 고행자들이 이 마을 저 마을을 휩쓸고 다니기 시작했다. 이 '플래질런트'(Flagellant)들은 마을에 들어가 허리까지 옷을 벗고 피가 흘러내릴 때까지 자기 등을 채찍질하기 시작했다. 이 고행자들은 초기에는 제3시대의 길을 평탄케 하는 수단으로 회개하는 데 관심을 가졌었다. 그러나 그들의 행동은 점점 파괴적이고 반교권적으로 변했다. 특히 1260년 이후 독일에서는 더욱 그랬다. 그들은 자기들의 여러 고행단계 가운데 하나에 참여하기만 해도 죄를 사할 수 있다고 선전하기 시작했다.

그래서 교회는 그들을 이단이라고 선언했고 그 때문에 그들은 지하로 들어가게 되었다. 그러나 1348년 흑사병이 전 유럽을 휩쓸자 그들은 다시 지상으로 나타났다. 이 고행자들은 유대인은 전부 흑사병으로 죽어 없어지라고 저주했으며 이 마을 저 마을에서 폭도들을 선동해 유대인 학살을 부추겼다. 자신들이 교황과 성직자들보다 우월하다고 주장하면서 자기들의 피는 구속의 권능이 있고, 자기들이 하느님의 분노에서 이 세상을 구해낼 성군(聖軍)이라고 주장했다. 그들은 자기들의 행동을 방해하는 사제들에게 돌을 던지고 정규 교회봉사를 막고 교회재산을 몰수한 뒤 다시 분배했다.

이 플래질런트 운동은 스스로 자신이 신이자 황제인 프리드리히라고 칭한 슈미트(Konrad Schmid)가 주도한 메시아니즘 폭동으로 절정에 달했다. 슈미트는 추종자들을 채찍으로 때리고 그 상처에서 흘러내린 피로 몸을 씻는 것이 고도의 세례방식이라고 주장했다. 화물신화를 신봉하는 뉴기니 신자들처럼 슈런지아 사람들은 자기 소유물을 팔고 일을 거부했다. 그리고 최후의 심판이 끝나는 날 신이자 황제인 슈미트의 곁에 가장 가까이 있는 천사들의 합창단 한 자리를 차지할 준비를 했다. 이 사건은 1369년에 그 막을 내렸다. 종교재판소의 강력한 제재로 슈미트는 자기 과업을 다 마치기도 전에 화형당했다. 플래질런트들은 슈런지아 지방에서 수년 동안 계속 세력을 유지했으나 1416년에는 하루에 300명이 화형당하기도 했다.

체제유지와 성전

문제를 일으키는 소외된 가난한 자들을 제거하는 방법 가운데 하나는 이슬람제국에서 성지 예루살렘을 탈환하는 성전(聖戰), 즉 십자군운동이라는 전쟁에 그들을 내보내는 것이었다. 이런 십자군운동 가운데 몇 번은 성직자와 귀족들에게 칼날을 돌려 그들을 무너뜨리려는 메시아 혁명으로 변하기도 했다. 예를 들면 목자들의 십자군운동이 그러했다. 야곱이라는 배교 수도승은 성모 마리아가 자신에게 성묘(聖墓, 예루살렘에 있는 그리스도의 무덤 ― 옮긴이)를 해방하도록 목자들을 끌어모으라는 내용의 편지를 썼다고 주장했다. 가난한 자 수만 명이 올바른 대우를 해달라고 당국에 항의하기 위해 야곱의 뒤를 따라 갈퀴·손도끼·검 등으로 무장하고 마을로 들어갔다. 야곱은 환상을 보았고 병자를 치유했으며 끊임없이 음식을 제공하는 기적의 잔치를 베풀었다. 또 성직자들을 드러내놓고 비난했으며 자기 설교를 방해하려는 자는 모조리 죽였다. 그의 추종자들은 이 마을 저 마을을 누비며 성직자들을 구타하고 강물에 내던졌다.

본래 보수적이면서도 항상 갈등 요소를 내포하고 있는 교회와 국가의 이해관계와 혁명으로 치닫는 과격한 하층계급의 위협적인 기세 등이 상호작용해 유럽은 꾸준히 프로테스탄트 종교개혁을 향해 나아갔다. 종교개혁이 진행되는 과정에 대해서는 15세기 보헤미아의 후스파 운동에서 그 일례를 볼 수 있다.

후스(Jan Hus) 신봉자들은 교회 재산을 몰수하고 성직자들에게 사도적 청빈생활을 강요했다. 이에 보복하기 위해 교황과 그

동맹자들은 후스전쟁으로 알려진 연속적인 진압운동을 전개했다. 폭력이 만연하게 되자 빈민대중 가운데 제3의 전투부대들이 나타났다. 그 부대는 타보르군(Taborites, 예수가 재림하리라고 예언한 올리브산 위의 타보르라는 지명에서 따온 명칭)이라고 불렸다. 타보르군은 후스전쟁을 이 세상의 종말의 시작으로 간주했다. 그들은 '피로 손을 씻기 위해' 전쟁터로 달려갔다. 그들을 지휘하는 자들은 메시아 전통의 예언자들이었다. 그들은 모든 진실된 사제들에게는 모든 죄인을 추격해 살상해야 하는 의무가 있다고 주장했다. 대적들을 섬멸하게 되면 피오레의 요아킴이 예언한 제3시대의 막이 열릴 것이라고 타보르파들은 기대했다. 제3시대에는 어느 곳에서도 육체적 고통과 물질적 부족이 없을 것이다. 그 사회는 세금도 사유재산도 사회계급도 없는 사랑과 평화의 공동체일 것이다. 1419년에 이 보헤미안의 '자유인들'(free spirits) 수천 명이 루츠니카 강 위에 있는 우스티 마을 부근에 공동체를 형성했다(이들이 보헤미안 생활양식을 처음 시작한 자들이다). 그들은 시골을 다니며 닥치는 대로 빼앗은 약탈품들로 살아갔다. 하느님 율법의 사람들인 자기들은 하느님의 대적들이 가진 것이면 무엇이든 빼앗을 자격이 있다고 생각했기 때문이다.

이와 유사한 운동들이 15세기 내내 독일에서 반복되었다. 가령 1476년 뵘(Hans Böhm)이라는 목자는 성모 마리아의 환상을 보았다고 주장했다. 성모 마리아는 그에게 머지않아 도래할 왕국을 준비하기 위해 가난한 자들은 모든 세금과 십일조를 거부해야 한다는 말을 했다. 모든 사람이 계급차별 없이 함께 살 날이 곧 올 것이다. 모든 사람에게 숲, 물, 목장, 낚시터 그리고 사냥터의 이용권이 공평하게 분배될 것이다. 이 '거룩한 청년'을 보기 위해 독일 전역에서 니클라스하우젠으로 순례자들이 떼를 지어 몰려왔다. 그들은 종대로 행진하며 서로 '형제자매의 예(禮)'를 나누고 혁명의 노래를 불렀다.

프로테스탄트 종교개혁을 통해 결국 성취된 것들은 세속권력과 교회 모두를 경악케 했던 전투적 메시아니즘 전통의 운동들과 따로 떼어서는 이해될 수 없다. 그에 앞선 많은 사람처럼 루터(Martin Luther)도 자기는 종말시대에 살고 있다고 확신했으며 교황은 반그리스도요, 교황제도는 하느님 왕국이 실현되기 전에 무너져야 할 제도라고 확신했다. 그러나 루터가 생각했던 하느님의 나라는 이 세상의 나라가 아니었다. 그리고 그는 무장봉기보다는 설교로서 하느님 나라를 도래케 하는 것이 옳다고 생각했다. 독일의 귀족들은 급진적인 경건과 보수적인 정치관이 혼합된 루터의 사상을 환영했다. 그의 사상은 혼란을 증가시킬 위험을 무릅쓰지 않아도 교황의 지배를 무너뜨릴 수 있는 올바른 결합으로 이루어진 것이었다.

원래 루터의 제자였던 뮌처(Thomas Müntzer)는 루터의 운동에 근본적으로 반대했다. 1525년 대(大)농민반란이 일어났을 때, 루터와 뮌처는 서로 대립하는 관점을 취했다. 『살인하고 약탈하는 농민의 무리에 반대해』(*Against the Murdering, Thieving Hordes of Peasants*)라는 소책자에서 루터는 농민들을 비난하고 나섰다. 이에 대해 뮌처는 루터를 지지하는 자들이 바로 '강도질을 금하는 법을 교묘히 이용하는 강도들'이라고 반박했다. 뮌처는 루터가 운운하는 하느님의 법이라는 것은 오로지 사유재산을 보호하기 위한 책략에 불과하다고 비난했다. "고리대금업과 절도, 강도질의 온상은 바로 군주와 제후들이었다." 그는 루터가 "신을 두려워하지 않는 악당들의 세력을 강화시키려는 옛 방식들을 그대로 지속시키고 있다"고 비난했다. 농민봉기가 새로운 왕국의 시작이라고 확신한 뮌처는 농민군의 사령관직을 맡았다. 그는 자기의 역할이 미디안전쟁에 나선 기드온(Gideon)의 역할과 같은 것이라고 했다. 적군과 대전하기 전날 밤, 그는 허술한 장비에 훈련도 변변찮은 농민군들 앞에서 "하느님이 말씀하시기를 '승리는 이미 약속된 것'이라고 했다"고 선언했다. 그는 포탄을 소맷자락으로 받아 그들을 보호하겠다고 위안했다. 하느님은 자기가 택한 백성이 패망하도록 그냥 두시지는 않을 것이다. 첫 번째 포격으로 농민군의 대열은 와해되었고 달아나던 농민군 5,000명이 살육당했다. 뮌처도 체포되어 고문당한 후 참수형을 당했다.

종교개혁의 과격파들은 16세기와 17세기 초반까지 총력전을 계속했다. 재세례파운동(Anabaptist movement)은 타보르파와 뮌처의 전통에 기반을 둔 채 적어도 40개의 다른 종파로 분열되었으며 10여 차례에 걸쳐 전투적 메시아니즘 봉기를 일으켰다. 그런데 가톨릭 지도자들은 프로테스탄트 지도자들과 마찬가지로 이런 운동들을 모든 재산관계를 붕괴시키고 교회와 국가의 부를 가난한 자에게 분배할 목적으로 온 유럽에 널리 퍼져 있는 이단들의 음모라고 여겼다. 예컨대 뮌처의 제자 가운데 한 사람인 후트(Hans Hut)는 모든 사람이 자유로운 사랑과 재산을 나눠 가질 수 있는 하느님의 나라를 세우기 위해 그리스도가 1528년에 재림할 것이라고 선포했다. 그때 재세례파들은 거짓 사제들과 목사들을 심판할 것이다. 제왕들과 귀족들과 이 땅의 지위 높은 자들은 감옥에 갇히게 될 것이다. 뮌처의 추종자 가운데 또 한 사람인 호프만(Melchoir Hoffmann)은 1533년 이 세계가 종말을 맞게 될 것이라고 예언했다.

호프만의 뒤를 이은 사람으로 하를럼에 사는 빵 제조공 마티스(Jan Mattys)가 있었다. 그는 의로운 자들이 검을 들고 실제로 이 땅에서 하느님을 두려워하지 않는 자들을 쓸어 없애 그리스도의 길을 준비해야 한다고 설교했다. 1534년 베스트팔렌의 뮌스터는 재세례파운동의 중심지가 되었다. 가톨릭 신자들과 프로테스탄트 신자들은 이 지방에서 모두 쫓겨났고 사유재산제도는 폐지되었다. 그 후 이 지방의 지도권은 레이든의 존(John of Leyden)에게 넘어갔다. 그는 자칭 다윗의 후계자라고 했고 재세례파들이 '새 예루살렘'이라고 했던 지방에서 왕의 명예와 절대적 복종을 요구했다.

17세기 내내 영국에서도 이와 유사하게 과격한 메시아운동들이 하층 계급에 힘을 불어넣었고 영국 시민전쟁의 원동력을 제공했다. 크롬웰(Oliver Cromwell)의 '신형군대'(New Model Army)에는 '성자'(聖者, Saint)의 왕국이 영국 땅에 세워질 것이며 그리스도가 성자들을 다스리려 강림할 것이라고 믿는 수천 명의 자원병이 포함되어 있었다. 1649년 윈스탄리(Gerrard Winstanley)는 환상 속에서 사유재산과 계급구분 그리고 모든 형태의 탄압이 발붙일 곳 없는 '광부'(壙夫, diggers)들의 사회를 세워 이 세상의 종말을 준비하라는 명령을 받았다고 주장했다. 그래서 이전에 크롬웰을 지원했던 가신(家臣)들이 1656년 그를 반그리스도라고 선언하고 군대의 힘으로 성자들의 왕국—그리스도가 1,000년 동안 통치할 천년왕국과 같은 제5군주국—을 세우려 했다.

마녀사냥 제도의 비밀

이 모든 것이 마법과 무슨 관련이 있는가? 이 장의 서두에서 내가 밝힌 바와 같이 마녀광란의 시작과 유럽 메시아니즘의 시작은 연대기적으로 밀접한 관계가 있다. 인스티토르와 스프렌거가 확립한 마녀사냥제도는 유럽에서 제3시대에 대한 예언과 메시아 운동이 들끓듯 일어나기 시작할 무렵에 이노센트 8세가 인준했던 것이다. 마녀광란은 종교개혁의 후유증이 남아 있을 때—루터나 칼뱅(Jean Calvin)도 모두 마법의 위험성을 깊이 확신하고 있던 시기—에 절정을 이루었다. 그래서 이 마녀광란은 혁명적인 제3시대 메시아 교리에 기반을 둔 여러 운동에 대항하는 폭력적인 과격파들의 저항에서 비롯된 것이었다.

메시아적 사회저항운동과 마녀광란이 평행을 이루고 전개된 실제적인 원인이 무엇인지 설명할 수 있는가? 전통적인 관점 가운데 하나는 마법 그 자체도 사회저항운동의 한 형태였다고 본다. 예를 들면 중세 비국교도사(中世非國敎徒史) 전문가인 러셀(Jeffrey Russell)은 마법이 신비주의, 플래질런트 운동, 그 외 다른 이단종파들과 같은 범주에 속한다고 보고 있다. "이 모든 것은 다소 정도의 차이는 있지만 무엇인가 결핍된 제도적 구조에 대한 거부였다"고 보고 있다.

나는 그의 견해에 동의하지 않는다. 마녀광란을 사회저항운동으로 설명한다면 『마녀들의 망치』에서 주장하는 '실재'(reality)의 견해를 차용하는 우를 범하는 것이 된다. 악마를 예배하기 위해 함께 모여 현 체제를 위협하고 유럽을 횡행했던 수많은 마녀가 있었다고 믿어야 한다. 그러나 진짜 날아다니는 마녀들이 주로 사리풀 때문에 환각작용을 일으킨 자들이었다면, 그들은 아편쟁이가 블랙팬서(Black Panthers, 1965년 결성된 미국의 흑인운동단체―옮긴이)와 관계없듯이, 타보르파나 재세례파와 같은 범주에 속하지 않을 것이다. 악마와 성교하고 이리저리 휘돌아다니며 이웃의 암소 몇 마리에게 저주 따위나 하는 소수의 무리는 재산을 소유한 지배계급의 생존을 위협하지 못했다.

아마도 마녀들은 좌절을 겪고 만족하지 못한 계층에서 생겨났을 것이다. 그렇다고 해서 그런 마녀들 따위가 체제파괴적인 세력이 될 수 없다. 잠시 동안이라도 기존질서에 심각하게 저항하기 위해서는 분명한 사회비판 교리 또는 위협적이고 위험한 행위에서 시작해야만 했다. 마녀들이 악마연회에서 무엇을 했고 그들이 정말 그런 연회에 참석했다는 것을 가정하더라도, 그들이 교회의 사치를 비난하고 사유재산제도 폐지를 요구하고 계급차이를 없애자고 요구하며 시간을 보냈다는 증거는 전혀 없다. 만약 그들이 그런 행동을 한 것이 사실이라면 그들은 마녀가 아니라 발도파, 타보르파, 재세례파 또는 어떤 과격한 정치적·종교적 종파들이었을 것이다(이들 중 대다수가 메시아 신앙 때문이 아니라 마법을 사용했다는 이유로 화형당했다는 점은 분명하다).

마녀광란을 이해하기 위해 우리는 마녀 및 마녀수사관들의 생활양식의식과는 전혀 다르고 반대되는 어떤 실재를 확인해볼 필요가 있다. 러셀 교수는 성직자들과 귀족이 마법을 파괴적이고 위험한 것으로 간주했다는 그 사실만으로도 충분하다고 생각했다. 그는 "사람들의 생각이 표면화되는 것은 '객관적으로' 발생한 것만큼 흥미롭다. 아니, 객관적으로 발생한 것이 훨씬 더 흥미롭다"라고 말하고 있다. 그런데 그의 이런 생각은 인스티토르와 스프렌거가 주장하던 것과 전혀 다르지 않다. "다른 사람이 꿈속에서 당신이 무슨 일을 하는 것을 보았다면 당신은 그 일에 책임을 져야 한다!"

우리는 어떤 사건들에 대해 분명히 판단해야 한다. 그위너는 악마와 성교한 적이 없다. 그녀가 악마와 성교했다는 누명을 쓰고 숯으로 변했다는 사실을 생각해보면 이 사실은 흥미로울 것 없는 결론도 아니고 불확실한 결론도 아니다.

내가 이제까지 논의해온 외견상 기괴해 보이는 각 경우의 생활양식처럼 마녀광란은 그 광란에 휩쓸렸던 사람들의 의식과 관련해 설명해야 한다. 모든 것은 그것을 관찰하는 자가 거기에 참여했던 여러 사람의 공상 속에 그대로 빠져드느냐 아니면 그들의 공상에 반대하느냐에 따라 결정된다. 수사관들의 주장처럼 마법이 위험한 이단이었다면 종교재판을 통해 마법을 억제해야 한다는 생각을 했다고 해서 이상할 것이 없다. 반면 마법이 비교적 해롭지 않거나 심한 환각상태가 아니었다면 그런 마법을 억제하기 위해 그토록 골몰했던 까닭은 무엇이었는가? 특히 교회가 15세기 전투적 메시아니즘 전통의 대변란들을 진압하느라고 자원이 밑바닥을 보였을 때 마녀진압 같은 일에 노력한 까닭은 무엇인가?

이런 질문은 사람들이 일어났다고 생각하는 일들과 구별되어 실제로 일어난 일에 관한 심각한 의문들을 제기한다. 종교재판이 마녀이단을 억제하는 데 열심이었다는 것은 사실인가? 마녀사냥꾼의 주된 일이 마녀들을 멸절시키는 것이었다는 가정은 마녀수사관들의 거짓된 생활양식의식에서 연유하고 있다. 그러나 이와 반대되는 가정, 즉 마녀사냥꾼은 마녀들의 공급을 원활하게 하는 데 노력했고 그 때문에 실제 마녀들이 어디에나 존재하고 있으며 그들은 위험한 존재라는 신앙을 퍼뜨리는 데 노력했다는 가정은 아주 분명한 증거에 기초하고 있다. 현대 과학자들이 수사관들의 생활양식의식이라는 전제를 받아들여야 하는 이유가 무엇인가? 그 상황은 마녀수사관들이 마법 파괴에 몰두했던 이유가 무엇인지 묻기를 요구하는 것이 아니라 마법을 고안해내는 일에 몰두한 이유가 무엇인지를 묻도록 요구하고 있다. 마녀수사관이나 그들의 희생자들이 무엇을 의도했던 종교재판제도는 마법이 분명히 존재한다는 것을 믿게 했고 그에 따라 마법 고소사건의 수가 증가했다는 것은 부인할 수 없는 효과다.

마녀사냥제도는 너무 교묘히 만들어졌고 너무 오랫동안 지속되었으며 무척이나 잔혹하고 완강했다. 즉 마녀사냥제도는 제도 자체와 마찬가지로 지속적이고 잔혹·완강하게 유지되어온 이해관계를 통해 이어질 수 있었다. 마법제도와 마녀광란은 마녀사냥꾼들이 주장하던 목적과 상관없는 실제적이고 현실적인 결과들을 불러왔다. 나는 여기에서 내가 이미 이야기했던 몇 가지 이득과 보잘것없는 이점—마녀들의 재산몰수, 고문과 처형비용의 청구 등—들을 말하는 것이 아니다. 이런 보상들이 있었다는 것은 마녀사냥 기술자들이 광적으로 자신이 맡은 일을 했던 이유를 밝혀주는 데 도움이 될 것이다. 그러나 그런 이점들은 마녀사냥의 원인이 될 수는 없었고 단지 마녀사냥의 부분적인 도구가 되었을 뿐이었다.

나는 마녀광(witch mania)의 원인을 밝히는 가장 좋은 방법은 마녀광의 천상적(天上的) 목적보다 마녀광이 초래한 세속적 결과를 고찰하는 것이라고 생각한다. 숯으로 변한 몸뚱아리들은 차치하더라도 마녀사냥제도의 주된 결과는 가난한 사람들이 자기들이 영주나 교황의 희생물이라는 사실은 전혀 알지 못한 채 마녀나 악마들의 희생물이 되었다고 믿는다는 것이다. 당신네 집의 지붕은 비가 새는가? 당신네 암소가 낙태했다지? 당신네 밭의 귀리가 잘 크지 않는다면서? 당신네 포도주가 시다면서? 당신의 머리가 아프다고? 당신의 자식이 죽었다면서? 당신네 울타리를 부수고 당신을 빚에 쪼들리게 하고 당신의 농토를 탐내는 자는 바로 당신의 이웃—마녀로 변한 당신의 이웃—이다. 빵값이 올랐지? 세금이 치솟았지? 임금이 떨어졌다면서? 이제 극악무도하고 지긋지긋한 마녀들이 더욱 극성을 부리고 있군. 백성의 가공의 적을 퇴치하자는 힘찬 캠페인을 교회와 국가가 시작했다. 당국은 그 악마들을 격퇴하려고 아낌없이 노력하고 있었다. 따라서 부자든 가난한 사람이든 그 전투에서 보이는 당국의 정열과 용맹성에 감사하지 않을 수 없었다.

결국 마녀광의 실제적인 의미는 마녀광란을 통해 중세 후기 사회의 위기에 대한 책임을 교회와 국가에서 인간의 형태를 취한 가상의 괴물에게 전가시켰다는 데 있다. 이 괴물의 환상적인 행위 때문에 고통받고 소외되고 영세화된 대중은 부패한 성직자들이나 탐욕스러운 귀족들을 저주하는 대신에 미쳐 날뛰는 악마들을 저주하게 되었다. 교회나 국가는 책임을 회피할 수 있게 되었고 이제는 대중과 사회에 없어서는 안 될 귀중한 존재가 되었다. 성직자와 귀족들은 도처에 흩어져 있지만 간파해내기 힘든 적들에게서 인류를 보호해주는 위대한 보호자로 등장했다.

결국 이 때문에 십일조를 바치고 세리들에게 군소리를 말아야 할 이유가 생겼다. 소란과 분노, 화염과 연기 속에서 내세보다 현세의 삶을 보존해주기 위한 것들이 활발히 진행되었다. 당신은 우리의 삶을 더 안전하게 하기 위해 당국자들이 무엇인가를 하고 있는 것을 실제로 볼 수 있었으리라. 당신은 마녀들이 지옥에 떨어지면서 지르는 외마디 소리를 실제로 들을 수 있었을 것이다.

속죄양은 누구였는가? 미델포트(Erik Midelfort)는 1562년부터 1684년까지 남서 독일에서 일어났던 1,258건의 마녀처형에 대한 독특한 연구를 했다. 그 연구 결과 마법사의 82퍼센트가 여자였음이 밝혀졌다. 무기력한 노파나 하층계급의 중년여인들이 어떤 지방의 소요가 있을 때마다 통상 맨 먼저 마녀로 기소되었다. 첫 희생자들에 추가명단이 더해졌고 그 후로 남녀 아이들과 남자들이 더욱 두드러졌다. 대량처형을 특징으로 하는 광란이 더욱 절정에 달했던 시기에는 여관 주인, 소수의 부유한 상인, 임시 치안판사, 교사들이 처형당하기도 했다. 그러나 고위층과 권력층에게까지 광란의 화염이 몰려가게 되자 판사들은 고백서를 신뢰할 수 없게 되었고 광분은 중지되었다. 의사나 변호사·교수들은 거의 위협을 느끼지 않았다. 일반적으로 수사관들 자신이나 성직자들은 아주 안전했다. 만약 어떤 가여운 영혼이 때때로 당황해 최근의 악마연회에서 주교나 군주를 보았다고 어리석은 말을 했다면 그녀는 말로 다 할 수 없는 고문을 자초한 것이 분명했다. 미델포트가 귀족들이 마법사라고 기소된 경우를 발견한 것은 단 세 번뿐이었다. 그러나 그들 가운데 한 사람도 처형되지 않았다는 것은 놀라운 일이 아니다.

　마녀광란은 '결함이 있는 제도의 구조적 반성'과는 거리가 멀었고 반대로 그 제도적 구조를 방어하는 필수적인 수단 가운데 하나였다. 이 점은 그 당시 마녀광란의 안티테제를 이루었던 전투적 메시아니즘과 마녀광란을 비교해보면 분명히 알 수 있다. 마녀광란이나 전투적 메시아니즘 운동은 모두가 부분적으로나마 기존 교회의 지지를 받고 있던 일반 종교적 주제들을 체현(體現)하는 것들이었다. 그것들은 모두 기존의 생활양식의식 위에서 생겨난 것들이었다. 그러나 그 둘의 결과는 서로 전혀 다르게 나타났다. 전투적 메시아니즘은 가난한 자와 무산자(無産者)들을 단합시켰다. 전투적 메시아니즘은 그들 사이의 사회적 거리를 줄일 수 있는 집단소명감을 주었고 서로 '형제자매'로 느낄 수 있게 했다. 이 사상은 유럽 전역의 대중을 움직이게 함으로써 그들의 에너지를 특정시간과 특정장소로 집중시켜 무산 영세대중과 사회의 정상에 있는 자들의 대결을 유도했다.

이와 반대로 마녀광란은 저항할 수 있는 모든 잠재 에너지를 분산시켰다. 마녀광란은 가난한 자와 무산자들의 저항운동의 가능성을 박탈하고 이웃끼리 서로 싸우게 하며 모든 사람을 소외시키고 공포에 몰아넣었으며 불신을 고조시켰고 무기력하게 했다. 그 결과 지배계급에 의존하게 했으며 단순한 지역적인 문제에 모든 사람이 분노하고 좌절하게 했다. 이렇게 해서 마녀광란은 가난한 자들에게서 부의 재분배와 사회계급 타파를 요구할 수 있는 능력과 교회 및 사회제도에 대결할 수 있는 능력을 점점 더 박탈했다. 마녀광란은 과격한 전투적 메시아니즘을 거꾸로 바꾸어놓은 것이었다. 마녀광란은 사회특권층의 마법적 총탄이었다. 바로 이것이 마녀광란에 감춰진 비밀이었다.

11

마녀의 복귀

반문화는 원시인들의 삶이라고
추측할 수 있는 자연스러운 삶을 예찬한다.
반문화인들은 염주를 목에 걸고
머리띠를 두르고 문신을 하고
울긋불긋한 옷을 입는다.

반문화의 태도와 이론

미신으로 낙인찍히고 비웃음을 당하던 시절을 겪은 후, 마녀는 이제 상당히 고상한 흥밋거리(titillation)의 원천으로 복귀했다. 마법뿐만 아니라 점성학부터 선(禪), 명상, 하레 크리슈나(Hare Krishna, 힌두교 삼대 신격神格 가운데 하나인 비슈누Vishnu의 화신 중 하나—옮긴이), 아이 칭(I Ching, 고대 중국의 마술체계로『역경』 易經을 뜻함—옮긴이) 등을 포함한 모든 것은 불가사의하고 신비한 특징을 지닌 고상한 흥밋거리의 원천이 되었다. 이러한 시대 정신을 포착해 1974년에 나온 교과서『현대문화인류학』(*Modern Cultural Anthropology*)은 "인간의 자유에는 믿음의 자유가 포함된다"고 선언해 즉각적인 반응을 얻었다.

오래전부터 서구 과학기술의 발달과는 모순된 것으로 간주되었던 태도와 이론들이 예기치도 않게 다시 나타나게 된 것은 '반문화'라는 생활양식의 전개와 관련이 있다. 이 운동을 예언했던 사람 가운데 로샤크(Theodore Roszak)는 "반문화가 '객관의식이라는 미스테리'에서 이 세계를 구해낼 것이다. 반문화는 과학적 세계관을 무너뜨리고 그 대신 '비지성적 능력'이 최우위를 차지하는 새로운 문화를 창조할 것이다"라는 말을 했다. 최근 반문화의 미성년 예언자인 라이히(Charles Reich)는 스스로 제3의 의식(Consciousness Ⅲ)이라고 부르는 마음의 천년지복 상태(millennial state)에 대해 "제3의 의식에 도달하려면 논리·합리성·분석·원칙 등에 깊은 회의(懷疑)가 있어야 한다"라고 말한다.

반문화라는 생활양식에서는 감정·자발성·상상력 등이 선한 것이고 과학·논리·객관성 등이 악한 것이다. 반문화라는 생활양식을 주창하는 자들은 '객관성'에서의 도피를 역병이 창궐하는 지역에서 빠져나오기나 한 것처럼 자랑스럽게 여긴다.

반문화의 주된 모습은 의식(意識)이 역사를 지배한다는 신앙의 형태로 나타난다. 인간이란 자신의 마음속 생각대로 행동하는 존재다. 인간을 더 선하게 만들려면 그의 의식 속에 더 선한 이념을 불어넣어주면 된다. 객관적 상황이란 별로 중요하지 않다. 전 세계는 '의식의 혁명'으로 변화되어야 한다. 범죄를 종식시키고 빈곤을 타파하고 도시환경을 개선하고 전쟁을 없애고 평화를 누리고 인간과 자연을 조화시키며 살기 위해 인간에게 필요한 단 한 가지는 제3의 의식에 마음을 열어놓는 것이다. "의식은 구조에 우선한다. ……전 국가연합체는 오직 의식에 의존하고 있다."

반문화에서 의식은 자극을 주어 개발되지 않은 자기의 잠재능력을 깨닫게 만든다. 반문화운동가들은 정신의 확장을 위한 '두뇌여행'(head trips)을 주장한다. 그들은 '자기들의 두뇌를 하나가 되게 하기 위해' 항아리나 LSD(정신분열 등의 증상을 일으키는 환각제―옮긴이)나 버섯을 이용한다. 그들은 예수나 부처나 마오쩌둥(毛澤東)을 '만나기 위해' 두들기고 부딪치고 노래한다.

반문화운동의 목표는 의식을 표현하고 과시하고 바꾸고 끌어올리고 확장하는 것이다. 다시 말해 의식을 객관화하는 것을 제외한 모든 것을 하는 것이다. 환각상태, 술에 취한 상태에 빠진 변덕스러운 제3의 의식의 도당(徒黨)들은 이성(理性)을 군산복합체(軍産複合體)의 산물로 간주한다. 즉 이성이란 쓸모없는 '쇠부스러기'처럼 '제거'되어야 하는 것이다.

환각제는 유용하다. 환각제를 사용할 경우 '비논리적' 관계들이 완벽하게 자연스러운 상태로 보이게 되기 때문이다. 라이히는 환각제가 "사회가 가장 중요하게 여기는 시간표·합리적인 인간관계·경쟁·분노·미덕·권위·사유재산·법률·신분·국가의 최고 우월성 등을 비실제적인 것들로" 변경시키기 때문에 좋은 것이라고 말한다. 환각제는 "거짓의식을 제거하는 진리라는 혈청액이다." 제3의 의식에 도달한 사람들은 '사실'이라는 것을 모른다. 그들은 사실을 알 필요가 없다. 사실을 알지 않아도 다른 사람들이 알지 못하는 진리를 '알고 있기' 때문이다.

반문화는 원시인들의 삶이라고 추측할 수 있는 자연스러운 삶을 예찬한다. 반문화인들은 염주를 목에 걸고 머리띠를 두르고 문신을 하고 울긋불긋한 옷을 입는다. 반문화운동가들은 원시인들이야말로 비물질적이고 자발적인 존재이며 신비로운 마법의 원천과 경건하게 접신할 수 있는 존재라고 믿는 것 같다.

반문화 관점에 선 인류학에서 원시인들의 의식은 빛과 힘을 갖고 있으나 전기료를 지불해본 적이 없는 무당들의 의식으로 요약할 수 있다. 무당은 원시사회에서 존경받는 존재다. 그들은 기이한 의식상태에 몰입해 들어가는 방식을 능숙히 연마할 수 있고 비밀스러운 우주의 어떤 힘 속을 능숙하게 배회할 수 있기 때문이다. 무당들은 '초의식'(超意識)을 지니고 있다. 그들은 "이 세계의 일상적인 상태를 통해 타오르고, 기이한 사건과 공포 너머를 지각하는 불의 눈"을 가지고 있다. 로샤크는 무당들이 환각제나

가사상태(假死狀態), 최면을 유도하는 북소리, 댄스리듬 등의 기술을 이용해 마치 "과학자들이 객관 타당성에 도달하기 위해 열심히 연구하는 것처럼 성심성의껏 비지성적인 인격체들과 접신할 수 있는 영교능력(靈交能力)을 연마한다"고 설명하고 있다.

신비적 초의식을 소유한 야키족 인디언의 '지식인'(man of knowledge) 카스타네다의 저서에 등장하는 인기 있는 주인공, 후안을 고찰하면 반문화운동에 대해 많은 것을 알 수 있을 것이다. 카스타네다는 격리되고 비정상적인 무당세계의 현실을 연구하려고 한 인류학도의 관점에서 자기가 경험한 바를 기록했다. 카스타네다는 후안의 제자로 들어가 그의 가르침을 토대로 박사학위 논문을 작성하기 시작했다. 카스타네다를 '지식인'으로 개조시키기 위해 후안은 이 순진한 학생에게 여러 가지 환각물질을 소개해주었다. 카스타네다는 빛을 발하는 투명체인 개와 다리가 100개나 되는 모기를 본 후 자기의 정상적인 현실이 비현실적인 것이고 훌륭한 스승 후안이 가르쳐준 비정상적인 현실이 진짜 현실이 아닌가 하는 착각에 빠지기 시작했다. 카스타네다는 '지식인'이 이 세상을 어떻게 보고 있는지를 밝히기 위해 이 연구를 시작했다. 그러나 이 후안의 제자는 자신이 이 세상의 본질에 대한 무엇인가를 점점 알게 되어가고 있음을 느끼게 되었다.

또 다른 인류학자 가운데 한 사람인 리스먼(Paul Riesman)은 『뉴욕타임스』(New York Times) 신간소개에서 "후안의 지식—다른 비서구인들의 지식도 마찬가지로—을 어떤 고정된 실재라고만 생각한다면 그 생각은 우둔하고 황폐한 것이다. 카스타네다는 이 세상이 실제로 어떤 곳인지 밝혀주는 중요한 것을 후안에게서 들었다는 사실을 분명히 말하고 있다."

이 두 평가는 모두 잘못되었다. 카스타네다는 아무것도 명백히 하고 있지 않다. 그리고 후안의 '별개의 현실'(seperate reality)도 '서구인들'에게 익숙지 않은 것은 아니다.

카스타네다의 그 유명한 환각 속의 여행은 내가 이미 이 책에서 거론한 것들이다. 후안과 카스타네다는 라드(Lard, 돼지비계를 정제한 반고체의 식용기름—옮긴이)에 다른 약초를 섞은 **악마의 약초**(yerba del diablo)로 연고를 만들기 위헤 며칠을 소비했다. 이 도제는 후안의 감독 아래 두 발바닥과 다리 안쪽에 그 연고를 발랐다. 그러나 생식기에 바르기 위해 많은 양을 남겨두었다. 이 고약은 질식할 정도로 매우 자극적인 냄새—일종의 가스 냄새—를 풍겼다. 카스타네다는 곧 일어나 걷기 시작했는데, 다리가 '고무처럼 늘어나는, 그것도 아주 길게 늘어나는 것이' 느껴졌다.

나는 후안이 내 밑에, 한참 밑에 앉아 있는 것이 내려다보였다. 탄력과 함께 자연스레 한 걸음 더 내딛었는데, 더욱더 고무처럼 느껴지면서 보폭이 길어졌다. 그 순간 나는 날아올랐다. 기억하기론 한 번 떨어지는 느낌을 받았는데, 그대로 두 발로 땅을 밀었고, 용수철처럼 튀어 올라 반듯하게 누우면서 활강했다. 내 위로 어두운 하늘이 보였고, 구름이 나를 스쳐지나갔다. 나는 몸을 확 뒤집어 아래를 보았다. 어두운 산맥이 보였다. 속도는 놀라울 정도로 빨랐다.

고개를 움직여 몸을 조종하는 방법을 배운 후, 카스타네다는 '이전에 느껴보지 못했던 무한한 자유와 민첩함'을 느꼈다. 마침내 그는 자신의 몸이 땅으로 내려가는 것을 느꼈다. 땅에 내려와 보니 아침이었다. 그는 완전히 나체가 되어 있었고 처음 출발지점에서 반 마일 정도 떨어져 있는 곳에 있는 것을 알게 되었다. 후안은 그가 연습을 더하면 더 훌륭한 비행인이 될 수 있을 것이라고 장담했다.

당신은 수백 마일을 날아다닐 수 있으며 당신이 보고 싶어 하는 곳에서 일어난 일들을 마음대로 투시해볼 수 있고 몸 아래 멀리 떨어져 있는 당신의 적들을 파멸시킬 수도 있을 것이오.

카스타네다는 자기 선생에게 물었다.

"후안, 제가 정말 날아다녔던 것인가요?"

그러자 그 무당이 말했다.

"그건 당신이 말한 대로요."

"하지만 난 정말 날아다닌 것이 아니었소, 후안. 난 상상 속에서 날아다닌 겁니다. 마음속으로만 말이오. 내 몸이 어디에 있었소?"

후안은 다음과 같이 대답했다.

"당신은 사람들이 날아다닐 수 없다고 생각하는군. 그러나 브루조(Brujo, 마녀)는 1초에 약 1,610킬로미터를 날아가 그곳에서 일어난 일을 볼 수 있소. 그는 원거리에 있는 적들에게 재앙을 내릴 수도 있소. 그렇다면 그가 날 수 있다고 말할 수 있겠소, 그렇지 못하다고 하겠소?"

이 말이 생소하지 않게 들리는가? 아마 그럴 것이다. 후안과 카스타네다의 논쟁은 「에피스코피 경전」과 인스티토르와 스프렌거의 공저 『마녀들의 망치』의 내용이 아니고 무엇이겠는가? 마녀는 마음속으로만 날 수 있는가, 아니면 실제로도 날 수 있는가? 마지막으로 카스타네다는 자기 몸에 무거운 돌을 달아도 날 수 있는지 물었다. 후안은 "물론이오" 하고 대답했다.

우리는 유럽의 마녀들이 피부에 침투할 수 있는 알칼리성 아트로핀이 함유된 고약이나 연고를 몸에 발라 하늘을 나는 것임을 하너 박사를 통해 알 수 있었다. 하너 박사는 또한 아트로핀이 신세계(아메리카―옮긴이)에서는 흰독말풀(jimson weed), 아가위 열매(thorn apple), 가브리엘의 트럼펫, 가지(mad apple), 악마초 등이 있다고 알려진 **다투라**(Datura, 식물속屬으로 가지과 유독식물들―옮긴이), 즉 가지과 유독식물들―이 악마초의 뿌리의 변종이 카스타네다가 비행하는 데 사용한 약초일 것이다―등의 활성 성분임을 우리에게 가르쳐주었다. 사실 하너 박사는 카스타네다가 악마초를 몸에 바르기 전부터 *그가 악마처럼 날 수 있으리라* 생각했다.

몇 년 전, 나는 북멕시코의 야키족 인디언들이 **다투라** 연고를 사용한다는 기록을 우연히 보게 되었다. 야키족 인디언들은 '환상을 보려고' 배에 다투라 연고를 바른다고 기록되어 있었다. 나는 이 사실을 나의 친구인 카스타네다에게 가르쳐주었다. 그는 야키족 무당 밑에서 연구하고 있었다. 그래서 나는 야키족이 하늘을 날기 위해서도 그 고약을 사용하는지, 또 그 효과가 어떠한지 알아보라고 했다.

샤머니즘적 초의식

이런 샤머니즘적 초의식은 종교재판의 위협이 존재하지 않는 세계에서 사랑받고 있는 마녀들의 의식 그 자체다. 잘난 척하는 객관주의자인 '서구인'에게는 알려지지 않았던 이 '독립된 실재'는 결국 서구문명의 일부가 되었다. 불과 300년 전만 해도 마녀들이 공중을 날 수 없다고 주장했기 때문에 '객관주의자들'(objectifier)은 화형당했다.

첫 번째 장에서 나는 '객관의식'의 확장은 불가피하게 '도덕감정'의 상실을 야기한다는 주장을 인용했었다. 반문화운동, 제3의 의식 등은 정서·동정·사랑·상호신뢰적 인간관계 등의 회복에 관심을 갖는 것이 인간화의 대표적인 추세라고 말한다. 그러나 나는 이런 도덕적 자세가 마법이나 샤머니즘이 지닌 관심과 동일시될 수 없음을 알고 있다. 예컨대 후안은 반도덕적 인간이라고 볼 수밖에 없다. 그가 '우주의 신비한 세력들 속을 배회할' 능력이 있는지는 잘 모르겠다. 그러나 그는 전통적인 서구인의 도덕감정에서 문제가 되는 선과 악 때문에 곤혹스러워하지 않는다. 실제 그의 가르침 속에는 '도덕감정'이 부재한다.

카스타네다의 두 번째 저서 속의 한 사건은 무엇보다 무당의 초의식은 도덕감정이 불투명하다는 점을 요약적으로 보여주고 있다.『돈 후안의 교훈』(*The Teachings of Don Juan*)이라는 저서로 명성과 돈을 얻은 카스타네다는 자기 스승에게 책을 한 권 주기 위해 그를 찾아갔다. 후안이 나타나기를 기다리며 카스타네다는 호텔 식탁에서 남은 음식 부스러기를 먹고 살아가는 거리의 개구쟁이 일당들을 면밀히 관찰했다. 사흘 동안 '독수리들처럼' 식당을 들락거리며 먹을 것을 찾는 아이들을 바라보고 있자니 카스타네다는 '진짜 풀이 죽은 상태'가 되었다. 후안이 이 말을 듣고 깜짝 놀랐다. "당신은 정말 저 아이들을 불쌍하게 생각하시오?" 그는 궁금한 표정으로 물었다. 카스타네다는 그렇다고 말했다. 그러자 후안은 "왜 그런 생각을 하느냐?"고 물었다.

왜냐하면 나는 내 동포의 복지를 걱정하기 때문이오. 저기 아이들이 있소. 저 애들이 얼마나 추악하고 천한 세계에서 살고 있는지 아시오?

카스타네다는 그 아이들이 불쌍하다고 말하지는 않았다. 왜냐하면 그 아이들은 식탁 위에 남은 부스러기라도 먹고 있기 때문이었다. 그를 괴롭히는 것은 그들의 '추악하고 천한' 생활인 것 같다. 굶주림과 가난은 나쁜 생각과 꿈을 갖게 한다. 후안은 저런 부랑자들이 정신적으로라도 성숙할 수 없고 '지식인'이 될 수 없다면 어떻게 되겠느냐고 제자를 훈계했다.

당신네 부유한 세계가 당신이 지식인이 될 수 있게 도움을 준 적이 있다고 생각하는가?

카스타네다는 자기의 풍요로운 생활이 자기가 성공적인 마법사가 되는 데 별 도움이 되지 않은 것을 인정하지 않을 수 없게 되자 후안은 그를 옴짝달싹 못 하게 만들었다.

그렇다면 저 아이들이 불쌍한 까닭이 무엇이겠소? ……저런 아이 가운데 바로 지식인이 나올 것이오. 내가 알고 있는 모든 지식인은 저 아이들처럼 식탁을 핥아 부스러기를 먹으며 어린 시절을 살아온 사람들이었소.

많은 반문화운동 주창자는 과학적 세계관 가운데 가장 도덕적으로 타락한 산물은 무정하고 이해불가능한 기술관료들이라고 주장한다. 이들은 전문지식인이 되는 것에만 혈안이 되어 누가 어떤 목적으로 그 지식을 사용하는지에는 관심이 없다. 그런데 정확히 말하면 후안은 이런 기술관료의 한 사람이다. 그가 카스타네다에게 전해준 지식은 어떤 도덕적 짐도 지지 않고 있다. 후안의 비정상적인 능력이 어떻게 이용되는지 밝히고자 했던 모든 도덕적 관심을 충족시키기 위해서는 B-52 폭격기의 조종술을 배워도 되었을 것이다. 카스타네다와 그의 선생 후안은 '조종 단추'를 누르는 대신 그 단추들을 먹을 지라도 그 둘의 관계는 기술만이 최고의 선으로 간주되는 도덕적 불모지에서 펼쳐진다.

나는 도덕적 판단의 기초를 붕괴하지 않고 객관적 지식을 부인하기가 아주 불가능하다는 것을 강조하겠다. 합리적인 확실성을 가지고 누가 언제 어디서 무엇을 했는지 알 수 없다면 우리는 우리 자신의 도덕적 평가를 내릴 수 없다. 범인과 피해자, 부자와 가난한 자, 착취자와 피착취자 등을 구별할 수 없다면 우리는 모든 도덕적 판단에 대한 회의론을 지지하든지 아니면 종교재판의 주장에 찬성해 누군가가 꿈속에서 한 일까지 그 누군가에게 책임을 부과하든지 해야 한다.

『타임』 기자들이 카스타네다의 이야기를 추적하려다가 발견했던 것이지만, 제3의 의식은 가장 단순한 인간의 사건들도 짙은 안개로 덮어 파악하기 힘들게 한다. 믿음의 자유를 호소하면서, 카스타네다는 자신의 전기 가운데 많은 부분을 꾸미거나 상상으로 쓰거나 환각 속에 집어넣었던 것 같다.

출생지는 브라질이 아니라 페루.
생년은 1935년이 아니라 1925년.
모친은 그가 24세 때 사망한 것이 아니라 6세 때 사망.
부친은 문학교수가 아니라 보석상.
미술과 조각 공부는 밀라노가 아니라 리마에서 했음.

카스타네다는 말했다. "통계 자료를 가지고 내 생애를 증명하라고 요구하는 것은 마법을 과학으로 증명하라고 요구하는 것과 같다. 과학은 이 세계가 지니고 있는 마력을 빼앗고 있다."

후안의 경우도 마찬가지라고 카스타네다는 말한다. 이 세계에서 가장 유명한 그 무당은 사진에 찍히기도 레코드에 목소리가 녹음되기도 원치 않으며 인터뷰도 원치 않는다. 카스타네다를 제외한 어느 누구도 후안이 누군지 알지 못한 것 같다. 카스타네다는 이 점을 순순히 인정하고 있다. "아, 난 참 빌어먹을 인간이다. 난 얼마나 미친 짓을 하고 있는가." 페루의 한 친구는 그가 '대사기꾼'이라고 말한다.

후안은 실존인물이 아닐지도 모른다. 카스타네다는 '마음'으로만 야키족의 마법사를 만난 것이지 '몸'으로는 만나지 않은 것인지도 모른다. 종교재판의 권위에 따르면 후자의 경우도 후안의 가르침을 정확하게 해명한 것이 될 수 있다. 아니면 카스타네다가 때로는 '상상'으로 때로는 '몸으로 직접' 날아다녔다고 볼 수도 있다. 이런 생각들은 매력적이지만 이는 어떤 자들의 도덕적 지각력을 개선하는 데 실제적으로 이바지할 수 없고 상상적인 기여밖에 하지 못한다.

반문화는 실제로 개인이 지니고 있는 도덕성을 훨씬 뛰어넘는 것을 주장한다. 반문화운동 지지자들은 초의식이 이 세계를 더 우호적이고 살기 좋은 곳으로 만든다고 주장한다. 그들은 객관성에서 도피하는 것이 부를 공평하게 분배하고 자원을 재순환시키고 비인격적인 관료제도를 폐지하고 그 외 현대기술사회에 존재하는 다른 비인간적인 측면들을 교정하는 것과 같은, 정치적으로 효과적인 방법이라고 여긴다. 이와 같은 비인간적인 것들은 지위와 노동에 대한 우리의 잘못된 관념들 때문에 생겼다고 그들은 주장한다.

우리가 과시하려고 하지 않는다면 그리고 우리가 노동은 그 자체로 선한 것이라고 믿지 않는다면, 혁명적인 변화는 누구를 해치지 않고서도 일어날 수 있는 것이라고도 한다. 요정들의 나라에서처럼 "우리는 우리가 바라는 대로 새로운 선택을 할 수 있다." 자본주의, 조합국가(corporate state, 경제의 상당 부분을 정부가 통제하는 국가―옮긴이), 과학시대, 프로테스탄트 윤리, 이 모든 것은 의식의 유형을 설명해주고 있다. 그런데 이런 것들은 새로운 의식을 선택함으로써 변경될 수 있다. "우리가 해야 할 단 한 가지 일은 눈을 감고 모든 사람이 제3의 의식에 도달했다고 상상하는 것뿐이다. ……조합국가는 사라진다. ……키스 한 번으로 마녀의 악한 마술을 깨버릴 수 있듯이 조합국가의 권력은 기적적으로 종식될 것이다."

실제적이고 현실적인 제약을 거의 받지 않는 의식은 실로 정치라기보다 마법이라고 해야 할 것이다. 인간은 원하면 자기 의식을 바꿀 수 있다. 그러나 대부분의 인간은 자기 의식을 바꾸려 하지 않는다. 의식은 실제적이고 현실적인 상황에 잘 적응한다. 무당이 다리 100개를 가진 모기를 '나타나게 했다가 사라지게 했다가' 하는 식으로 이런 상황들을 있다 없게 하는 것은 아니라고 생각한다. '포틀래치'를 다룬 제6장에서 밝혔듯이, 유명한 체제구조라는 것들이 단순히 외부공간에서 오는 진동으로 생겨나는 것은 아니다. 사람들은 경쟁적 소비주의 의식을 배우게 된다. 왜냐하면 굉장히 강력한 정치·경제세력이 그런 의식을 강요하기 때문이다. 의식을 좌우하는 물질적 조건을 변화시켜 의식을 개조하려는 실제 활동으로만 이런 정치·경제세력은 수정될 수 있다.

반문화와 기독교

의식으로 혁명을 수행하려는 반문화운동이라는 반가운 소식은 새로운 것도 혁명적인 것도 아니다. 기독교는 2,000년 동안 의식을 통해 혁명을 성취하려고 노력해왔다. 기독교 의식이 이 세계를 변화시켜왔다는 사실을 부인할 자가 있겠는가? 그러나 그 기독교 의식을 변화시킨 것은 바로 이 세계다. 우리가 모두 평화롭고 서로 사랑하고 관대하고 경쟁하지 않는 생활양식을 택했다면 우리는 반문화보다 훨씬 더 나은 무엇인가―하느님 나라―를 소유할 수 있었을 것이다.

제3의 의식이라는 관념 속에서 생겨나는 정치는 마음의 것이지 몸의 것이 아니다. 이미 부와 권력을 가진 자들에게는 마음의 정치형태가 편리할 것임이 자명하다. 가난이 바로 마음의 상태라고 하는 철학적 성찰은 항상 가난하지 않은 사람들의 위안이 되어왔다. 이런 관점에서 볼 때, 반문화는 기독교 이론가들이 전통적으로 표현해왔던 세속적 소유물을 멸시하는 태도를 약간 수정한 형태일 뿐이다. 그리고 어떤 것도 힘으로(의식으로가 아닌―옮긴이) 일어날 수 없다는 것을 보증해주는 것은 전통적인 것이며 이는 보수적인 정치사상의 주류 속에 존재하고 있다. 제3의 의식은 "폭력을 사용하지 않고 정치권력을 장악하지도 않고 기존의 어떠한 인간집단도 무너뜨리지 않고" 조합국가를 무너뜨릴 수 있다. 반문화는 자산 소득이나 자원고갈 허용치 등은 공격하지 않으면서 마음만을 공격하면 승리할 수 있다고 착각한다.

한마디로 반문화는 소외된 중산층 출신으로 대학교육을 받은 청년들의 생활양식이라고 결론 내릴 수 있다. 그러나 '아직 프롤레타리아 혁명의 잔재를 지니고 있는 자들'과 '전투적인 흑인청년'(the militant black young)들은 여기에서 제외된다. '인간들이 자기들의 안식처라고 여길 수 있는 곳으로' 사회를 변화시키겠다는 반문화운동의 희망 자체가 바로 이 운동이 중산층운동이라는 사실을 말해주고 있다.

"과학과 기술적 가치들을 전면 거부하는 운동이 무시해도 되는 변두리에서 일어나고 있는 것이 아니라 우리 사회 중심부에서 일어나고 있는 것이기 때문에" 이 운동은 중요한 것으로 생각된다. "이 의식정치(意識政治)운동의 주도자는 중산계층 청년들이다." 순수 의식정치가 마법이나 마술이라고 불리지 않고 정치로 불려야 하는지의 문제는 차치하고라도 애매한 점 두 가지는 주지되어야 한다. 첫째, 반문화는 과학기술의 가치를 전면 거부하지는 않는다는 점, 둘째, 어떤 종류든 과학기술을 거부하는 운동은 항상 우리 문명의 중심부에 존재해왔다는 점이다.

반문화는 '객관적' 과학연구의 소산인 과학기술 생산품을 이용하기를 꺼리지 않는다. 전화, FM방송, 스테레오, 값싼 제트비행기, 에스트로겐 피임약, 환각제 화학약품, 해독제 등은 제3의 의식자(意識者)들의 안락한 삶에 필수적이다.

더욱이 하이데시벨(high-decibel), 하이파이(high-fidelity) 음악

이 등장하자 연주예술의 역사에는 과학기술 용어로 구성된 관용구가 굉장히 많아졌다. 그러므로 반문화운동은 최소한 전술적으로라도 그 생활양식의 기술적인 하부구조를 이루어 지탱하고 있는 물리학과 생물학 전문가들의 존재를 인정하고 있다.

제3의 의식의 전망에서 볼 때, 가장 혐오스러운 과학의 형태들은 실험과학이 아니라 그 실험실 속의 표준들을 역사 연구나 생활양식 연구에 적용하려는 과학의 형태들이다. 반문화운동은 생활양식과 역사를 과학적으로 연구하는 것이 어떤 뿌리 깊은 양태(樣態)와 결별이라도 하는 것처럼 그 연구를 외면하고 있다. 그러나 이른바 행동과학자들과 사회과학자들이 생각하는 일반적인 지식의 형태는 반문화운동에서 말하는 그런 지식의 형태가 아니며 이제까지 그런 지식의 형태를 지녔던 적도 없었다.

이른바 생활양식을 연구하는 과학은 이제까지 이 책에서 고찰해온 수수께끼들에는 어떤 과학적 설명도 없다고 주장하는데, 어느 누가 어떻게 생활양식을 연구하는 과학이 남용되고 있다고 반발할 수 있겠는가? 생활양식에 대한 여러 현상연구에서 외연적인 '객관화'는 사회적 몽상이라는 반문화의 신화일 따름이다. 생활양식의 현상들을 설명해보려는 관심이 있는 대다수 전문가의 일반적인 의식은 사실상 제3의 의식과 구별되지 않는다.

마녀가 복귀하고 물리학연구실, 화학연구실, 생물학연구실들이 객관적인 증거와 합리적 분석을 경멸하는 자들에게 넘겨진다 하더라도 우리에게 두려울 것은 별로 없다. 초의식 실험들의 숯이 된 유해가 그들이 만들어낸 자갈과 함께 씻겨 내려갈 때까지 실험실에서 믿음의 자유를 실험하는 것은 불편한 일 정도밖에 되지 않을 것이다. 불행히도 생활양식에 적용된 애매모호한 태도, 몽매주의(obscurantism)는 자멸적인 것이 아니었다. 사람들이 자신의 사회적 존재 원인을 이해할 수 없게 하는 교리들은 여전히 대단한 사회적 가치를 지니고 있다. 생산양식과 교환양식이 불평등한 사회에서 사회제도의 본질을 불분명하게 하고 왜곡하는 생활양식 연구들은 반문화운동이 몹시 싫어하는 신화적인 '객관적' 연구보다 아주 높게 평가되고 훨씬 더 일반화되고 있다. 생활양식 연구에 적용되고 있는 이러한 애매한 태도는 실험실 과학이 지니고 있는 공학상(工學上)의 '프락시스'(Praxis)가 결여되어 있기 때문이다. 거짓말쟁이, 마술사, 허튼소리 하는 자들은 자갈과 함께 휩쓸려가지 않고 남아 있다. 사실 모든 것이 이전처럼 그대로이기 때문에 어떤 것도 자갈은 아닌 것이다.

지금까지 나는 극히 신비화된 의식이 때때로 이단들에게 활력을 불어넣어 효과적인 대중운동을 전개하게 했었다는 사실을 밝혔다. 우리는 팔레스타인 그리고 유럽과 멜라네시아에서 메시아니즘의 계승된 형태들이 부와 권력을 더 균등하게 분배하는 것을 목적으로 하는 광범위한 혁명적 운동을 전개하는 것을 보았다. 또 우리는 르네상스시대의 교회와 국가가 마녀광란을 이용해 공산적 급진주의자들을 미혹시키고 당황케 했었다는 사실도 보았다.

반문화운동은 이런 것 가운데 어떤 것에 적용되는가? 이 운동은 보수세력인가? 급진세력인가? 반문화운동은 자체의 몽상 속에서 자신을 천년왕국적인 변혁운동과 동일시하고 있다. 로샤크는 반문화운동의 기본목표를 '새 하늘과 새 땅'을 선포하는 것이라고 했다. 그는 또 반문화운동의 공식용어인 제3의 의식이 서로 다른 견해를 가진 청년들을 록 페스티벌과 반전운동에 함께 참여하도록 했다고 주장한다. 그러나 그 운동의 조직적 효율성이 최고 절정에 달했을 때에도 메시아운동의 원리는 결여되어 있었다. 그 운동은 카리스마적인 지도자(메시아)도 도덕적 질서에 대한 멋진 비전도 제시하지 못했다. 제3의 의식에서는 지도자 역시 군산복합체 계략의 하나로 간주된다. 그러나 방금 내가 지적했듯이 일련의 멋진 도덕적 목표들은 후안과 같은 무당들의 반도덕적 상대주의와는 화합할 수 없다.

객관성에서의 도피, 반도덕적 상대주의, 사고(思考)의 전지전능성을 인정하기 등은 마녀를 설명하는 데 필요한 용어들이지 구세주를 설명하는 용어는 아니다. 제3의 의식에는 이단들의 에너지를 분산·해체시키는 사회적 기능을 하는 생활양식 몽상이 지닌 모든 정통적인 징후가 내포되어 있다. 이 의식은 '당신 자신의 일을 하는 것'의 중요성과 구분해야 했다. 모든 사람이 각자 자기 일만 한다면 혁명을 달성할 수 없다. 혁명을 완수하기 위해서는 모든 사람이 같은 일을 해야 한다.

그러므로 마녀의 복귀가 이해하기 힘든 기상천외한 일은 아니다. 현대적 마법의 부활에는 사멸한 중세의 마녀광란과 명백히 유사한 점이 있다. 물론 그 둘 사이에는 중요한 차이점도 많다. 현대의 마녀는 찬양받고 있지만 중세의 마녀는 공포의 대상이었다.

현대의 마녀를 믿든 안 믿든 반문화운동가들은 사람들을 화형에 처하지는 않는다. 라이히나 로샤크는 '이스티토르'나 '스프렌거'가 아니다. 그리고 반문화운동은 다행히도 어떤 특수한 교리체제에 개입되어 있지 않다. 그러나 반문화운동과 종교재판은 마녀가 날아다닌다는 것에 대해서 같은 관점을 취하고 있다는 사실도 우리에게 남아 있다.

마녀들은 반문화운동의 믿음의 자유(freedom to believe)의 한계 내에서 다른 어떤 존재보다 훨씬 신뢰받고 있다. 이 믿음은 장난스럽고 순진한 것이긴 하지만 분명히 현대의 불평등상태를 공고히 하고 고정시키는 데 이바지하고 있다. 이른바 교육받은 청년 수백만 명은 조합국가를 '악한 마법'이기나 한 것처럼 여겨 키스를 하면 조합국가가 없어질 것이라는 생각이, 어떤 정치의식 형태 못지않게 효과적이고 현실적이라고 진지하게 믿고 있다. 중세의 마녀광란과 마찬가지로 현대의 마법장난도 견해를 달리하는 세력들을 미혹하고 기만하고 있다. 다른 반문화운동처럼 이 현대의 마녀도 합리적인 정치참여의 발전을 지연시키고 있다. 그리고 바로 이 점 때문에 현대의 마녀는 우리 중 풍요를 누리고 있는 사람들에게 굉장히 인기 있는 것이 되고 있다. 바로 이런 까닭에 마녀가 다시 돌아온 것이다.

마녀가 이곳에 있다면 구세주는 훨씬 더 저 뒤에 있을 수 있 는가?

콘은 『천년왕국의 추구』(*The Pursuit of the Millennium*)라는 책에서 프로테스탄트 종교개혁에 앞서 일어났던 메시아운동 과 20세기의 세속적 격동들을 연관시키는 범례를 하나 만들었 다. 레닌(Vladimir Lenin)·히틀러(Adolf Hitler)·무솔리니(Benito Mussolini) 같은 인물들은 유대·기독교의 메시아니즘에 관한 독 특한 신화와 전설을 경멸했지만 그들의 생활양식의식은 레이든 의 존, 뮌처 그리고 더 추가한다면 마나헴, 코흐바, 얄리 등과 같 은 종교적 구세주들이 나타나게 되었던 상황들과 비슷한 실제적 이고 현실적인 상황에서 생겼다. 세속적이고 무신론적인 전투적 메시아들은 앞선 종교적 선구자들과 마찬가지로 예언자처럼 무 한한 믿음의 확신을 가지고 만들어낸 '무한한 천년지복'을 약속 했다. 유대 기독교의 구세주들처럼 그들도 역사에 미리 예정된 종말을 완수할 소명을 지니고 있다고 주장했다. 히틀러는 유대인 들과 독일에 존재하는 마녀와 악마들을 제거하고 정화시킴으로써 천년제국을 세우는 것이 이 종말을 완성하는 것이라고 생각했다. 레닌에게도 종말의 성취란 "그리고 모든 믿는 자가 함께 살았으며 모든 것을 공동의 소유로 했다"라는 초대 기독교 공동체의 모토를 자신들의 모토로 하는 공산주의자 예루살렘을 세우는 것이었다.

아니면 트로츠키(Leon Trotsky)의 해석처럼 "모든 종교적 고백을 하는 저 사제들에게 저 세상의 낙원을 말하게 하라. 우리는 이 세상에 인민을 위한 진정한 낙원을 이룩하겠다고 말하련다"고 재해석했던 것이다. 세속의 메시아도 소외되고 불안에 떨고 가진 것 없고 마귀에 사로잡혀 시달리고 마법에 걸린 가장자리 인생들인 대중에게 우주적 구원과 성취를 약속한다. 한 사람의 일상적 존재를 향상시켜줄 기회만 약속하는 것이 아니고 '거대하고 특별한 중요성이 있는' 소명에 전체가 참여할 수 있게 한다고 약속한다.

전투적 메시아니즘 의식의 거대한 비전들과 비교해볼 때 반문화운동은 정치투쟁에 대해 좌익이든 우익이든 중립이든 무익하다고 꽤 악의 없이 확언한다. 그러나 이러한 현 상태에 안주하는 것은 단지 단기적이며 역사의 인과과정을 설명하는 데 적합한 원칙이 없는 상태에서만 제3의 의식에 보일 수 있는 손쉬운 반응일 뿐이다.

'과학적 세계관'에 대한 의도적인 전복은 우리 문명의 과학기술적 하부구조의 어느 부분인가를 위협하고 있기 때문에 위험하지 않다. 반문화운동의 광신자들은 그렇지 않은 사람들과 마찬가지로 고에너지 수송수단, 반도체 전자공학, 섬유나 식량의 대량생산 등의 과학기술에 의존하고 있다. 그리고 그들에게는 더 원시적인 생산수단이나 의사소통수단으로 환원하는 데 필요한 지식도 없으며 그렇게 하겠다는 의지도 없다. 아무튼 고도로 진보된 핵 기술, 인공두뇌공학, 생물리공학 등에 참여하지 못하는 종파나 계급, 민족들은 공포의 대상이 되지 못한다. 이런 집단들은 어쩔 수 없이 20세기의 석기시대 문명 속에서 사는 다른 부족들과 같은 운명에 처하게 될 것이다.

그들이 계속 생존할 수 있을지 모른다. 단지 항상 강력한 이웃 집단의 관용 아래 관광객 유치수단으로 사용되며 보호구역이나 집단부락에서 보호받으며 살 수 있을 뿐이다. 원시적인 기술단계로 다시 퇴행하거나 산업화된 강대국이 현재 소유하고 있는 기술단계를 유지하려는 노력은 유럽-미국인들이나 일본인들이 누리고 있는 과학과 기술 독점을 뚫고 날마다 생활을 개선하려고 굳은 각오를 하고 있는 대다수 사람에게는 무척이나 익살스럽고 무모한 제안이 될 것이다. 종잡을 수 없는 귀뚜라미 한 마리의 울음소리가 자동폭발 화로에 영향을 주듯, 노래하는 수백만의 라이히와 로샤크는 과학 및 과학기술의 발전과 전파에 영향을 준다. 반문화운동의 위협은 어느 곳에나 있다.

제3의 의식의 도사들이 과학기술의 발전을 마음대로 중지시키거나 지연시킬 수는 없을 것이다. 반면 그들은 불평등과 착취를 심화시키지 않고 완화시키려면 과학기술의 형태가 어떠해야 하는지 대중이 더욱 알 수 없도록 하고 있다. 인간적이고 건설적인 목적들에 이바지하고 공포와 파괴를 불러일으키지 않으려면 과학기술은 어떠해야 하나? 혼돈의 심화와 심리적 혼란, 마녀의 복귀로 요약되는 반도덕 등은 우리 문명의 역사를 인식하고 있는 사람들에게 메시아의 재림이 있어야 할 때가 아닌가 하는 긴박한 위협을 느끼게 한다. 이성이나 증거, 객관성 등을 경멸하는 태도—초의식과 무모하게 믿는 자유 등—는 우주적인 범위의 구원과 구속을 성취하려는 '종국적이고 결정적인 투쟁'을 요구하는 그다음의 요청에 저항할 지적인 수단을 전 세대에게서 박탈하고 있다.

관념의 유희(head trips)나 일시적인 기분 같은 것으로는 착취와 소외를 야기하는 물질적 근거를 바꿀 수 없다. 제3의 의식은 자본주의나 제국주의의 구조에 근본이 되고 원인이 되는 어떤 것도 변경시키지 못할 것이다. 그러므로 우리 앞에 놓여 있는 문제는 스스로 만들어가는 유토피아가 아니라 더 새롭고 불길한 형태의 전투적 메시아니즘에 관한 것이다. 이 메시아니즘은 중산계층의 기괴한 행동으로 비롯되었다. 그들은 자기들의 우두머리를 정신감응적(精神感應的, telephatic)인 메시지로 길들이려 하고 맨발로 걷고 소화도 잘 되지 않는 땅콩버터를 먹으면서 살아왔던 원시공동체에서 이제는 가장 큰 집단의 부(富)로 집중화해 이를 인간에게 분배할 수 있다고 생각했었다.

이 책의 첫 부분에서 언급하고 있듯이 믿음의 자유라는 명목 아래서 행해지는 가장 해로운 거짓말은 우리가 우리 생활양식의 원인들에 대해 '객관성'을 남용하고 있기 때문에 위협받고 있다는 주장이다. 야노마모족이나 마링족과 같은 생활양식의 집단들은 과학적 객관성이 인간의 원죄라는 주장이 얼마나 잘못된 것인지 분명히 밝히고 있다. 유럽의 역사만 보더라도 무죄한 사람들의 팔다리를 잘라 장애인으로 만들고 물에 빠뜨려 죽이고 사지를 찢어 죽이고 고문하고 교수형에 처하고 화형에 처하고 십자가형에 처하는 등의 일은 현대과학과 기술문명이 일어나기 훨씬 전에 존재했던 것이다.

산업사회의 특징인 특이한 형태의 불평등과 소외는 자연과학과 행동과학(behavioral science, 인간행동의 관찰에 바탕을 둔 심리학·사회학 등—옮긴이)의 발전을 가능하게 했던 특수한 도구와 기술들의 산물임이 분명하다. 그러나 현대인의 생활에서 볼 수 있는 병리현상 가운데 생활양식 현상의 원인과 관련된 과학적 객관성이 많다는 이유로 생겨난 것은 하나도 없다. 인종차별주의의 근본원인에 관한 과학적 객관성은 우리 종족을 착취하고 스쿨버스를 뒤집고 비(非)특권 계층용 아파트 건설을 방해하는 그런 것이 아니다. 과학적 객관성은 남성 쇼비니즘 또는 여성 쇼비니즘, 아니면 동성애 쇼비니즘의 원인이라고 할 수 없다. 병원과 주택 건설에 앞서 달나라 여행과 미사일 개발에 불균등한 우선권을 두었던 것도 생활양식에 대한 과학적 객관화의 과다 때문은 아니다. 인구위기를 초래한 것도 이 때문이 아니었다.

그렇다면 소비주의, 무절제한 낭비, 무분별한 소비, 판에 박힌 진부한 지위와 욕망, 텔레비전이 야기한 문화적 불모현상, 그 외 우리가 살고 있는 경쟁적인 자본주의 경제대국에 휘몰아치고 있는 모든 불미스러운 것과 관련해 과학적 객관성이 준 것은 무엇인가? 광물·산림·토양 등을 망치고 하늘의 공해, 해안의 폐수 등의 원인은 믿음의 자유의 결핍인가? 이 모든 것에 대한 합리적이고 이성적이며 '객관적'인 또는 '과학적'인 원인은 무엇이었는가? 생활양식에 대한 지나친 객관성은 세 명의 대통령(북베트남, 남베트남, 미국의 대통령―옮긴이)으로서는 전투에 합리적인 이유를 부여할 수도 없을뿐더러 중단시킬 수도 없었던 전쟁(베트남전쟁―옮긴이)을 어떻게 설명할 수 있겠는가?

1932년 당당했던 독일인들의 생활양식이 객관적이었다고 생각하는 것은 당연할지 모른다. 금발머리를 가진 아리안족의 야수숭배, 유대인과 집시 슬라브족에 대한 저주, 조국예찬, 바그너의 음악, 총통 앞에서의 거위걸음과 승리찬양(sieg-heiling, 나치가 외쳤던 승리 만세를 뜻함―옮긴이), 이 모든 것은 '비지성적인 능력'과 독일 국민감정의 쇠퇴현상으로 생긴 것이라고 믿는 게 당연하다. 엉클 조(Uncle Joe, 스탈린의 애칭―옮긴이) 숭배와 더불어 티토 스탈린주의, 레닌의 시체 앞에서 무릎 꿇기, 크렘린의 음모, 시베리아의 노예수용소, 당 노선의 교리화 등도 마찬가지다.

물론 우리 가운데에는 시체와 죽음을 컴퓨터로 계산해 인간의 생명을 객관화하는 '기묘한 사랑 제로섬게임 전문가들'(strangelove zero-sum-game specialists)과 '자칭 초능력 객관화 기술자'(would-be super objectifiers)들도 있다. 그러나 이런 기술주의자들이나 그들을 정치적으로 조종하는 자들이 지닌 도덕적 결점은 생활양식의 원인을 과학적으로 객관화하지 못한다는 것이지 그들에게 과학적 객관능력이 남아돌고 있기 때문이 아니다. 베트남전쟁에서 보여준 우리의 도덕적 붕괴는 우리의 행위에 대한 지나친 객관적 의식 때문에 나타난 현상은 아니었다. 그 이유는 오히려 객관적 의식을 과업을 수행하는 데 필요한 단순한 도구로 사용하는 것은 고사하고 우리의 국가적 목표를 달성하고 정치의 실제적이고 평범한 취지를 위해 사용하지 못하기 때문이었다. 우리의 애국심을 나타내는 상징들과 영광을 담은 꿈, 억누를 수 없는 자만심, 제국의 환상으로 우리의 의식을 신비화했기 때문에 베트남전쟁은 지속되었던 것이다. 분위기로는 우리가 정확하게 반문화운동자들이 원하던 그런 사람들이 되었다. 우리는 사팔뜨기 눈의 악마들과 볼품없고 키 작은 황인종들에게서 협박당하고 있다고만 생각했다. 우리는 말로 다 할 수 없이 거룩한 위험에 처해 있다는 환상의 노예가 되었다. 간단히 말해서 우리는 제정신이 아니었다.

복잡하고 자민족중심적이고 비합리적이고 주관적인 의식의 양식에 더욱 탐닉한다고 해서 지금까지 우리가 생각했던 마녀나 메시아들과는 분명히 다른 어떤 것이 나타나게 될 것이라고 생각할 이유는 없다. 더 무서운 전율도 정신에 더 큰 영향을 주는 제의(약물주입을 통한)도 더 익살스러운 관념의 유희도 필요치 않다. 나는 생활양식의 현상들을 잘 이해할 경우 도래하게 될 천년왕국적인 찬란함을 주장하는 것이 아니다. 그러나 우리는 일상적인 의식을 비신화화하려 애씀으로써 평화와 정치, 경제적 정의를 실현할 수 있는 전망을 개선시킬 수 있다고 가정하는 건강한 토대를 마련해야 한다. 만약 사회의 불평등한 요소를 우리의 뜻대로 변화시킬 수 있는 가능성이 그토록 희박하다면 생활양식이라는 수수께끼의 영역 속으로 과학적 객관성을 확장하는 것이 도덕적 지상명령이라고 여겨야 한다고 생각한다. 이것이 바로 우리가 아직 손도 대보지 않은 것이다.

문화의 수수께끼 속에 감춰진 사회경제적 의미
개정판을 내면서

『문화의 수수께끼』가 출판된 지 35년이나 지났다. 그런데도 이 책이 여전히 문화에 대한 독자들의 호기심을 자극하고 이해를 도와준다는 점에서 옮긴이로서 반갑기 그지없다.

해리스는 독자들에게 문화를 이해하기 위한 초보적인 설명도 없이 바로 수수께끼 같은 여러 민족의 이상한 관습들(암소숭배, 돼지고기 혐오 등)을 설명한다. 이해하기 어려운 원시민족의 전쟁이나 남녀 간의 관계에 대한 생활양식들도 설명한다. 특히 원시민족들의 포틀래치와 유령화물 등이 경제적 상황과 사회적 관계가 서로 연관되어 나타나는 문화적 생활양식이라고 설명한다.

무엇보다 서구사회에서 형성된 메시아적 구세주와 마녀에 대한 이해 및 관행들은 그 사회의 사회경제적 불평등이나 정치적 갈등을 완화하거나 왜곡시켜가는 과정을 통해 형성된 것임을 인류학적 상상력으로 간파해나가고 있다. 중세시대에 기독교가 민중의 사회경제적 불평등에 대한 불만을 악마나 마녀들에게 전가시키는 방법으로 왜곡해 탄압하고 이용했던 것처럼, 오늘날 독재

국가에서도 그런 불만을 정치적 문화양식으로 이용하고 존속시키고 있다고 설명한다.

끝으로 해리스는 반문화운동에 대한 신랄한 경계와 비판으로 이 책을 마무리한다. 오늘날에도 많은 사람의 관심을 받으며 유행하고 있는 '의식 확장'이라는 영적 운동에 대한 것인 듯하다. 이는 과학적 세계관을 무너뜨리고 논리·합리성·분석·원칙 등에 깊은 회의를 느끼며 마음의 천년지복 상태인 제3의 의식에 도달하려는 노력에 집중하는 문화현상을 가리킨다. 그 당시(1970년대)의 히피문화를 의식한 것 같다. 객관성에서의 도피, 반도덕적 상대주의, 사고의 전지전능성을 인정하기 등이 대중의 호응을 얻고 있으나 해리스는 이를 메시아가 아닌 억압받지 않은 마녀의 등장으로 해석한다. 사회에 대한 도덕적 책임이나 사회의 불평등과 불의에 관심을 보이지 않는 이 문화가 '마녀의 복귀'와 유사하다고 비판하는 것이다.

해리스는 종족이나 민족이 지속적으로 공동체를 이루고 살아갈 수 있도록 삶의 경제적 불평등과 사회적 불평등을 해결해가는 지혜와 도덕적 가치가 융합된 문화가 생활양식임을 우리에게 알려주려 하는 것 같다.

해리스는 에필로그에서 "우리는 일상적인 의식을 비신화화하려 애씀으로써 평화와 정치, 경제적 정의를 실현할 수 있는 전망을 개선시킬 수 있다고 가정하는 건강한 토대를 마련해야 한다"라는 말로 수수께끼처럼 보이는 문화의 생활양식을 인류학적 상상력과 과학적 방법으로 파헤쳐나가야 함을 역설한다. 오늘날의 첨단과학사회 속에서도 횡행하는 미신적이고 신화적인 왜곡된 생활양식을 올바로 이해하고 개선해나갈 수 있음을 강조한 것이다.

그런 의미에서 오늘날에도 여전히 수수께끼로 남아 있는 문화의 생활양식들을 더 잘 이해하고 간파해내는 것이 매우 중요하다. 연장선에서 문화의 수수께끼 속에 감춰진 사회경제적 의미와 평화의 삶을 실현하려는 지혜를 터득하고 우리 스스로 이러한 문화를 창조해가는 주체적 문화해독자(文化解讀者)가 되기를 기대해본다.

2017년 7월
박종렬

참고문헌

1 거룩한 어머니 암소

Marvin Harris, et al., "The Cultural Ecology of India's Sacred Cattle," *Current Anthropology* 7 (1966), pp.51~60.

Ford Foundation, *Report on India's Food Problem and Steps to Meet It,* New Delhi: Government of India, Ministry of Food and Agriculture (1955).

Mohandas K. Gandhi, *How to Serve the Cow: Ahmedabad,* Navajivan Publishing House (1954).

Alan Heston, et al., "An Approach to the Sacred Cow of India," *Current Anthropology* 12 (1971), pp.191~209.

K. N. Raj, "Investment in Livestock in Agrarian Economies: An Analysis of Some Issues Concerning 'Sacred Cows' and 'Surplus Cattle,'" *Indian Economic Review* 4 (1969), pp.1~33.

V. M. Dandekar, "Cow Dung Models," *Economic and Political Weekly* 5 (Bombay: August 2, 1969), pp.1267~1271.

C. H. Hanumantha Rao, "India's 'Surplus' Cattle," *Economic and Political Weekly* 5 (October 3, 1970), pp.1649~1651.

K. N. Raj, "India's Sacred Cattle: Theories and Empirical Findings," *Economic and Political Weekly* 6 (March 27, 1971), pp.717~722.

Stewart Odend'hal, "Gross Enegretic Efficiency of Indian Cattle in Their Environment," *Journal of Human Ecology* 1 (1972), pp.1~27.

2 돼지숭배자와 돼지혐오자

The Jewish Encyclopedia (1962).

James Frazer, *The Golden Bough,* New York: Criterion Books (1959).

Mary Douglas, *Purity and Danger: An Analysis of Concepts of Pollution and Taboo,* New York: Praeger (1966).

Frederick Zeuner, *A History of Domesticated Animals,* New York: Harper and Row (1963).

E. S. Higgs and M. R. Jarman, "The Origin of Agriculture," in Morton Fried, ed., *Explorations in Anthropology,* New York: Thomas Y. Crowell (1973), pp.188~200.

R. Protsch and R. Berger, "The Earliest Radiocarbon Dates for Domesticated Animals," *Science* 179 (1973), pp.235~239.

Charles Wayland Towne, *Pigs, from Cave to Corn Belt,* Norman: University of Oklahoma Press (1950).

Lawrence E. Mount, *The Climatic Physiology of the Pig,* London: Edward Arnold (1968).

P. J. Ucko and G. W. Dimbleby, eds., *The Domestication and Exploitation of Plants and Animals,* Chicago: Aldine (1969).

Louise Sweet, "Camel Pastoralism in North Arabia and the Minimal Camping Unit," in Andrew Vayda, ed., *Environment and Cultural Behavior,* Garden City, N. J.: Natural History Press (1969), pp.157~180.

Roy A. Rappaport, *Pigs for the Ancestors: Ritual in the Ecology of a New Guinea People*, New Haven: Yale University Press (1967).

Andrew P. Vayda, "Pig Complex," in *Encyclopedia of Papua and New Guinea.*

Cherry Loman Vayda, personal communication. Some of the ideas for this chapter were first published in my column in *Natural History* Magazine in October 1972 and February 1973.

3 원시전쟁

Morton Fried, "On Human Aggression," in Charlotte M. Otten, ed., *Aggression and Evolution*, Lexington, Mass.: Xerox College Publishing (1973), pp.355~362.

Andrew P. Vayda, "Phases of the Process of War and Peace Among the Marings of New Guinea," *Oceania* 42 (1971), pp.1~24; "Hypotheses About Function of War," in M. Fried, M. Harris, and R. Murphy, eds., *War: The Anthropology of Armed Conflict and Aggression,* New York: Doubleday (1968), pp.85~91.

Frank B. Livingstone, "The Effects of Warfare on the Biology of the Human Species," in Fried, Harris, and Murphy, eds., *op. cit.*, pp.3~15.

Napoleon Chagnon, *Yanomamo: The Fierce People,* New York: Holt, Rinehart and Winston (1968); "Yanomamo Social Organization and Warfare," in Fried, Harris, and Murphy, eds., op. cit., pp.109~159.

E. Richard Sorenson et al., "Socio-Ecological Change Among the Fore of New Guinea," *Current Anthropology* 13 (1972), pp.349~384.

H. C. Brookfield and Paula Brown, *Struggle for Land,* Melbourne: Oxford University Press (1963).

William T. Divale, "Systemic Population Control in the Middle and Upper Paleolithic: Inferences Based on Contemporary Hunters and Gatherers," *World Archaeology* 4 (1972), pp.222~243, and personal communications.

William Langer, "Checks on Population Growth: 1750~1850," *Scientific American* 226 (February 1972), pp.94~99.

Brian Spooner, ed., *Population Growth: Anthropological Implications,* Cambridge: MIT Press (1972), pp.370ff.

Some of the ideas for this chapter were first. published in my column in *Natural History* Magazine in March 1972.

4 미개족의 남성

David Schneider and Kathleen Gough, *Matrilineal Kinship,* Berkeley: University of California Press (1961).

Eleanor Burke Leacock, Introduction to Frederick Engels, *The Origin of the Family, Private Property and the State*, New York: International Publishers (1972), pp.7~67.

Marvin Harris, *Culture, Man, and Nature: An Introduction to General Anthropology,* New York: Thomas Y. Crowell (1971).

Ian Hogbin, *The Island of Menstruating Men,* San Francisco: Chandler (1970).

Napoleon A. Chagnon, *Yanomamo: The Fierce People,* New York: Holt, Rinehart and Winston (1968).

Johannes Wilbert, *Survivors of Eldorado,* New York: Praeger (1972).

Ettore Biocca, *Yanomamo: The Narrative of a White Girl Kidnapped by Amazonian Indians,* New York: Dutton (1970).

Judith Shapiro, *Sex Roles and Social Structure Among the Yanomamo Indians in North Brazil,* Columbia University Ph. D. dissertation (1971).

Betty J. Meggers, *Amazonia: Man and Culture in a Counterfeit Paradise,* Chicago: Aldine (1971).

Jane Ross and Eric Ross, unpublished papers and personal communications.

Some of the ideas in this chapter were first published in my column in *Natural History* Magazine in May 1972.

5 포틀래치

Thorstein Veblen, *The Theory of the Leisure Class,* New York: Modern Library (1934).

Franz Boas, "The Social Organization of the Kwakiutl," *American Anthropologist* 22 (1920), pp.111~126.

Ruth Benedict, *Patterns of Culture,* New York: Mentor (1946).

Douglas Oliver, *A Solomon Islands Society,* Cambridge: Harvard University Press (1955).

Ian Hogbin, *A Guadalcanal Society: The Kaoka Speakers,* New York: Holt, Rinehart and Winston (1964); "Social Advancement in Guadalcanal," *Oceania* 8 (1938).

Marshall Sahlins, "On the Sociology of Primitive Exchange," in Michael Banton, ed., *The Relevance of Models for Social Anthropology,*

London: Association of Social Anthropology Monographs 1 (1965), pp.139~236.

Andrew P. Vayda, "A Re-Examination of Northwest Coast Economic Systems," *Transactions of the New York Academy of Sciences,* Series II, 23 (1961), pp.618~624.

Stuart Piddocke, "The Potlatch System of the Southern Kwakiutl: A New Perspective," in Andrew P. Vayda, ed., *Environment and Cultural Behavior,* Garden City, N. J.: Natural History Press (1969), pp.130~156.

Ronald P. Rohner and Evelyn C. Rohner, *The Kwakiutl: Indians of British Columbia,* New York: Holt, Rinehart and Winston (1970).

Helen Codere, *Fighting with Property: A Study of Kwakiutl Potlatches and Warfare,* Monographs of the American Ethnological Society, 18 (1950).

Robert K. Dentan, *The Semai: A Non-violent People of Malaya,* New York: Holt, Rinehart and Winston (1968).

Richard Lee, "Eating Christmas in the Kalahari," *Natural History,* December 1969, pp.14ff.

Marshall Sahlins, *Tribesmen,* Englewood Cliffs, N. J.: Prentice-Hall (1968).

David Damas, "Central Eskimo Systems of Food Sharing," *Ethnology* II (1972), pp.220~239.

Richard Lee, "Kung Bushman Subsistence: An Input-Output Analysis," in Andrew P. Vayda, ed., *op. cit.* (1969), pp.47~79.

Morton Fried, *The Evolution of Political Society,* New York: Random House (1967).

6 유령화물

Ronald Berndt, "Reaction to Contact in the Eastern Highlands of New Guinea," *Oceania* 23 (1952), pp.190~228, 255~274.

Peter Worsley, *The Trumpet Shall Sound: A Study of "Cargo" Cults in Melanesia,* New York: Schocken Books (1968).

Pacific Islands Monthly, July 1970~April 1972.

Jean Guiart, "John Frum Movement in Tana," *Oceania* 22 (1951), pp.165~175.

"On a Pacific Island, They Wait for the G. I. Who Became a God," *The New York Times,* April 12, 1970.

Palle Christiansen, *The Melanesian Cargo Cult: Millenarianism as a Factor in Cultural Change,* Copenhagen: Akademish Forlag (1969).

Peter Lawrence, *Road Belong Cargo,* Manchester: Manchester University Press (1964).

Glyn Cochrane, *Big Men and Cargo Cults,* Oxford: Clarendon Press (1970).

Vittorio Lanternari, *The Religions of the Oppressed,* New York: Knopf (1963).

E. J. Hobsbawm, *Primitive Rebels,* New York: W. W. Norton (1965).

Ronald M. Berndt and Peter Lawrence, eds., *Politics in New Guinea,* Nedlands: University of Western Australia Press (1971).

Sylvia Thrupp, ed., *Millennial Dreams in Action,* The Hague: Mouton and Co. (1962).

7 구세주

Wilson D. Wallace, *Messiahs: Their Role in Civilization,* Washington D. C.: American Council on Public Affairs (1943).

The Holy Bible: Scofield Reference Bible, New york: Oxford University Press (1945).

Salo W. Baron, *A Social and Religious History of the Jews,* second, revised and enlarged edition, 14 vols., New York: Columbia University Press.

The Jewish Encyclopedia.

Flavius Josephus, *The Jewish War,* translated by G. A. Williamson, Baltimore: Penguin Books (1970); *Jewish Antiquities,* translated by H. St. John Thackeray, 6 vols., London: Heinemann (1926).

Morton Smith, "Zealots and Sicarii: Their Origins and Relations," *Harvard Theological Review* 64 (1971), pp.1~19.

William R. Farmer, *Maccabees, Zealots and Josephus,* New York: Columbia University Press (1956).

Robert Grant, *A Historical Introduction to the New Testament,* New York: Harper and Row (1963).

Erich Fromm, *The Dogma of Christ: And Other Essays,* Garden City, N. J.: Anchor paperback (1966).

Mikhail Rostovtsev, *The Social and Economic History of the Roman Empire,* 2 vols., Oxford: Clarendon Press (1957).

Michael E. Stone, "Judaism at the Time of Christ," *Scientific American,* January 1973, pp.80~87.

8 평화의 왕자의 비밀

Robert M. Grant, *A Historical Introduction to the New Testament,* New York: Harper and Row (1963); *Religion in Ancient History,* New York: Scribner (1969).

Rudolf Bultman, *Primitive Christianity in Its Contemporary Setting,* New York: World Publishing Co. (1966).

Albert Schweitzer, *The Quest of the Historical Jesus,* New York: Macmillan (1964).

John M. Allegro, *The Treasure of the Copper Scroll,* New York: Doubleday (1964).

The Song of Victory is from George R. Edwards, *Jesus and the Politics of Violence,* New York: Harper and Row (1972).

Oscar Cullmann, *State in the New Testament,* New York: Harper and Row (1956); *Jesus and the Revolutionaries,* New York: Harper and Row (1970).

S. G. F. Brandon, *Jesus and the Zealots: A Study of the Political Factor in Primitive Christianity,* New York: Scribner (1968): *The Trial of Jesus of Nazareth,* London: B. T. Batsford (1968).

Samuel Sandmel, *The First Christian Century in Judaism and Christianity,* New York: Oxford University Press (1969).

Robert Grant, *Augustus to Constantine: The Thrust of the Christian Movement into the Roman World,* New York: Harper and Row (1970).

9 빗자루와 악마연회

H. R. Trevor-Roper, *The European Witch Craze of the Sixteenth and Seventeenth Centuries and Other Essays,* New York: Harper and Row (1969).

Henry C. Lea, *Materials Toward a History of Witchcraft,* 3 vols., Philadelphia: University of Pennsylvania Press (1939).

H. J. Warner, *The Albigensian Heresy,* New York: Russell and Russell (1967).

Jeffery B. Russell, *Witchcraft in the Middle Ages,* Ithaca: Cornell University Press (1972).

H. Institor and J. Sprenger, *Malleus Maleficarum,* translated by the Reverend Montague Summers, London: Pushkin Press.

Michael Harner, "The Role of Hallucinogenic Plants in European Witchcraft," in Michael Harner, ed., *Hallucinogens and Shamanism,* New York: Oxford University Press (1972), pp.127~150.

The Jivaro: People of the Sacred Waterfalls, New York: Doubleday (1972).

Peter Furst, *Flesh of the Gods,* New York: Praeger (1972).

Julio C. Baroja, *The World of the Witches,* Chicago: University of Chicago Press (1964).

10 마녀광란

Norman Cohn, *The Pursuit of the Millennium,* New York: Harper Torchbooks (1961).

Gordon Leff, *Heresy in the Later Middle Ages* 2 vols., New York: Barnes Noble (1967).

George H. Williams, *The Radical Reformation,* 2 vols. Philadelphia: The Westminster Press (1957).

John Moorman, *A History of the Franciscan Order,* Oxford: Clarendon

Press (1968).

Jeffrey B. Russell, *Witchcraft in the Middle Ages,* Ithaca: Cornell University
Press (1972).

H. C. Erik Midelfort, *Witch Hunting in Southwestern Germany,* Stanford:
Stanford University Press (1972).

11 마녀의 복귀

Philip K. Bock, *Modern Cultural Anthropology,* second edition, New York:
Alfred Knopf (1974).

Theodore Roszak, *The Making of a Counter Culture: Reflections on the
Technocratic Society and Its Youthful Opposition,* Garden City: Anchor
(1969).

Charles A. Reich, *The Greening of America,* New York: Random House
(1970).

Kenneth Keniston, *Young Radicals,* New York: Harcourt Brace Jovanovich
(1968).

Carlos Castaneda, *The Teachings of Don Juan,* Berkeley: University of
California Press (1968); *A Separate Reality,* Simon and Schuster (1970);
Journey to Ixtlan, Simon and Schuster (1972).

Paul Reisman, "The Collaboration of Two Men and a Plant," *The New
York Times,* October 22, 1972.

Michael Harner, "The Role of Hallucinogenic Plants in European
Witchcraft," in Michael Harner, ed., *op. cit.* (1972).

"Don Juan and the Sorcerer's Apprentice," *Time* Magazine, March 5,
(1973), pp.36~45.

Philip Nobile, ed., *The Con III Controversy: The Critics Look at the Greening
of America,* New York: Porket Books (1971).

Martin Schiff, "Neo-transcendentalism in the New Left Counter Culture:
A Vision of the Future Looking Back," *Comparative Studies in Society
and History* 15 (1973), pp.130~142.

Roberta Ash, *Social Movements in America,* Chicago: Markham (1972).

찾아보기

마빈 해리스 Marvin Harris, 1927-2001

미국의 대표적인 문화인류학자로 문화유물론의 발전에 큰 영향을 미쳤다. 그는 지성사적 관점에서 마르크스와 엥겔스의 영향을 받았지만 문화에 대한 자신만의 독특한 유물론적 접근을 규정했다. 1953년부터 1981년까지 컬럼비아 대학에서 교수로 지내다가 플로리다 대학으로 옮겼다. 미국 인류학협회 인류학분과 회장도 맡았다. 2001년 사망하기 전까지 주요 저서 『문화의 수수께끼』(Cows, Pigs, Wars and Witches: The Riddles of Culture), 『음식문화의 수수께끼』(The Sacred Cow and The Abominable Pig: Riddles of Food and Culture), 『식인과 제왕』(Cannibals and Kings: The Origins of Cultures) 등을 남겼다.

박종렬

서울대 고고인류학과와 같은 대학 인류학과 대학원을 수료하고 미국 버클리 퍼시픽 종교학교에서 신학을 공부했다. 인천 사랑방교회 목사, 월간 『사회평론 길』의 발행인과 한국기독학생회총연맹 총무 등을 역임했다. 옮긴 책으로는 F. 파농의 『대지의 저주받은 자들』, J.B. 리바니오의 『정치와 영성의 해방』 등이 있다.

문화의 수수께끼

지은이 마빈 해리스
옮긴이 박종렬
펴낸이 김언호

펴낸곳 (주)도서출판 한길사
등록 1976년 12월 24일 제74호
주소 10881 경기도 파주시 광인사길 37
홈페이지 www.hangilsa.co.kr
전자우편 hangilsa@hangilsa.co.kr
전화 031-955-2000 **팩스** 031-955-2005

부사장 박관순 **총괄이사** 김서영 **관리이사** 곽명호
영업이사 이경호 **경영이사** 김관영 **편집주간** 백은숙
편집 박희진 노유연 최현경 이한민 강성욱 김영길
관리 이주환 문주상 이희문 원선아 이진아 **마케팅** 정아린
디자인 창포 031-955-2097
CTP 출력·인쇄 예림인쇄 **제책** 예림바인딩

제 1 판 제 1 쇄   1982년 1월 20일
제 1 판 제34쇄   2016년 8월 25일
제 4 판 제 1 쇄   2017년 8월 18일
개 4 판 제 6 쇄   2022년 8월 16일

값 18,000원
ISBN 978-89-356-7037-6 04380
       978-89-356-7030-7 (세트)